마음보석이
빛나는
그림책 교실

마음보석이 빛나는 그림책 교실

초판 1쇄 발행   2024년 11월 15일

지은이   김민지

발행   케렌시아
인쇄   (주)다해씨앤피
등록   2021년 11월 18일 (제386-2021-000096호)
이메일   niceheo76@gmail.com
ISBN   979-11-985243-3-1 (03370)

값은 표지에 있습니다.
저작권법에 따라 한국 내에서 보호를 받는 제작물이므로 무단 전재 및 복제를 금합니다.

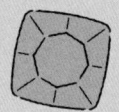

그림책으로 찾고 빛내는 36가지 미덕

마음보석이 빛나는 그림책 교실

김민지 지음

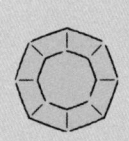

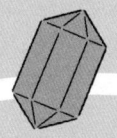

케렌시아

들어가며

 매해 새로운 아이들을 만나 학급을 꾸려나가는 일은 교사에게 있어 쉽지 않은 일입니다. 올해로 교직 경력이 20년 가까이 되어 가지만, 새 학년 새 학기 준비는 늘 녹록지 않습니다. 학급 운영 및 수업 지도의 목표와 방향을 정하고 세부적인 계획을 세우는 데 교사의 교육 철학을 녹여내는 일이 쉽지 않기 때문입니다. 매년 이러한 고민을 하며 다양한 교육 방법을 배우고 익히기 위해 적지 않은 시간과 노력을 들였습니다. 하지만 그러한 배움이 고민을 완전히 해결해주지는 못했습니다. 나만의 교육 철학이 확실히 정립되지 않은 상태에서 화려한 기술에만 매료되어 내 것이 아닌 남의 옷을 입고, 인기 있는 교육 방법들을 흉내만 냈기 때문입니다. 목표와 방향에 대한 고민 없이 유행을 따라가듯 하는 교육에 공허함만 커졌습니다.

그러한 고민 중 만난 것이 버츄 프로젝트(VIRTUES PROJECT), 미덕 교육입니다. 권영애 선생님의 『그 아이만의 단 한 사람』이라는 책을 읽고 내가 꿈꾸던 교육의 방향, 철학이 여기 있음을 알아차렸습니다. 내면의 힘을 믿고 아이 스스로 변화를 선택할 수 있게 기다려주는 교육자의 역할이 가슴을 뛰게 했습니다. 그때부터 버츄 프로젝트의 철학에 관해 공부하고 이를 나만의 방법으로 교실에 적용하기 위해 꾸준히 애썼습니다.

버츄 프로젝트는 52가지 미덕이 아이 마음속에 존재하고 있음을 믿고 이를 깨우도록 도움을 주는 전략이자 교육 철학입니다. '아이는 미덕을 품은 존재' 라는 믿음은 아이를 바라보는 시각을 바꾸었습니다. 예전에는 아이를 성장과 변화를 이끌고 도움을 줘야 하는 미성숙한 존재라 여겼다면, 지금은 있는 그대로 존중받고 사랑받아야 하는 존재라 여기게 되었습니다.

이러한 시선의 변화는 좀 더 편안하고 안정적으로 새 학년 새 학기를 맞이할 용기와 힘을 주었습니다. 아이들은 이미 마음속에 미덕을 가득 품은 존재이기에 있는 그대로 존중하고 사랑하며 인정해주고 기다려주려고 노력했습니다. 아직은 서툴고 적응이 힘든 아이도 스스로 변화할 수 있다는 믿음은 불안하거나 조급한 마음을 내려놓게 해주었습니다.

아이들 마음에는 보석이 있습니다. 마음보석은 존중, 사랑, 배려, 협동과 같은 인성 덕목으로 아이가 가진 아름다운 마음입니다. 아이를 마음속 미덕을 품은 존재라 믿고 품은 미덕을 잘 갈고 닦아 빛낼 수 있게 기다려주는 것이 미덕 교육입니다. 덕목을 마음보석이라 표현하는 데는 이유가 있습니다. 보석은 땅속에서는 돌에 불과하지만, 수십 번의 연마 과정을 거치면 빛나는 보석이 됩니다. 누구에게나 있는 마음보석은 실천을 통해 더욱 빛납니다. 또한, 나를 나답게 만들어주며 함께 살아가는 토대가 되기에 소중하고 귀하다는 의미를 담아 마음보석이라 부릅니다.

아이들 눈높이에서 마음보석 이야기를 나누고 싶어 그림책을 함께 읽었습니다. 미덕 교육을 하면서 그림책은 좀 더 다정하게 아이들에게 다가가게 해주었습니다. 그림책은 글과 그림으로 아이들에게 말을 겁니다. 글보다는 그림이 더 많은 이야기를 전하기도 합니다. 그렇기에 그림을 보며 자신만의 이야기를 만들어가며 부담 없이 마음을 엽니다. 초등학교 저학년 아이들뿐 아니라 고학년 아이들도 그림책의 매력에 쉽게 빠지며, 공부를 잘하는 아이도 어려워하는 아이도 그림책을 편안하게 느낍니다. 그림책은 미덕의 가치를 잔소리나 훈계가 아닌 이야기하듯 전해줍니다. 그렇게 자연스럽게 미덕과 그림책을 연계해 아이들과 마음을 나누기 시작했습니다. 미덕과 그림책이 어우러진 교실이 준 변화를 정리하면 다음과 같습니다.

미덕과 그림책으로 열어가는 교실은 따뜻합니다. 새 학기 첫날부터 우리 교실은 그림책을 읽으며 시작합니다. 첫날 낯선 교실에 들어서 잔뜩 긴장했을 아이들에게 존재 자체로서의 사랑과 존중을 이야기하는 그림책으로 편안한 느낌을 주려고 합니다. 첫날 읽는 그림책에는 아이들에게 전하고 싶은 교사의 마음이 담겨 있습니다. 존중과 사랑으로 그림책을 읽는 교실은 미덕의 온기로 점점 더 따스해집니다.

미덕과 그림책으로 열어가는 교실은 생각하는 힘이 자랍니다. 각종 계기 교육에서 교과 수업까지 틈나는 대로 그림책을 읽습니다. 특별한 독후 활동 없이 그림책만 읽어주기도 하고, 그림책을 읽고 교과 목표와 연관한 활동을 하기도 합니다. 방법이야 어떠하든 아이들은 그림책에 마음을 내어줍니다. 그림책을 읽으며 끊임없이 궁금한 점을 쏟아내고 그림책 속 인물이 되어보기도 하며 인물이 추구하는 가치를 발견합니다. 제 경험이나 삶과 견주어 자신의 이야기를 들려줍니다. 그러면서 마음속 미덕을 발견하고 빛내며, 생각이 점점 더 깊어집니다.

미덕과 그림책으로 열어가는 교실은 '함께'라는 소속감이 자랍니다. 그림책을 읽고, 미덕의 가치를 공유하며 옆의 친구를 미덕의 눈으로 바라보게 됩니다. 미덕의 눈은 따스한 시선으로 친구의 장점을 발견하게 돕습니다. 저마다 다른 모습으로 빛나기에 서로 도와 부족한 부분을 채워 나갑니다. 그러한 과정에서 아이들은 함께라는 소속감을 느낍니다. 그 소속감은 서로 도우며 함께 꿈꾸는 교실을 만들어가게 합니다.

미덕과 그림책으로 열어가는 교실은 즐거움이 가득합니다. 아이들의 모습을 있는 그대로 인정하고 존중하는 교사의 철학은 아이들에게 자연스레 전달됩니다. 그러기에 아이들은 '실수해도 괜찮아' '그럴 수도 있지' 하는 마음을 갖고, 스스로 도전하고 주어진 상황을 즐길 줄 알게 됩니다. 그림책은 늘 아이들에게 자신의 경험을 떠오르게 하고, 경험과 연관해 상상의 나래를 펼쳐줍니다. 그림책 속 주인공이 되어 어려움이 생겨도 즐거운 마음으로 도전하며 자기만의 즐거움을 만들어갑니다.

지금도 끊임없이 새로운 교육 방법들이 나를 유혹합니다. 때때로 궁금함을 참지 못하고 아이들을 만나는 데 도움이 될 만한 교육 방법은 새로 익히기도 합니다. 하지만 새로운 교육 방법을 익히는 데 모든 에너지를 쓰지는 않으려고 합니다. 그보다는 나의 교육 철학을 잘 담을 수 있는 방법을 찾고 정리하는 숨 고르기에 좀 더 에너지를 쓰려고 합니다. 나만의 길을 찾고 만들어가는 과정이 쉽지는 않지만, 아이들의 성장과 변화는 큰 힘이 됩니다.

선생님 교실에서 미덕과 그림책으로 아이들을 만나보길 권합니다. 한 달쯤 지나면 아이들은 미덕에, 그림책에 점점 더 익숙해집니다. 학급 운영과 교과수업에서 그림책을 통해 미덕을 자연스레 녹여 보여줍니다. 하지만 절대 교사가 전달하고자 하는 가치에만 빠지는 일은 피해야 합니다. 그림책을 받아들이는 것은 아이들의 몫이며, 그 안에서 어떤 미덕을 발견해도 틀리지 않기 때문입니다. 미덕과 그림책으로 열어가는 교실 이야기를 통해 생활지도와 인성교육을 포함한 학급 운영, 교과와 창체 수업까지 따뜻하지만, 단단한 교실을 만들어가면 좋겠습니다. 『마음보석이 빛나는 그림책 교실』이 선생님을 그 길로 초대할 것입니다. 이 책에 나온 모든 활동을 다 하지 않아도 됩니다. 선생님 마음이 가는 부분에 머물러 한두 가지만 교실에서 적용해보는 것만으로도 충분합니다. 그러한 작은 경험들이 쌓여 아이들의 변화와 성장, 즐거움이 느껴지는 순간이 온다면 선생님만의 방법을 만들어가는 데 조금이나마 도움이 될 것입니다.

마음보석으로 학급 운영 시작하기

미덕이 낯선 아이들과 처음 미덕으로 만나는 방법을 간단히 소개하겠습니다. 미덕은 마음속 아름다운 덕목으로 아이들에게 마음보석이라 알려주고, 학년에 따라 아이들과 나눌 미덕의 수와 종류를 조절합니다. 해마다 지도해본 결과 36가지 덕목이면 저학년이나 고학년 모두 덕목을 익히고 자기 것으로 만드는 데 적당합니다.

학기 초에는 미덕을 하나하나 이해시켜 주어야 합니다. 이름만 들어도 금방 이해되는 덕목도 있지만, 그렇지 않은 덕목도 있습니다. 미덕에 익숙해지는 데도 어느 정도 시간이 필요하기에 매일 꾸준히 지도하면 좋습니다. 그래서 미덕을 필사하고 빛낸 미덕을 기록하는 마음보석 공책을 한 권 만듭니다. 알림장 형태의 공책에 날짜를 쓰고 미덕을 기록하기도 하고, 어느 해는 공책을 제본하여 주기도 합니다. 준비된 마음보석 공책에 미덕 카드를 보며 필사를 합니다. 학년에 따라 매일 한 문장씩 필사할 미덕의 의미를 칠판에 적어주기도 합니다. 학급 여건에 맞게 선생님도 아이들도 부담 느끼지 않을 만큼이 적당합니다.

날마다 어렵다면 주에 세 번이라도 미덕 카드를 읽고 필사하며 동시에 자신이 빛낸 미덕을 소개하는 시간을 갖습니다. 하루에 2~3명 정도 전날 자신이 빛낸 미덕을 소개하면, 미덕 교육이 실생활과 연결되며 친구들의 실천 내용을 통해 미덕의 의미를 이해하는 데 도움이 됩니다. 예를 들어 "저는 끈기의 미덕을 빛냈습니다. 그 이유는 어제 학원 숙제가 너무 많아서 하기 싫었지만, 끝까지 해냈기 때문입니다"라고 빛낸 미덕을 발표하면, 아이는 자신의 하루를 되돌아보며 미덕 실천을 통해 미덕에 대해 조금씩 익숙해집니다.

그림책 아이들과 처음 읽기

교실에서 그림책을 읽는 선생님들이 점점 많아지고 있지만, 아직도 그림책 읽기가 쑥스럽고 어색한 선생님을 위해 그림책 읽는 방법을 간단히 소개합니다. '아이들 앞에서 그림책 읽어주기가 쑥스러워요' 하는 선생님은 그림책을 구연동화처럼 읽어야 한다고 생각하거나 그림책은 어린아이들을 위한 책이라는 생각이 크기 때문입니다. 하지만 그림책은 어린아이에서 어른까지 누구나 읽는 책으로 구연동화를 하듯 읽지 않아도 됩니다.

선택한 그림책을 선생님의 목소리로 차분하게 분위기를 살려 읽어주면 됩니다. 아이들이 그림을 살필 여유를 주며 서두르지 않고 읽되 선생님의 느낌대로 읽으면 됩니다. 그림책도 자주 읽어주다 보면 선생님만의 읽는 노하우가 생깁니다. 인물이 등장하는 곳에서는 그 인물이 되어 역할극 하듯 읽어주기도 하고, 이야기의 절정 부분에서는 목소리의 변화를 주어 강조하거나 잠시 멈췄다 읽으며 그 효과를 더합니다. 때로는 그림책을 읽는 중간에 멈춰 내용과 관련된 질문을 하기도 합니다.

그래도 그림책 읽기가 부담스럽다면, 딱 한 번만 용기 내어 아이들 앞에서 읽어보세요. 국어책 읽듯 또박또박한 발음과 목소리면 충분합니다. 사실 아이들은 선생님 목소리보다는 그림에 집중하고 있을 것입니다. 그림책을 읽어줄 때 가장 좋은 방법은 아이들 가까이서 그림책이 잘 보이게 들고 읽어주는 것입니다. 그림책을 읽어주는 선생님을 중심으로 아이들이 옹기종기 모여 앉아 이야기를 듣는 방법입니다. 하지만 이 방법은 다인수 학급에서 뒤에 있는 아이들에게까지 선생님 목소리나 그림책 장면이 잘 전달이 되지 않아 어려운 경우가 많습니다. 그래서 주로 실물화상기를 이용합니다. 실제 그림책을 보는 것에 비해 색상 차가 발생하기는 하지만, 모든 아이가 그림책을 가장 잘 볼 수 있기 때문입니다. 다 읽은 그림책은 하루 이틀 정도는 전면 책장에 두어 관심이 있는 아이들은 스스로 펼쳐보게 합니다.

그림책으로 아이들을 만나는 데 가장 어려운 부분은 '어떤 그림책을 읽어야 하는지' 그림책의 선택일 겁니다. 그림책의 선택은 사실 정답이 없지만, 처음에는 먼저 그림책으로 수업해본 선생님들이 추천하는 그림책부터 시작하면 좋습니다. 많은 선생님에게 사랑받는 그림책에는 반드시 이유가 있으니까요. 다만, 다른 선생님에게 감동을 주었다고 해서 그 책이 나에게 같은 감동을 주지는 않습니다. 처음 읽었을 때 큰 느낌을 받지 못하더라도 두어 번 읽거나 한참 후 다시 읽으면 다른 느낌으로 다가오는 경우도 적지 않습니다. 그래서 추천받은 그림책을 아이들에게 읽어주기 전에 반드시 선생님이 먼저 읽어보면 좋겠습니다. 선생님이 느낀 감동과 느낌을 담아 그림책을 읽어준다면 아이들에게 조금 더 마음으로 다가갈 것입니다.

　다양한 그림책을 자주 읽어보고 읽어주기를 반복하다 보면, 선생님만의 안목이 생길 것입니다. 다양한 그림책을 만나기 위해 도서관을 이용하면 좋습니다. 지역 도서관도 좋지만, 학교 도서관에 분기마다 다양한 주제의 그림책을 미리 신청하면 그림책 수업이 훨씬 더 수월해집니다.

　이제 미덕과 그림책으로 아이들을 만나고 싶은 마음이 조금 드셨나요? '마음보석이 빛나는 그림책 교실'에 선생님을 초대합니다.

차례

들어가며 ─ 005

✧ 첫 번째 보석 상자

존중 나와 너, 모두를 귀하게 여겨요 『너는 특별하단다』 ─ 019
용기 내 생각을 자신 있게 표현해요 『인사를 나눠드립니다』 ─ 027
이해 자세히 살피고 마음을 헤아려요 『나, 꽃으로 태어났어』 ─ 036
믿음직함 무슨 일이든 믿고 맡겨요 『늑대의 선거』 ─ 043

✧ 두 번째 보석 상자

상냥함 몸가짐과 말씨를 부드럽게 해요 『말의 형태』 ─ 053
화합 다름을 이해하고 함께해요 『위를 봐요』 ─ 061
정직 거짓이나 꾸밈없이 진실해요 『빈 화분』 ─ 069
공감 나도 그렇게 느껴요 『응시』 ─ 077

✧ 세 번째 보석 상자

예의 말과 행동을 공손히 해요 『뭐라고 말해야 할까요?』 ─ 087
효 부모님께 감사를 표현해요 『우리 모두 처음이니까』 ─ 094
감사 주위의 모든 것에 고마움을 느껴요 『선생님을 만나서』 ─ 102
긍정 너그러운 시선으로 바라봐요 『마음 안경점』 ─ 109

◇ 네 번째 보석 상자

우의 친구에게 먼저 손 내밀어요 『핑!』 — 119
열정 마음을 다해 하는 일을 즐겨요 『논다는 건 뭘까?』 — 126
정돈 주위를 가지런히 해요 『임금님이 돌아오기 100초 전』 — 134
절제 정도에 넘치지 않게 조절해요 『눈이 바쁜 아이』 — 141

◇ 다섯 번째 보석 상자

배려 상대방을 먼저 생각해요 『검은 강아지』 — 151
책임 맡은 역할에 최선을 다해요 『지구의 일』 — 159
인내 원하는 것을 이루기 위해 참고 기다려요 『언제나 하늘』 — 167
협동 서로 돕고 힘을 모아요 『들어와 들어와』 — 174

◇ 여섯 번째 보석 상자

결의 하고자 하는 마음을 먹어요 『마음먹기』 — 185
끈기 꾸준히 끝까지 해요 『숨이 차오를 때까지』 — 192
이상 품기 마음에 꿈을 품어요 『꾸고』 — 200
겸손 잘하는 것을 뽐내지 않아요 『누구나 잘하는 게 있어』 — 208

◇ **일곱 번째** 보석 상자

용서 진심 어린 사과에 마음을 풀어요 『사자가 작아졌어!』 — 219
목적의식 하고자 하는 일의 방향을 생각해요 『첫 번째 질문』 — 226
사랑 아끼고 귀중하게 여겨요 『사랑이 뭐예요?』 — 234
행복 마음속 기쁨을 발견해요 『이 세상 최고의 딸기』 — 242

◇ **여덟 번째** 보석 상자

평화 우호적인 관계로 평온해요 『이 선이 필요할까?』 — 253
자율 스스로 자기 행동을 선택해요 『아마도 너라면』 — 261
나눔 대가를 바라지 않고 나누어요 『린 할머니의 복숭아나무』 — 269
정의로움 누구든지 공정하게 대해요 『탄 빵』 — 276

◇ **아홉 번째** 보석 상자

창의성 새로움을 발견해요 『내 이야기는 내가 만들 거야』 — 285
탁월함 자신을 넘어서요 『대단한 참외씨』 — 292
유연성 개방적인 태도로 더 나은 방향으로 가요 『감장바위 깜장바위』 — 299
성실 꾸준히 정성을 쏟아요 『채소밭 농부』 — 306

나오며 — 314

첫 번째
보석 상자

나와 너, 모두를
귀하게 여겨요

세상에 귀하지 않은 존재는 없다. 어떤 일을 잘하든 못하든, 무엇을 얼마나 가지고 있든지 자신이 가진 능력이나 조건과 관계없이 우리는 모두 귀한 존재이다. 이처럼 자기 자신을 포함한 모든 존재를 아끼고 귀하게 여기는 것이 존중이다. 존중은 자아존중감에서 시작되며 존중받고 자란 아이는 나를 아끼고 사랑하고, 옆의 친구 역시 존중한다.

3월 첫날, 평소보다 이른 시간에 출근한다. 사실 새 학년 새 학기 첫날은 뒤척이다 설 잠을 자고 출근하는 경우가 많다. 새 학기라는 묘한 설렘과 긴장감 탓이다. 3월의 학교는 무척 춥다. 겨울 방학 내내 아이들이 자리를 비웠던 교실은 더욱더 그렇다. 첫날이라고 잔뜩 긴장하고 나타날 아이들의 맘을 조금이나마 따뜻하게 해주고 싶어 잔잔한 음악을 틀어둔다. 첫날 활동을 위해 준비한 그림책이며 자료들을 만지작거리지만, 그다지 집중은 되지 않는다. 하나, 둘 아이들이 교실로 들어오기 시작한다. 모니터를 응시하던 내 눈은 자연스레 아이를 향한다.

  아이들과 눈 마주치고 부러 더 밝게 인사하며 한 명씩 자리를 안내한다. 긴장된 마음으로 교실에 들어선 아이들은 살짝 당황하는 듯도 하지만 선생님의 친절한 안내가 싫지는 않은 눈치다. 15분 사이에 교실이 거의 꽉 채워진다. 어색해할 아이들을 생각해 미리 책상 위에 놓아둔 그림책에 아이들 시선이 닿는다. 아이들은 그림책을 보기도 하고, 교실 뒤 게시판의 선생님 소개서를 눈여겨보기도 한다. 원래부터 아는 사이인지 조잘조잘 이야기하는 아이도 보인다. 그런 아이들을 바라보며 올 한 해가 시작되었음이 느껴진다.

  아이들은 다른 생김새만큼 성격이나 행동 특성, 능력이 다르다. 수업 시간 딴짓을 하는 아이도, 친구를 힘들게 하는 아이도, 자신을 드러내기 힘들어하는 아이도 존중으로 대하겠다는 나와의 약속으로 첫날을 시작한다. 물론, 아이의 잘못까지 존중한다는 의미는 아니다. 아이가 한 잘못이 그 아이를 구분 짓는 선입견이 되지 않도록 마음보석의 힘을 존중하고 아이가 마음보석을 빛낼 수 있도록 돕겠다는 의미다.

✦ "너는 단지 너라는 이유로 특별하단다" ✦

아이들과의 첫 만남은 그림책으로 시작한다. 다른 무엇보다도 가장 궁금했을 담임 선생님을 소개하는 시간이다. 매년 소개말에 꼭 들어가는 내용은 '선생님은 그림책을 자주 읽어요'와 '선생님은 보석을 좋아해요'이다. 아이들은 숨죽여 선생님 소개를 듣는다. 이미 교실 책장을 가득 채운 그림책을 보며 선생님은 그림책을 좋아할 거라는 짐작을 하기도 한다. 이어 보석도 무척 좋아한다고 알려준다. 다이아몬드보다 더 값진 마음보석을 말이다.

첫날 읽어주기 위해 고른 그림책은 『너는 특별하단다』이다. 사실 첫날 읽어줄 그림책을 고르는 일은 무척이나 고민되는 일이다. 교사의 교육 철학이 담겨 있어야 하기 때문이다. 그런 의미를 담아 우리 반의 이름은 '우주 최고 미소 교실'이다. '우주 최고 미덕으로 소통하는 교실'이라는 의미이다. 미덕으로 함께 자라기 위해서는 나를 아끼고 사랑하는 '존중'의 미덕이 선행되어야 한다고 생각하기에 '너는 단지 너라는 이유로 특별하단다'의 존중의 의미를 담은 『너는 특별하단다』를 읽는다.

이 책은 웸믹 마을 나무 사람인 펀치넬로의 이야기로 글밥이 조금 많긴 하지만, 첫날 효과로 아이들은 살짝 긴장한 채로 이야기에 귀를 기울인다. 아마 올 한 해 선생님이 들려주는 이야기 중 가장 오래 기억할 이야기일 것이다. 우리는 살면서 자신에 대한 다른 사람들의 평가인 '별표'와 '점표'를 몸에 붙이고 살아간다. 다른 사람에게 받은 칭찬은 '별표'로, 비난은 '점표'로 몸에 남는다.

그림책을 읽고 몸에 붙은 별표와 점표에 대해 생각해본다. '공부를 잘하네', '키가 크네', '동생을 잘 돌보네' 등의 별표, '그거밖에 못 하니?', '뭐가 되려고 그러니?' 등의 점표를 발견한다. 별표와 점표는 다른 사람의 말이나 시선 등의 평가를 그대로 받아들인 자기 자신에 의해 생긴 것이다. 점표는 아이의 자존감을 낮게 한다. 그렇다면, 별표는 어떨까? 아이들은 별표가 되는 칭찬도 마냥 좋아하지는 않는다. '100점 맞았구나. 잘했어'의 칭찬이 부담으로 다가오기도 하고, 다음번에 잘하지 못하면 어쩌지 하는 걱정이 되기도 한다.

별표는커녕 점표만 가득 붙어있던 펀치넬로는 자신을 있는 그대로 바라봐주는 목수 엘리 할아버지를 만나 자신을 아끼고 사랑하게 된다. 결국, 펀치넬로 몸에 붙은 점표가 떨어진다. 이처럼 자신에 대한 존중은 몸에 붙어있는 별표와 점표를 떨어뜨린다. 다른 사람의 평가가 아닌 스스로 믿고 존중하는 마음이 생긴 결과이다. 펀치넬로가 몸에 붙은 점표를 떨어뜨린 것처럼 아이들도 자신을 있는 그대로 존중하면 좋겠다. 나 또한 엘리 목수 할아버지처럼 아이들이 자신을 있는 그대로 존중하도록 돕는 교사가 되고 싶다. 그런 마음이 오롯이 전달되길 바라며 그림책을 읽고, 아이 한 명 한 명과 눈을 마주치며 이름을 불러준다. 그러고는 미덕 이야기를 슬며시 꺼낸다.

"미덕은 우리 마음속에 있는 보석입니다. 우리 모두의 마음 광산에는 아직 다듬어지지 않은 수많은 광석이 있습니다. 그 광석들을 다듬고 연마하면 반짝반짝 빛나는 보석이 됩니다. 선생님은 올 한 해 여러분을 보석으로 대접할 거랍니다. 여러분 마음속에 있는 보석들을 하나하나 꺼내 빛내는 걸 돕고 싶습니다. 어렵다고요? 걱정하지 마세요. 여러분은 이미 빛나는 보석입니다. 스스로 마음보석을 가진 존재라고 믿는 것, 그것이 존중입니다. 나뿐만 아니라 내 옆의 친구도 보석으로 대접하는 것, 그것이 존중입니다."

✦ 만나서 반가워 ✦

그림책을 읽고 '만나서 반가워' 놀이로 마음을 연다. 36가지 미덕과 그 의미를 간단히 적은 미덕 책받침을 보고 마음에 드는 미덕을 한 가지 골라 '사랑 민지', '너그러움 재석'처럼 보석 이름을 정한다. 귀한 이름에 미덕을 붙이니 자신이 더 귀하게 느껴진다. 아이들 이름을 기억하기 좋게 정한 보석 이름을 삼각 이름표로 만들게 한다. 꼼꼼하고 섬세하게 만드는 아이가 있는가 하면, 후딱 끝내고 두리번거리는 아이도 있다. 모두 있는 그대로 바라봐야 할 아이들이다. 아이들이 삼각 이름표를 만드는 사이 한 명 한 명 불러 개인 사진도 찍는다. 이름표를 완성하고 아이마다 동전 크기의 동그라미 모양 스티커를 우리 반 아이들 수만큼 나눠준다. 아이들은 동그라미 모양 스티커에 친구에게 선물하고 싶은 미덕을 미덕 책받침을 보고 고루 쓴다.

삼각 이름표와 미덕을 적은 스티커가 준비되면 '만나서 반가워' 놀이를 한다. 『버츄 프로젝트 수업』의 저자 권영애 선생님께 배운 놀이로 보석 이름표를 들고 인사를 나누며 자신을 소개하고, 미덕 보석을 적은 스티커를 선물하는 친교 놀이이다. 밝은 분위기의 음악을 배경 삼아 아이들은 자유롭게 돌아다니며 둘씩 만나 자신의 보석 이름을 소개하며 인사를 나눈다. 그런 다음 가위바위보를 해서 이긴 아이가 진 아이에게 보석 스티커 중 하나를 선물하며 스티커에 적힌 보석 이름을 넣어 '너는 ○○ 보석이 빛나는구나'라고 말한다. 스티커를 받은 아이는 '고마워'라고 인사하며 받은 스티커를 자신의 삼각 이름표의 뒷면에 모은다. 모든 친구를 만나 인사를 나누도록 충분한 시간을 준다.

놀이가 끝나면 아이들의 삼각 이름표 뒷면은 친구에게 받은 미덕 보석 스티커로 가득하다. 받은 보석 스티커만큼 고마움이 쌓이는, 친구에게 내어준 보석 스티커만큼 주는 행복이 쌓이는 첫 만남 놀이다. 귀한 보석 이름으로 서로를 소개하고 보석을 선물하는 놀이는 나와 너, 우리를 귀하게 대하겠다는 존중의 의미다. 첫날부터 교실은 서로를 귀하게 여기는 존중의 미덕으로 가득 채워진다.

만나서 반가워

① 둘씩 만나 나의 보석 이름을 소개하며 인사를 나눈다.

    A : 만나서 반가워, 나는 '사랑 김민지'야.

    B : 만나서 반가워, 나는 '너그러움 재석'이야.

② 가위바위보를 하고, 이긴 사람은 진 사람에게 보석 스티커를 선물한다.
　A : 너는 ○○ 보석이 빛나는구나.(받은 보석의 이름을 넣어서)
　B : 고마워.
③ 받은 보석 스티커는 삼각 이름표 뒷면에 붙인다.
④ 앞의 방법으로 우리 반 모든 친구를 만난다.

　놀이하는 모습을 보면 아이가 더 잘 보인다. 다른 친구에게 다가가기 어려워하는 아이도 보이고, 먼저 손 내미는 아이도 보인다. 교사인 내가 일 년 동안 조금 더 안아주어야 할 아이가 보인다. 놀이가 끝나면 아이들은 전보다는 긴장이 풀리고 밝아진다. 아이들이 첫날을 기록한 글에는 놀이 이야기가 가득하다. 재밌고, 어색함이 사라졌다는 이야기에서 스티커를 많이 받아서 행복했다는 이야기, 친구들이 준 스티커에 적힌 미덕을 보며 내가 가진 보석을 발견해주어 고맙다는 이야기가 담긴다.
　아이들이 책상 위에 붙여두고 간 삼각 이름표를 보며 그 자리에 앉아 있던 아이 얼굴을 한 명 한 명 떠올린다. 찍어둔 사진을 명렬표로 정리하며 아이 얼굴과 이름을 기억해본다. 사진 속에서도 장난꾸러기인 민수의 사진을 보며 나도 모르게 웃음이 지어진다. 긴장감이 가득한 소연이 모습을 보며 더 안아줘야지 마음먹는다.

💎 존중의 미덕을 빛나게 돕는 그림책

- 『민들레는 민들레』 김장성 글 ‖ 오현경 그림 ‖ 이야기꽃
- 『세상에서 가장 귀한』 이수연 글 ‖ 박미연 그림 ‖ 플롯시티
- 『에드와르도 세상에서 가장 못된 아이』 존 버닝햄 글·그림 ‖ 조세현 역 ‖ 비룡소

내 생각을
자신 있게 표현해요

　용기는 두려움에 맞선 굳센 의지로 옳은 일을 선택하고, 실수를 인정하며, 새로운 일에 도전하고, 도움을 요청하는 등 마음속에 있는 두려움을 이겨내고 당당하게 표현하는 것이다. 일상의 소소한 순간부터 큰 결정을 해야 하는 순간까지 용기가 필요한 순간은 셀 수 없이 많다. 학교에서는 자기 생각을 자신 있게 표현하는 말하기 교육을 통해 용기의 미덕을 빛내도록 돕는다.
　1, 2학년 때만 해도 서로 발표하겠다고 손들던 아이들이 학년이 올라갈수록 발표하기를 꺼린다. 이유야 다양하겠지만, 대부분은 '틀릴까 봐'에서 오는 두려움이다. 사회적 관계와 시선이 중요한 시기의 아이들에게 다른 친구의 눈은 자유롭게 말하기에 가장 큰 장애물이

된다. 교사는 아이들에게 '틀려도 괜찮으니 용기를 내세요'라고 독려하지만, 발표할 용기를 내는 게 쉽지 않은 모양이다. 사실 나도 초등학교 2학년 전까지는 스스로 손들고 발표는커녕 선생님이 시켜서 한들 작은 목소리로 꾸중 받는 일이 잦았다. 하지만 틀려도 괜찮다며, 못해도 기다려주며 용기를 주신 선생님을 만나 내 생각을 자신 있게 이야기할 수 있게 되었다.

우리 반은 용기의 미덕을 기르기 위해 돌아가며 생각을 이야기하는 줄줄이 발표를 자주 한다. 선생님의 질문에 모두 돌아가며 이야기하는 발표 방법이다. 정답이 없는 질문에 간단하게 자기 생각을 말하는 것이라 아이들은 어렵지 않게 발표를 이어간다. 하지만 효린이 차례가 되면 침묵이 흐른다. 어려우면 '패스'를 외치고 다음 친구에게 차례를 넘겨도 된다고 얘기했지만, 효린이는 침묵 속에서 친구들의 시선을 온전히 받고만 있다. 내가 끼어들어 효린이에게 패스해도 될까를 물으니 고개만 끄덕인다. 하지만 그런 효린이도 쉬는 시간에는 친한 친구들과 조잘조잘 잘 이야기한다.

이런 아이들에게 다른 사람 앞에 서야 하는 순간, 그 앞에 설 수 있는 용기를 길러주고 싶다. 움츠러들지 말고 당당하게 자기 목소리를 내는 아이로 자라도록 돕고 싶다. 용기의 미덕은 자신의 목소리를 내야 하는 순간마다 힘을 발휘할 것이다.

✦ "민철이가 먼저 용기 냈습니다" ✦

　아이들이 여러 사람 앞에 서서 말할 기회를 주기 위해서 하는 활동이 '아침 열기'이다. 학급 운영을 공부하는 모임에서 배운 방법을 우리 반에 맞게 변형하여 여러 해 동안 해오고 있다. '아침 열기'를 시작하는 첫날 『인사를 나눠드립니다』를 읽는다. 엘리베이터에서 만난 이웃부터 길 가다 만난 강아지까지 인사를 나눠주는 민철이 덕분에 이웃 사람들의 표정은 점점 밝아지고, 다정한 인사가 오가는 따뜻한 이웃으로 변해가는 과정을 보여주는 그림책이다.
　인사는 서로 만나 나누는 일상적이고 당연한 행동으로 생각할 수 있지만, 인사에도 용기가 필요하다. 등교 시간, 교실에 들어서면서 선생님과 친구들에게 크고 밝은 목소리로 인사하는 아이는 생각보다 많지 않다. 복도에서 마주치는 다른 학년, 다른 반 아이들도 선생님께 인사를 하지 않고 지나치는 일도 적지 않다. 인사는 예의를 표현하는 기본적인 수단으로 예의를 표현하기 위해서는 소리 내어 먼저 인사하는 용기가 필요하다.
　그림책을 읽기 전에 표지를 보며 보이는 인사말을 읽어본다. 고맙습니다, 반갑습니다, 고마워 등 다양한 인사말이 보이는 노란색 표지를 보며 간단하게 느낌을 나눈다. 그림책을 읽고 '민철이가 나눈 것은 무엇일까요?'라는 질문에 아이들은 '인사요'라고 한목소리로 답한다. '민철이가 나눈 건 인사뿐일까요?'라는 질문에 아이들은 잠시 생각에 잠긴다. 사랑, 고마움 등 민철이의 마음도 전해진다고 한다.

'민철이 외에 다른 이웃들은 왜 먼저 인사하지 않았을까요?' 라고 물으면, 평소 인사를 하지 않고 지나쳤던 경험을 떠올리게 된다. 엘리베이터에서 만난 이웃의 표정이 화가 난 거 같아 먼저 인사하지 못한 아이, 교실에 들어설 때 다들 뭔가 하고 있어서 인사할 용기가 나지 않은 아이, 학원 차를 놓칠까 봐 마주친 이웃을 그냥 지나친 아이까지 인사를 나누지 못한 이유는 다양하다.

"여러분이 이야기한 것처럼 인사를 하면 인사말과 함께 인사를 하는 사람의 마음도 함께 전해집니다. 이웃이나 선생님, 친구를 마주쳤을 때 먼저 용기 내어 인사하면 인사를 하는 사람의 마음이 그 사람에게 전해집니다. 마음이 전해지면 민철이네 동네처럼 따뜻하고 서로 연결된 관계를 만들어갈 수 있습니다. 우리 교실에서도 마찬가지입니다. 먼저 인사할 수 있는 용기가 자라 서로 좀 더 친밀하게 연결해주고, 그러한 분위기는 여러분의 생각을 자신 있게 말하게 도울 것입니다. 이 교실에서 용기 내어 본 경험이 용기가 필요한 또 다른 순간에 좀 더 당당하게 서는 힘을 줄 거랍니다."

민철이 마음이 전해져 온 동네가 밝아진 것처럼 우리 반도 매일 아침을 용기가 샘솟는 인사로 시작하기로 한다.

✦ 모두 돌아가며 아침 열기 ✦

아침을 여는 방법은 간단하다. 한 곡의 음악이 끝날 때까지 모든 친구를 만나 인사를 나눈다. 이때 모든 아이가 여러 친구 앞에 서보는 경험을 갖고자 한 명씩 돌아가면서 아침을 여는 사회자 역할을 맡는다. 첫날은 교사가 시범을 보인다. 미리 준비해 둔 대본을 펼쳐 들고 아침 열기를 시작한다.

지금부터 ○○○○년 ○월 ○일 ○요일 ○학년 ○반의 아침 열기를 시작하겠습니다.
나는 소중하다. (다 같이) 나는 소중하다.
나는 잘할 수 있다. (다 같이) 나는 잘할 수 있다.
나는 ○○○이다. (다 같이) 나는 ○○○이다.
우리 반 목표를 함께 외치겠습니다.
(다 같이) 우리는 서로 배려하고 열정적으로 공부하며 평화로운 반입니다.
다음은 빛낸 미덕을 소개하겠습니다. 제가 빛낸 미덕은 ○○입니다. 그 이유는 ~입니다.
(박수)

여기까지 하면 아이들은 신기한 듯 눈을 마주치며 따라 한다. 이처럼 매일 한 명씩 돌아가며 사회자가 되어 대본을 읽듯 아침을 연다. 이후 자성 예언처럼 용기 주는 말을 큰소리로 따라 외치게 한다. 긍정적인 말을 반복적으로 하면 스스로 그런 사람이 될 수 있다는 믿음을 갖게 되기 때문이다. 이어 아이들이 전날 빛낸 미덕을 발표한다. 사회자가 먼저 발표하고 사회자의 지목에 따라 두어 명의 이야기를 듣는다. 예를 들어 '저는 화합의 미덕을 빛냈습니다. 그 이유는 모둠 활동을 할 때 친구들과 도와가며 활동했기 때문입니다' 처럼 빛낸 미덕과 그 이유를 이야기하는 것이다. 빛낸 미덕을 발표하고 친구들에게 격려와 칭찬 박수를 받는 이 시간은 미덕을 꾸준히 실천하는 작은 원동력이 된다.

 빛낸 미덕을 발표한 다음, 사회자의 '아침 인사를 나누겠습니다'라는 말이 이어지고 음악을 틀면 아이들은 인사를 나눈다. 첫날이라 인사하는 방법을 먼저 정한다. 인사 방법은 매달 학급 회의를 통해 변경할 것이기에 지금 정한 인사 방법은 이달의 인사 방법이 된다. 협의 끝에 이달의 인사는 '하이 파이브 인사'로 정해진다. '반가워', '좋은 하루 보내' 등의 아침 인사를 하며 하이 파이브를 하는 것이다. 인사 방법이 정해졌으니 음악을 틀고 인사를 나눈다.

 모든 친구와 만나 인사 나누기로 약속하고 노래 한 곡이 끝나는 동안 인사가 이어진다. 하이 파이브를 할 때 손바닥을 세게 부딪치는 장난기 가득한 아이가 있는 반면, 누군가 먼저 다가와 인사하기를 마냥 기다리는 아이도 있다. 첫날 인사 나누기에서 아쉬운 점이 있다면 이야기를 나눠 해결책을 찾기도 하고, 스스로 해결 방법을 찾을 때까지 기다려주기도 한다. 인사 나누기가 끝나면 사회자는 아침 열기를 정리한다.

이상 우리 반 아침 열기를 정리하겠습니다.
수업 예절 하나, 목적의식! (다 같이) 바른 자세로 공부합니다.
수업 예절 둘, 경청! (다 같이) 귀 기울여 듣습니다.
수업 예절 셋, 용기! (다 같이) 자신 있게 발표합니다.

첫 아침 열기 후, 아이들에게 소감을 묻는다. 신나고 재밌다는 반응에서 친구와 친해질 수 있을 거 같아 기대된다는 긍정적인 반응이 많다. 돌아가며 아침을 열 예정인데, 제일 처음 아침을 열어 줄 사람이 있는지 묻는다. 선생님이 한 것처럼 대본을 보고 읽기만 하면 되니 용기의 미덕을 빛내 달라고 하면 보통 한두 명 정도는 지원자가 있기 마련이다. 없다면 학급 임원이 하거나 뽑기로 정해도 된다. 매일 한 명씩 돌아가며 모두 한 번씩 아침을 열려면 적어도 한 달 이상의 기간이 필요하다. 이렇게 모두 돌아가며 한 번씩만 아침을 열어보면 '아침 열기'에 대한 부담은 확 줄어든다. 한번 해보면 별거 아니라는 걸 알게 되기 때문이다.

이렇게 아침 열기 활동을 모두가 한 번씩 경험해보고 나면 다음 바퀴부터는 하나씩 활동을 추가한다. 예를 들어, 아침 인사 후 사회자에게 30초 자유 말하기 시간을 준다. 주제는 '내가 좋아하는 것'으로 하면 부담 없이 이야기하기 좋다. 주제는 미리 공지하고 아이들은 주제에 맞게 30초 정도의 말하기를 준비해온다. 30초는 길지 않은 시간이라 아이들이 간단하게 자신의 이야기를 부담 없이 하기 좋다.

이후 세 바퀴째는 말하기 시간을 1분으로 늘리고, 주제는 발표하는 아이가 정한다. 인생 책, 좋아하는 노래 등 자유에 맡긴다. 아이들이 말하기 주제로 삼은 것은 우리 반이 좋은 이유, 여가를 보내는 방법, 기억에 남는 드라마 등 다양하다. 주제 말하기 외에 평소 좋아하거나 즐겨 듣는 노래를 친구들 앞에서 30초만 불러보는 '30초 노래방'을 하기도 한다. 처음에는 부끄러워하던 아이도 앞서 발표하는 친구의 모습에 용기 내어 친구들 앞에 선다. 서로 용기를 북돋아 주며 격려와 칭찬을 아끼지 않는다.

> **아침 열기**
> ① 사회자의 선언으로 아침을 연다.(사회자는 돌아가면서 맡는다)
> ② 음악이 나오는 동안 자유롭게 돌아다니며 이달의 인사 방법으로 인사를 나눈다.
> ③ 사회자는 아침 열기를 정리한다.
> ④ 주제 말하기, 30초 노래방 등의 미션이나 활동을 추가할 수 있다.

아침 열기는 학급의 하루를 활기차게 열어주며 여러 사람 앞에 서는 경험을 준다. 아침 열기를 매일 하다 보면 처음 할 때보다 아이들의 목소리에 확실히 힘이 들어가는 걸 볼 수 있다. 아침 열기는 부담 없이 다른 사람 앞에 설 기회, 더불어 친구를 알아가는 기회가 되기 때문에 이 시간을 기다린다. 특별한 사정이 있어 아침 열기를 하루 놓치기라도 하면 무척이나 아쉬워한다. 이렇게 일 년을 보낸 아이들은 자기 생각을 다른 사람 앞에서 발표하는 데 익숙해지며 용기의 미덕이 자란다. 줄줄이 발표조차 어려워했던 효린이가 친구들 앞에서 소리 내어 노래를 부를 때, 우리 반 아이들 모두 효린이가 낸 용기에 함께 기뻐했다.

💎 용기의 미덕을 빛나게 돕는 그림책

- 『아주 무서운 날』 탕무니우 글·그림 ‖ 홍연숙 역 ‖ 찰리북
- 『용기 모자』 리사 데이크스트라 글 ‖ 마크 얀센 그림 ‖ 천미나 역 ‖ 책과콩나무
- 『누가 더 용기 있을까』 로렌츠 파울리 글 ‖ 카트린 셰러 그림 ‖ 이동준 역 ‖ 예림당

자세히 살피고
마음을 헤아려요

'자세히 보아야 예쁘다, 너도 그렇다'라는 나태주 님의 시구절처럼 이해는 자세히 보는 것에서 시작된다. 겉으로 보면 나와 다르고 별다른 좋은 점이 보이지 않는 사람도 자세히 보면 그 사람만이 가진 작지만 소중한 장점들이 드러나기 마련이다. 이처럼 이해는 상대방의 마음이나 사정을 헤아리기 위해 세심한 주의를 기울이는 것이다. 함께 살아가는 교실에서 이해하는 마음은 중요하다. 이해가 바탕이 돼야 서로의 마음에 공감하게 되고 따뜻한 시선으로 바라보게 되기 때문이다. 이해의 미덕으로 바라보면 관계는 훨씬 더 깊어지고 사소한 갈등은 줄어든다. 서로에게 세심한 주의를 기울이게 하여 교실 안 아이들을 하나로 연결해준다. 이해의 미덕이 빛나는 교실은 다양성을 존중하는 교실이기도 하다.

　오늘 읽어줄 그림책을 칠판에 세워둔다. 흑백으로 표현된 배경 아래 형형색색 꽃들이 실제로 피어나듯 꽃잎이 펼쳐지는 그림책이다. 교실에 들어서자마자 그림책을 보고 아는 체를 하는 아이, 궁금증을 못 이기고 묻는 아이도 있다. 가끔은 부러 그날 수업에 읽어줄 그림책을 칠판 앞에 세워두곤 한다. 아이들의 호기심을 자극하고 궁금증을 갖게 하기 위함이다. 칠판 앞에 세워 둔 그림책을 자세히 들여다본다. 아이들은 어떤 상상을 하고 있을까? 표지를 보며 내용을 짐작해보는 마음으로 옆의 친구도 자세히 들여다보길 바란다.

　아름다운 꽃은 자꾸 들여다보고 싶고 향기 맡고 싶고 곁에 두고 싶은 마음이 들게 한다. 그래서인지 유독 아이들을 꽃에 비유한 그림책이 많다. 아이들을 저마다의 아름다움을 품고 있는 꽃 같은 존재로 여기는 따뜻한 시선을 가진 작가가 많기 때문일 거다. 아이들 스스로 꽃인 것을 알면 좋겠다. 내가 꽃인 것처럼 옆의 친구도 꽃이라는 것을 알면 좋겠다. 서로 자세히 바라보며 저마다의 향기와 색이 있음을 이해의 미덕으로 알아차리길 바란다.

✦ "나, 꽃으로 태어났어요" ✦

　서로에 대한 이해와 존중을 위해 학급 세우기 활동을 하며 읽는 그림책이 『나, 꽃으로 태어났어』이다. 아이들은 저마다 다른 꽃이다.

모양도 향기도 크기도 다른 꽃을 피우고 있다. 하지만 아이들은 스스로 꽃인지를 잘 모른다. 어른들이 아이들을 같은 틀에 가두고 같은 꿈을 꾸기만 바라서인지도 모른다. 그런 아이들에게 우리는 모두 다른 모습을 한 꽃이고, 서로 달라서 이 세상은 더 아름답다는 것을 이야기해주는 그림책이다.

아이들을 꽃에 비유한 여러 그림책 가운데 이 그림책을 고른 이유는 형태와 판형이 주는 매력 때문이다. 팝업북 형태로 되어 있어 한 장 한 장 꽃잎을 펼칠 때마다 다양한 색의 꽃이 피어난다. 다 읽고 나면 그림책을 쭉 펼쳐 세운다. 병풍형 구조라 마치 교실에 꽃밭이 만들어진 것 같다. 눈으로 보는 즐거움을 넘어 만져보는 즐거움을 주는 책이다.

나는 무슨 꽃으로 태어났을까요?
나는 어떤 향기가 날까요?
나는 무엇을 나누며 살고 싶나요?
나는 언제 가장 아름다울까요?

그림책을 읽고 생각해볼 질문들을 칠판에 적는다. 질문에 답하기 전 다양한 꽃을 탐색하게 한다. 대부분 아이가 장미나 벚꽃, 개나리 등의 꽃 이름밖에 알지 못하기 때문에 자신을 표현할 꽃을 검색해볼 시간을 준다. 10분 정도 다양한 꽃을 검색해본 후, 질문에 답한다. 그리고 모둠 친구들과 답을 나눈다. 해바라기, 수국, 안개꽃 등 아이들은 자신을 닮은 꽃을 다양하게 찾아낸다. 모둠 친구와 칠판에 적힌 질문에 대한 답을 나누며 자신에 대해 생각해본다.

　모둠 친구들과 이야기를 나누고, 자신이 어떤 꽃인지 '나 ○○ 꽃으로 태어났어, 그 이유는 ~이기 때문이야' 형식으로 꽃 이름을 넣어 돌아가며 발표한다. 평소 조용한 수현이는 '난 라벤더로 태어났어. 풍부한 향기를 가지고 있으니까' 라고 자신을 소개한다. 아이의 발표를 들으며 라벤더를 떠올린다. 라벤더를 떠올리며 다시 아이를 바라본다. 말하기보다는 늘 듣고 있는 아이, 그래서 어쩌면 잘 드러나지 않던 아이, 조금은 답답하게 느껴졌던 아이는 자신을 라벤더에 비유하고 있다. 늘 교실 한자리를 지키고 있지만 크게 드러나지 않았던 아이는 자신만의 방법으로 최선을 다해서 풍부한 향기를 풍기고 있었다. 자신을 드러내기보다 친구들의 말에 귀 기울여주는 침묵으로 자신을 표현하고 있었다. 발표를 들으며 교사는 칠판에 아이들이 발표한 꽃 이름을 모두 적는다. 국화, 장미, 해바라기, 수국, 민들레, 라벤더 등 참 다양한 꽃이 핀다.

"친구들의 발표를 들으며 적은 꽃 이름을 함께 읽어볼까요? 여러분 모습이 다른 것처럼 색도 이름도 모양도 다른 다양한 꽃이 피었습니다. 가녀리고 연약해 보이지만, 세상을 아름답게 이겨내는 꽃처럼 우리는 모두 꽃으로 태어났습니다. 내가 꽃인 것처럼 내 옆의 친구도 꽃입니다. 꽃을 들여다보는 마음으로 내 옆의 친구를 자세히 바라보면 그 친구를 조금 더 이해하게 됩니다. 그것이 바로 이해의 미덕입니다. 꽃마다 색과 모양, 향기, 피는 시기가 다르듯 친구가 가진 다름을 있는 그대로 바라보는 따뜻한 시선이 이해 미덕의 시작입니다."

✦ 꽃으로 표현하는 나 ✦

서로 꽃으로 바라보는 마음을 담아 자신을 꽃으로 표현한다. 작은 크기의 도화지에 자기 모습을 표현한 꽃을 그려 책갈피를 만들고, 색지로 입체 꽃도 만든다. 아이들은 이 활동을 하며 모두 꽃이 된 표정이다. 꽃을 조금이라도 예쁘게 그리려고 애를 쓰는 모습이 참 예쁘다. 활동하는 동안 노래도 한 곡 들려준다. '우리 모두 꽃이야' 노래로 흥얼흥얼 따라 부르기 좋은 국악 동요이다. 활동하는 모습을 돌아보며 아이에게 한 마디씩 건넨다. '해바라기네, 우리 종혁이처럼 마음이 넓은가보다', '장미구나. 네가 장미보다 더 매력적이야.' 스치듯 건네는 한마디에 밝아지는 아이의 표정에서 교사의 사랑이 전해지는 느낌이 든다. 아이들이 만든 꽃을 한데 모아 포토존을 만든다.

꽃으로 표현하는 나
① 나를 꽃으로 비유하고 줄줄이 발표한다.(예. 나는 해바라기꽃으로 태어났어요, 그 이유는 ~입니다)
② 작은 크기의 도화지에 나를 표현한 꽃을 그리고, 1번에서 발표한 내용을

보기 좋게 적어 책갈피를 완성한다.

③ 색지로 꽃을 한 송이씩 만들고 한데 모아 붙여 포토존을 만든다.

우리는 서로 다르지만 모두 아름다운 꽃임을 기억하며, 어우러져 지내기 위해 필요한 가치를 생각해보고 학급 목표 세우기 활동으로 이어가도 좋다. 꿈꾸는 우리 반의 모습을 구체적으로 생각해본다. 지난 학년을 떠올리며 '우리 반이 일 년 동안 이렇게 지내면 좋겠어요'를 떠오르는 대로 붙임 종이에 적는다. 아이들은 '싸우지 않는 반', '폭력이 없는 반', '친구를 놀리지 않는 반', '수업 시간에 열심히 공부하는 반', '체육을 많이 하는 반' 등 꿈꾸는 우리 반의 모습을 어렵지 않게 적는다.

아이들은 한 명씩 앞으로 나와 자신이 적은 꿈꾸는 우리 반의 모습을 말하고 그 붙임 종이를 칠판에 붙인다. 칠판 한가득 아이들의 바람이 붙는다. 그 바람을 비슷한 것끼리 모아 분류하고 분류한 내용을 대표할 수 있는 미덕을 찾는다. '싸우지 않는 반', '폭력이 없는 반'은 평화 미덕으로, '수업 시간에 열심히 공부하는 반', '체육을 많이 하는 반'은 열정 미덕으로 바꾸어 표현한다. 이런 방법으로 정한 꿈꾸는 우리 반의 모습은 배려, 존중, 열정, 평화의 미덕이 빛나는 반이다. 이 미덕이 모두 들어가도록 우리 반의 목표를 한 문장으로 만든다.

'서로 **배려**하고 **존중**하며 **열정**적으로 공부하며 **평화**로운 우리 반'

나를 꽃에 비유하는 것에서 시작하여 서로를 꽃으로 바라보는 이해의 미덕을 선물했다. 아이들은 색도 모양도 향기도 모두 다른 꽃이다. 화려하지 않다고 꽃이 아니지 않은 것처럼 지금 눈에 띄지 않는 아이도 저마다의 꽃을 피우고 있다. 아직은 꽃봉오리 안에서 활짝 필 그날을 위해 무던히 애쓰고 있는지도 모른다. 저만의 꽃을 피우되 한데 어우러져 함께 살아갈 아이들이 서로에게 주의를 기울이고 틈을 내어주길 바란다. 함께 만든 꽃을 배경으로 단체 사진을 남긴다. 내 옆의 친구를 꽃이라 여기고 자세히 바라보며, 서로의 마음을 헤아리며 지낼 일 년을 기대해본다.

💎 이해의 미덕을 빛나게 돕는 그림책

- 『우리 반』 김성범 글 ‖ 이수희 그림 ‖ 계수나무
- 『모두 다 꽃이야』 류형선 글 ‖ 이명애 그림 ‖ 풀빛
- 『꽃이 필거야』 정주희 글·그림 ‖ 북극곰

무슨 일이든
믿고 맡겨요

  믿음직함은 무슨 일이든 믿고 맡길 수 있는 것으로 자신이 한 약속을 지키는 행동과 연결된다. 살아가며 우리는 자신 그리고 타인과 여러 약속을 한다. 할 일 미루지 않기와 같은 자신과의 약속, 시간 지키기 같은 타인과의 약속, 학급 규칙 지키기의 공동체 약속까지 다양한 약속을 하며 그 약속을 지키기 위해 애쓴다. 약속을 지키기 위해 최선을 다하는 모습은 그 사람을 믿고 무슨 일이든 맡길 수 있게 한다.

  학급 임원선거는 여러 사람 앞에서 학급을 위해 할 수 있는 일을 약속하고, 그 약속을 지켜나갈 후보를 뽑는 활동이다. 선거에 출마한 후보는 공약을 통해 지지를 호소하고, 당선되면 공약을 지키기 위해 최선을 다한다. 학급 구성원인 아이들은 당선된 아이가 공약을 지키기 위해 애쓰는 모습을 통해 당선된 아이를 믿고 따르게 된다. 이처럼 교실에서는 매 학기 학급 임원선거를 통해 믿음직함의 미덕을 자연스레 배운다.

학급 임원은 우리 반을 위해 한 학기 동안 솔선수범하여 봉사해줄 대표이다. 하지만 학년이 올라갈수록 학급 임원선거에 출마하고자 하는 아이가 적어진다. 일부 뜻이 있는 아이들이 미리 공약을 준비해서 출마하기도 하지만, 대부분 아이는 후보가 되길 꺼린다. '친구들이 나를 뽑아줄까?' 하는 걱정이 큰 탓이다. 아이들이 학급 임원선거의 의미를 이해하고, 지킬 수 있는 공약을 정해 선거에 나가보는 경험, 자신이 한 약속을 지켜나가는 과정, 학급 구성원으로서 이 과정을 함께 하고 임원이 된 친구가 공약을 지켜나가도록 돕고 지원하는 일 등 모두가 믿음직함의 미덕을 빛내는 일이다.

✦ "곧 농장의 새로운 대표를 뽑는 선거가 열릴 거예요" ✦

학급 임원선거가 있기 전 『늑대의 선거』를 읽는다. 동물 농장 후보들의 선거 모습을 통해 좋은 공약의 조건, 선거의 의미와 중요성까지 살펴볼 수 있는 책이다. 농장의 새로운 대표를 뽑는 선거에 익숙한 후보인 돼지, 암탉, 생쥐의 홍보 포스터 옆에 처음 보는 늑대 파스칼 후보의 포스터가 있다. 친절하고, 말솜씨도 좋은 늑대 파스칼의 매력에 빠진 농장 동물들은 파스칼을 대표로 뽑는다. 하지만 이상하게도 늑대 파스칼이 대표가 된 이후, 농장의 동물들이 사라지기 시작한다. 진실을 알기 위해 파스칼의 집무실을 찾은 동물들은 사라진 동물들이 그의 식탁에 놓여 있는 걸 보고 분노한다. 그림책을 통해 좋은 후보의 조건은 겉모습이 아닌 후보자가 가진 덕목과 공약을 살펴보는 일임을 자연스럽게 알게 된다.

그림책에 등장하는 동물 농장 후보들의 공약을 살펴보며, 나라면 어떤 동물에게 투표하고 싶은지 이야기를 나눈다. 아이들은 이 과정에서 좋은 후보의 조건은 무엇인지 생각해보게 된다. 아이들이 생각하는 좋은 학급 임원 후보는 '친구들을 공평하게 대하는 사람', '우리 반을 하나로 화합하게 이끌어주는 사람', '선생님을 도와 학급 일을 잘 돕는 사람', '공약을 잘 지키는 사람' 등이다.

좋은 후보의 조건을 보며 학급 임원에게 필요한 자질인 미덕에 관해서도 이야기 나눈다. 존중, 화합, 근면, 성실, 신뢰, 책임 등 다양한 미덕이 필요하다는 것을 알게 된다. 평소 좋은 대표는 공부 잘하고, 인기 있는 사람이라고 막연하게 생각했던 아이들에게 '나도 좋은 대표가 될 수 있지 않을까?' 라는 생각이 들게 한다. 좋은 대표는 누구나 될 수 있으며 대표가 갖추어야 할 미덕을 빛내려는 마음이 가장 중요하다는 것을 강조한다.

"학급 임원선거에 출마하는 친구들은 우리 반을 위해 자신이 할 수 있는 일을 고민하여 이 자리에 설 것입니다. 지킬 수 있는 약속을 하고 그 약속을 지키기 위해 최선을 다하는 모습을 통해 우리는 그 사람을 믿게 됩니다. 무슨 일이든 믿고 맡길 수 있는 후보가 우리 반의 대표가 되어 믿음직함의 미덕을 빛내주길 바랍니다. 대표가 된 어린이가 약속을 잘 지킬 수 있게 함께 돕는 일 역시 우리의 역할입니다. 믿음직함의 미덕은 서로 믿고 돕는 가운데 자라납니다."

✦ 모두가 주인이 되는 학급 임원선거 ✦

우리가 생각하는 좋은 대표의 조건을 바탕으로 자신이 선거에 출마한다고 가정하고 선거 공약을 작성한다. 이 활동을 하는 이유는 선거에 출마하지 않더라도 우리 반을 위해 할 수 있는 일, 우리 반을 위해 필요한 일을 공약으로 작성해봄으로써 좋은 대표의 구체적인 역할을 생각해볼 수 있기 때문이다. 아이들은 고민하기 시작한다. 지금껏 한 번도 임원선거에 출마해본 적이 없는 아이는 '내가 왜?'라는 의문이 생겨, "선생님, 저는 선거에 안 나갈 건데, 안 해도 돼요?"라고 묻기도 한다. 모두 임원선거에 출마하지는 않아도 되지만, 우리 반을 위해 애써줄 친구에게 꿈꾸는 우리 반의 모습을 보여주는 활동이므로 고민해보라고 격려한다.

공약이 하나둘 완성된다. 비슷비슷해 보이지만, 나름 공들여 고민한 공약들이다. 완성된 공약을 잘 보이는 곳에 게시하고 실제 학급 임원선거가 있기 전날까지 서로의 공약을 살펴본다. 아이들이 공통으로 많이 내건 공약도 있고, 기발한 아이디가 돋보이는 공약도 있다. 아이들은 자연스레 좋은 공약의 조건에 대해서 다시 한번 생각하게 된다. 좋은 공약은 겉보기에만 화려한 공약이 아닌 우리 반에 도움이 되며 실천 가능한 공약이다.

학급 임원선거 전날, 종례 시간에 학급 임원선거에 출마하길 희망하는 사람은 친구들이 쓴 공약을 참고하여 전 시간에 만들었던 공약을 다듬어 오라고 안내한다. 즉흥적으로 출마를 결정하는 것보다 마음의 준비가 필요한 아이들에게는 용기를 내는 데 도움이 된다. 이러한 과정을 거치면 아이들은 학급 임원선거에 조금 더 관심 가지고 참여하게 되며 후보가 없거나 단독 후보만 나오는 경우가 적어진다. 선거 당일 다시 한번 『늑대의 선거』 이야기를 상기시킨다.

아이들은 친하거나 좋아하는 친구가 아닌 '공약'과 '선거에 임하는 친구의 태도'를 보고 소중한 한 표를 행사해야 함을 안다. 아이들과 전 시간에 나눈 대표가 갖춰야 할 미덕인 존중, 화합, 근면, 성실, 신뢰, 책임감도 다시 한번 강조하며 칠판에 적고 학급 임원선거를 시작한다. 학급 임원이 되어 한 해 동안 우리 반 친구들을 도울 후보를 추천받는다. 추천은 친구가 해줄 수도 있지만, 스스로 할 수도 있다. 스스로 용기 있게 출마한 아이도 격려한다. 선거에 출마한 아이들이 후보자 연설을 하면, 다른 아이들은 공약을 중심으로 중요한 내용을 간단하게 공책에 적는다. 어떤 후보가 어떤 공약을 말하는지 정확하게 기억하게 하고 선거에 진지하게 참여하도록 돕는다.

이후 후보자에게 하는 질의 시간을 갖는다. 교실 앞쪽에 다른 아이들과 마주 보는 방향으로 책상과 의자를 배치하여 후보자들을 앉게 한다. 후보자에게 공약과 관련하여 질문하고 답하는 과정을 통해 공약이 실천 가능한지 점검하고, 좋은 대표의 자질도 엿보는 시간이다. 아이들은 공책에 메모한 공약을 바탕으로 공약의 실천 가능성을 구체적으로 묻는다. 후보자 간에도 서로의 공약에 관해 질문하고 답할 시간을 준다. '깨끗한 우리 반을 만들기' 공약을 제시한 후보에게 그것을 실천하기 위한 방법을 묻자 '매일 방과 후 청소 당번을 도와 청소를 하겠다'고 답한다. 이 과정을 통해 공약이 구체화되기도 한다. 특별히 인신공격성 질문이 오가지 않는 이상 아이들이 질문하고 답하는 과정에 교사의 개입은 최소한으로 한다. 아이들은 이 시간이 낯설지만, 진지하게 참여한다.

모두가 주인이 되는 학급 임원선거
① 학급 임원선거에 나간다고 가정하고 공약을 작성한다.
② 친구들이 쓴 공약을 참고해서 나만의 공약을 작성하여 학급 임원선거에 참여한다.
③ 후보자에게 질의 시간, 후보자 간에도 서로 묻고 답할 시간을 준다.

마침내 투표를 통해 당선자가 결정된다. 당선자는 당선 소감을 발표하는 자리에서 본인이 내건 공약을 지켜나가기 위해 꾸준히 노력하겠다고 다시 한번 약속한다. 이때 교사는 공약을 지키기 위해 노력하는 과정이 믿음직함의 미덕을 빛내는 일임을 다시 한번 상기시키며, 학급 임원이 학급의 일을 잘해 나갈 수 있도록 학급 구성원으로서 함께 도와줄 것을 부탁한다. 학급 임원이 된 아이는 한두 명이지만, 그 대표를 뽑은 사람은 우리이므로 공약 실천을 위해 함께 도와야 하기 때문이다.

임원의 임기가 끝나는 날 소감을 듣는 시간도 꼭 갖는다. 공약을 얼마나 실천했는지, 학급 임원을 하면서 보람된 일이나 어려운 점을 듣는다. 반 아이들이 한 학기 동안 애쓴 임원에게 고마움을 표현하는 시간을 주어 한 학기 동안의 애씀을 격려한다.

아이들은 모두 힘을 모아 공약을 고민하고 좋은 대표를 선출하기 위한 질의 과정에서 선거의 중요성과 의미를 알게 된다. 임원이 된 아이는 공약을 지켜나가기 위해 애쓰며, 다른 아이들은 학급의 구성원으로서 임원이 제 역할을 해나가도록 돕고 격려한다. 서로 믿고 돕는 과정을 통해 신뢰를 쌓으며 믿음직함의 미덕이 자란다.

💎 **믿음직함의 미덕을 빛나게 돕는 그림책**

- 『동물들의 우당탕한 첫 선거』 안드레 로드리게스, 라리사 히베이루, 파울라 제즈구알도, 페드로 마르쿤 글 ǁ 조경숙 역 ǁ 길벗어린이
- 『왕 한번 잘못 뽑았다가 큰일 날 뻔했네』 상드린 뒤마 로이 글 ǁ 브뤼노 로베르 그림 ǁ 이주영 역 ǁ 책과콩나무
- 『영웅을 찾습니다』 차이자오룬 글·그림 ǁ 심봉희 역 ǁ 키위북스

두 번째
보석 상자

몸가짐과 말씨를
부드럽게 해요

    상냥한 말이 형태가 있다면, 어떤 색과 모양일까? 상냥한 말은 다른 사람에게 상처 주지 않는 사려 깊은 말로 마음을 따뜻하게 하기에 은은한 노란 빛의 동글동글 보름달 모양이 아닐까 상상해본다. 어른이나 아이나 상대방에게 말을 할 때는 혹시 그 말이 너무 뾰족하지는 않은지, 날카롭지는 않은지 헤아려보는 사려 깊음이 있으면 좋겠다. 말로 인해 누군가 상처받을 수 있다는 것을 염려한다면, 그 말은 결국 다시 내게 되돌아온다는 것을 안다면, 상대에게 건네는 말이 조금은 더 부드러워질 것이다. 상냥함은 몸가짐을 비롯한 말씨가 조심스럽고 공손하며 부드러운 것이다.

    서로 조금씩 익숙해질 즈음 쉬는 시간의 교실은 시끌벅적하다. 보드게임을 즐기는 아이, 거울 앞에서 머리를 매만지며 서로 예쁜지 봐주는 아이, 손에 잡히는 건 다 공인 양 던지고 받는 아이, 학원 과제를 못 했는지 끙끙대며 공부하는 아이까지 쉬는 시간 풍경은 다채롭다. 특별히 큰 소리가 나거나 다툼이 생기지 않는 한 아이들만의 시간을 즐기게 둔다.

두 아이가 아옹다옹 다투는 모습이 보인다. 가만히 지켜보니 한 아이가 그림을 그리고 있는데, 다른 아이가 지나가다 툭 친 모양이다. 본인은 건드는지도 몰랐는데 다짜고짜 화부터 내니 시시비비를 운운하며 옥신각신한다. 결국, 두 아이는 나에게 와서 도움을 요청한다. 두 아이에게 다시 한번 상황을 듣고 스스로 한 말과 행동을 되짚게 한다.

교실에서 아이들을 지켜보면 대부분의 갈등은 말에서 시작된다. 친해지고 싶어서 한 말, 장난처럼 한 말이 상처가 되기도 하고 의도와는 다르게 받아들여지기도 한다. 가까운 사이일수록 더욱 말조심해야 하는데, 요즘 아이들은 말을 너무 쉽게 내뱉는다. 그 말이 언젠가 다시 자신에게 되돌아온다는 걸 모르는 것 같아 안타깝다. 그 이유야 다양하겠지만, TV 방송 프로그램이나 인터넷상에서 다른 사람을 비하하여 웃음을 유발하거나 순화되지 않은 말을 여과 없이 내보내고 있는 점이 아이들의 건강한 언어 습관에 부정적 영향을 미친다고 생각한다.

✦ "꽃 같은 말을 전할 수 있도록" ✦

　말의 중요성에 대해 생각하게 하려고 아이들에게 읽어주는 그림책이 『말의 형태』이다. 그림이 너무 아름다워서 개인적으로 더 아끼는 그림책으로 만약에 말이 눈에 보인다면 어떤 색과 모양을 하고 있을까를 상상하며 말을 그림으로 표현한 책이다. 내가 하는 말이 누군가에게 화살이 되어 가슴에 꽂히고, 꽂힌 말이 상대의 가슴에 큰 상처를 내는 것이 눈으로 보인다면 쉽게 그 말을 못 하지 않을까? 자신이 하는 말이 어떤 형태와 색인지 대해 생각하게 한다.

　표지를 보여주며 이번 시간에는 말 공부를 할 거라며, 자주 하는 말과 자주 듣는 말을 떠오르는 대로 붙임 종이에 적어보게 한다. 무심코 하는 말에는 긍정적인 말도 있지만, 부정적이거나 거친 말도 있기에 어떤 말이든 다 적어보라고 한다. 자기가 하는 말에 한정하지 않고 자주 듣는 말도 포함하는 이유는 아이들이 평소 하는 말이지만, 자신이 나쁜 아이처럼 보일까 봐 쓰기를 꺼리기 때문이다. 평소 들었던 말 중 기억나는 대로 적다 보면, 기분 좋은 말도 있지만 그렇지 않은 말도 많다는 걸 자연스레 느끼게 된다. 단, 입에 담기 힘든 거친 욕설이나 비속어는 제외하고 일상에서 쓰는 말 중 골라 쓰게 한다. 아이들이 붙임 종이에 적은 말을 칠판에 모은 다음 '기분 좋게 하는 말'과 '아프게 하는 말'로 분류해본다.

　이어 『말의 형태』를 읽어준다. 그림책을 읽으며 중간중간 질문도 한다. '꽃 같은 말은 어떤 말일까요?', '화살 같은 말이 가슴에 박힌

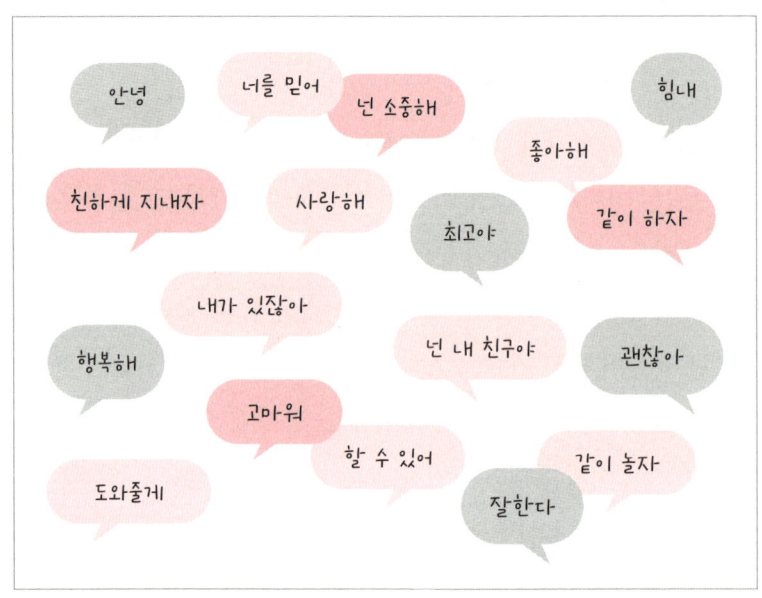

기분 좋게 하는 말

아프게 하는 말

적이 있나요?' 와 같이 꼭 답을 구하는 것이 아니라 생각해보기를 바라는 질문들이다. '내가 하는 말은 어떤 모양을 하고 어떤 색을 띠고 있을까' 책의 마지막 구절을 읽으며 아이들과 눈을 맞춘다.

> "내가 하는 말은 어떤 모양을 하고, 어떤 색을 띠고 있을까, 생각해본 적이 있나요? 가깝다는 이유로, 내 기분이 좋지 않다는 이유로 함부로 내뱉은 말은 상대방에게 큰 상처를 줍니다. 말에도 형태와 모양이 있어 눈에 보인다면 아마도 한 번 더 생각하고 말하게 될 것입니다. 말씨와 몸가짐에 조심스러움을 담아 가까운 친구와 가족에게 뾰족한 말 대신 꽃 같은 말을 전하는 것이 상냥함의 미덕입니다."

✦ 말의 형태와 색 표현하기 ✦

칠판에 분류된 말을 보며 말의 색에 대해 생각해본다. '시끄러워'는 무슨 색일까, '사랑해'는 어떤 색일까 생각해본다. 나를 기분 좋게 하는 말 중 하나, 나를 아프게 하는 말 중 하나를 골라 그 말을 떠올리며 말의 색을 물감으로 칠한다. 예를 들어 '짜증 나'라는 말을 골랐다면 이 말을 들었을 때의 마음을 떠올려 보고, 그때의 마음을 나타내는 색을 선택해 도화지에 물감으로 색칠한다. 신중하게 색을 고르고 여러 색을 섞어서 자기만의 색을 만드는 아이도 있고, 과감하게 한 가지 색으로 도화지를 채우는 아이도 있다. 아이들의 도화지는 대부분 검붉거나 회색빛으로 어둡다. 아이들이 느끼는 아프게 하는 말의 색이다. 이어 기분 좋게 하는 말에서도 한 가지를 골라 색으로 표현한다.

이런 방법으로 한 장은 아프게 하는 말의 색, 다른 한 장은 기분 좋게 하는 말의 색으로 칠한 도화지가 앞에 놓인다. 물감이 마르기를 기다리며 아이들에게 두 번째 질문을 한다. '나를 아프게 하는 말은 어떤 모양을 하고 있을까요?' 뾰족한 바늘 모양, 날카로운 칼 모양, 커다란 바위 모양 등 상대를 해하는 모양이 대부분이다. 아프게 하는 말의 색이 칠해진 도화지에 아이들이 떠올린 모양을 스케치하고 오린다. 오린 도화지에 아프게 하는 말을 적는다. 한 명 한 명 돌아가며 자신을 아프게 하는 말과 그 이유를 소개한다. '아휴'라는 말을 회색빛의 연기처럼 표현한 아이는 한숨 소리가 들리면 자기를 꾸짖는 거 같아 연기처럼 사라지고 싶다고 한다. '짜증나', '뚱뚱해', '그것도 못하냐?' 등 발표가 이어진다. 아이들이 만든 아프게 하는 말의 형태를 한데 모은다.

이어 '나를 기분 좋게 하는 말은 어떤 모양을 하고 있을까요?' 묻는다. 하트 모양, 부드러운 솜사탕 모양, 나무 모양 등 신나서 자기 이야기를 한다. 전과 마찬가지로 기분 좋게 하는 말의 색으로 칠해진 도화지를 자신이 생각한 형태로 오린다. 그 위에 또박또박 예쁜 글씨로 기분 좋게 하는 말을 쓴다. 한 아이는 너무 많아서 하나만 쓸 수 없다며 다 쓰면 안 되냐고 묻기도 한다. 아이의 도화지는 기분 좋게 하

는 말로 채워진다. 이어 돌아가며 발표한다. 아이들이 나를 기분 좋
게 하는 말을 소개할 때는 한 명씩 말 소개가 끝나면 모두 마음 모아
그 말을 그 친구에게 큰 소리로 들려준다. '괜찮아', '잘하고 있어',
'너를 믿어' 등의 말을 하고 들으며 아이들은 행복을 느끼고 있다.
이 말도 한데 모은다.

괜찮아, 너는 할 수 있어! - 초록색 나무 모양의 말
항상 너의 곁에 있을게 - 고양이 모양의 말
너 지금 너무 잘하고 있어 - 알록달록 보석 모양의 말
괜찮아 - 화가 난 친구의 마음을 식혀줄 푸른색 수영장 모양의 말
사랑해, 할 수 있어 - 하트 불꽃이 퍼져나가는 핑크빛 말

한쪽은 아프게 하는 말의 형태가, 다른 한쪽에는 기분 좋게 하는
말의 형태가 대조되어 보인다. 말의 형태를 볼 수 있다면 아마 쉽게
함부로 말하지 않을 거라고, 교실에서 오가는 말들이 서로 힘이 되
고 행복하게 하는 말들로 채워지길 바란다고 짧게 이야기한다. 지금
드는 생각이나 느낌을 글로 정리한다. 한 아이의 제안으로 아침 인사
시간에 인사말은 '나를 기분 좋게 하는 말'을 돌아가며 하기로 했다.
아이들이 이 시간에 느낀 것처럼 내 옆의 소중한 사람들에게 꽃 같은
말을 하는 아이들로 자라면 좋겠다.

말의 형태와 색 표현하기

① 평소 내가 자주 하는 말이나 듣는 말을 적고, 이를 '기분 좋게 하는 말'과 '아프게 하는 말'로 분류한다.

② '기분 좋게 하는 말'과 '아프게 하는 말' 중 각각 한 가지 말을 떠올리고 그 말을 색과 형태로 표현한다.

③ 아이들이 각자 만든 말을 '기분 좋게 하는 말'과 '아프게 하는 말'로 모아 붙이고 상냥함이 드러나는 말에 대해 생각하며 글로 생각을 정리한다.

아이들이 정성껏 칠하고 오린 기분 좋게 하는 말을 모은 종이를 게시판에 붙인다. 상냥함의 미덕은 아이들에게 부드럽고 존중하는 말을 선물하며 이 세상을 더욱 아름답게 만들어 줄 것이다. 선생이자 어른으로서 교실에서 하는 나의 한 마디 한 마디가 달빛처럼 아이들 맘속에 상냥함의 미덕으로 스며 따스하고 부드러운 말을 나누는 아이들로 자라길 바란다.

💎 **상냥함의 미덕을 빛나게 돕는 그림책**

- 『세상에서 가장 힘이 센 말』 이현정 글 ‖ 이철민 그림 ‖ 달달북스
- 『누군가 뱉은』 경자 글·그림 ‖ 고래뱃속
- 『상냥한 거리』 민지 글·그림 ‖ 다림

다름을 이해하고
함께해요

화합은 다름을 두려움이나 배척으로 여기는 대신 이해하는 마음으로 평화롭게 함께 하는 것이다. 장애, 성별, 인종, 종교, 문화 등의 차이를 다름이 아닌 틀림으로 여기고 밀어내는 것이 아니라 마음으로 이해하며 더불어 살아갈 방법을 모색해나가는 것이다. 화합은 서로 다른 우리가 어우러져 다채롭게 빛나도록 돕는다. 세상을 하나로 연결해주며 진정한 '함께'의 가치와 기쁨을 느끼게 한다. 아이들이 살아가는 세상은 사회적 약자인 소수자를 비롯한 모든 사람의 차이가 존중되고 그것에 대한 이해를 바탕으로 함께 살아가는 세상이길 바란다.

몇 해 전 우리 반에 통합반 아이가 있었다. 지적 장애가 있는 아이는 다른 아이들과 행동이 많이 달랐다. 말이 통하지 않는 아이에게 지칠 대로 지친 나에게 한 줄기 빛을 보여준 것은 다름 아닌 우리 반 아이였다. 나는 나름의 원칙을 가지고 장애가 있는 아이를 가르치려고 했다. 하지만 아이는 마음처럼 따라주지 않았다. 수업 시간에 자리를 이탈해 돌아다니거나 소리를 지르는 등 수업을 방해하는 행동이 자주 일어났다. 수업 시간 칠판 앞까지 나와 돌아다니는 아이를 강제로 자리에 앉게 했더니 교실 바닥에 드러누워 고래고래 소리를 지르며 운다. 힘으로도 일으켜 세워보고 단호한 목소리로 이야기도 해보지만, 아이는 꿈쩍하지 않는다. 그때 한 아이가 다가오더니 누워 우는 아이에게 "돌아다니고 싶었어?"라고 묻는다. 아이는 그 말을 들었는지 친구를 올려본다. 아이는 "우리 쉬는 시간에 같이 놀자. 여기는 지저분해. 얼른 일어나"라며 손을 내민다. 그 손을 잡고 일어난 아이는 아무 일도 없었다는 듯 자기 자리로 간다. 순간 머리가 띵했다. 한 방 맞은 기분이랄까?

    장애를 이해한다는 건 어떤 걸까? 교사인 나는 그 아이를 머리로만 이해하려 했지, 마음으로 이해하지 못했던 거 같다. 장애는 일반적인 모습과는 다르다고 여기고 장애라는 눈에 보이는 증상에만 초점을 두어 생각했다. 그러다 보니 그 아이의 행동을 바꾸려고 자꾸 다그쳤던 거다. 장애는 그 아이의 겉모습일 뿐이다. 겉으로 보이는 모습이 조금 다를 뿐이다. 하지만 그 다름을 바꿀 수 없다. 있는 그대로 받아들여야 한다. 몸이 불편한 아이도 지적으로 성장이 더딘 아이도 그 아이가 가진 모습 일부일 뿐이다. 그걸 특별함이 아닌 그저 '다를 뿐'이라는 마음으로 받아들이고 나니 통합반 아이를 대하는 내 태도가 조금 달라졌다. 문제 행동을 보이면 무조건 '안돼'라고 말하기보다 먼저 눈을 마주치고 공감하려고 노력하게 된 것이다.

✦ "내가 여기 있어요. 아무라도 좋으니…… 위를 봐요" ✦

그런 마음으로 함께 읽은 책이 『위를 봐요』이다. 모든 교실에서 읽길 바랄 만큼 장애를 보는 다른 시선이 담겨 있다. 그림책 속 수지는 사고로 다리를 다쳐서 휠체어를 타는 몸이 불편한 아이이다. 실제 수지처럼 후천적으로 장애가 생기는 경우가 적지 않다고 한다. 학교에도 휠체어를 이용하는 통합반 아이가 있는 터라 아이들이 더 관심을 가지고 본다. '내가 수지라면 어떤 마음이 들까요?', '병 또는 사고로 장애가 생긴다면 어떨까요?' 하고 질문하니 아이들은 말을 잊지 못한다. 상상하고 싶지 않은, 상상해보지 않은 일일 거다.

그림책의 첫 장면이 말해주듯 누구도 장애에서 자유로울 수 없다는 사실을 인지한다면, 장애인의 입장이나 처지를 좀 더 깊이 생각하지 않을까 생각하며 그림책을 함께 읽는다. 수지는 베란다 창을 통해서만 세상을 바라본다. 그래서 수지는 사람들의 얼굴이 아닌 머리통만 볼 수 있다. 그런 수지를 향해 '위를 봐요'라고 외치며 거리에 누운 한 아이 덕분에 수지는 용기 내어 집 밖으로 나오게 된다. 아이들은 그림책의 생각하지도 못한 전개에 놀라고, 따뜻한 결말에 웃는다.

집 안에서만 세상을 바라보던 수지를 밖으로 이끌었던 것처럼 나와 다른 모습을 한 친구도 이해하고 함께 살아가려는 노력이 화합이다.

> "그림책의 앞 면지에서 뒤 면지로의 변화처럼 모두가 함께하는 세상은 다양한 색으로 빛나게 됩니다. 화합이란 서로 다름을 이해하며 함께 살아가려는 마음입니다. 서로 다름을 이해하며 함께 살아간다는 것은 쉽기도 하고, 어렵기도 합니다. 화합의 미덕을 빛내 서로 다른 우리가 함께 지내기 위한 첫걸음을 장애 이해 교육으로 시작해보려고 합니다."

✦ 틀린 것이 아니라 다른 거예요 ✦

그림책을 보고 인상 깊은 장면에 관해 이야기를 나눈다. 그다음 장애의 종류를 아이들 눈높이에서 간단히 이야기하며 보거나 만난 적이 있는 장애인을 떠올려 본다. 시각 장애, 청각 장애, 지체 장애 등 신체적 장애와 지적 장애, 자폐성 장애를 포함하는 발달 장애, 정신 장애 등 생각보다 다양한 장애의 종류에 아이들은 놀라는 눈치다. 그림책과 연결하여 신체장애인이 일상생활에서 겪는 이동권과 관련한 어려움을 찾아본다. 그 과정을 통해 아이들은 장애인이 가진 실제적 어려움을 헤아리게 된다.

다시 그림책으로 돌아가 '수지는 왜 밖으로 나오지 않았을까요?'

를 생각해본다. 그림책을 읽자마자 이 질문을 하면 다리가 불편해서라고 답하지만, 이동권 관련한 장애인의 어려움을 찾아보고 나면 답이 달라진다. 수지의 어려움이 구체적으로 보이면서 '휠체어를 타고 대중교통을 이용하기에는 너무 힘들고, 대중교통을 이용해서 갈 수 없는 곳이 너무 많다, 사람들이 자꾸 쳐다보니 신경이 쓰일 거 같다, 인도가 좁거나 울퉁불퉁한 곳이 많아 이동이 어렵다, 택시를 타려면 한 시간도 넘게 기다려야 한다' 등 수지의 입장에서 생각하게 된다.

이동권은 인간이라면 누구나 가지는 기본 권리이다. 하지만 안타깝게도 우리 사회는 아직 그 기본 권리가 보장되지 않고 있다. 학교에서는 모든 인간은 인간답게 살 권리가 있다고 가르치는데, 사회는 그러지 못하다. 실제 전장연(전국장애인차별철폐연대)에서는 시민의 불편을 알면서도 이동권 보장을 위해 시위를 한다고 알려준다. 시위의 옳고 그름을 떠나 그들이 왜 거리로 나올 수밖에 없는지를 생각해보고 그들의 입장에서 생각해본다.

이어 우리 사회는 어떠한 변화와 노력이 필요한지 생각하며, 해외의 장애인 이동권이 보장되는 우수 사례를 찾아본다. 아이들은 자료 검색을 통해 '독일의 수도 베를린에서는 이미 2009년부터 모든 시내버스가 저상버스이다', '미국에서는 휠체어를 태울 수 있는 노란 택시, 일명 '옐로캡' 택시가 있어 누구든 필요할 때 길가에서 손을 들어 택시를 잡을 수 있다' 등 선진국의 우수 사례를 찾는다. 그리고 왜 우리 사회는 아직 그 일을 해내지 못하는지 궁금해하기도 한다. 이어 우리가 할 수 있는 작은 실천과 노력을 고민해볼 차례다. 장애인 이동권 관련해 필요한 법을 생각해보기도 하고, 장애인 이동권 보장에 관한 서명 운동에 참여하는 등 실천할 수 있는 일을 찾아본다.

다시 그림책으로 돌아와, 수지를 밖으로 나오게 한 아이의 작지만 큰 행동, 아이의 행동에 함께해준 이웃들의 모습에서 우리에게 필요한 시선과 행동이 무엇인지 생각하며 주인공 수지나 등장인물 중 한 사람에게 편지를 쓴다. 편지 쓰기 활동을 통해 다른 사람의 마음을 헤아려보고, 이야기 나눈 장애에 관한 생각을 글로 표현해보며 더불어 살아가는 것의 진짜 의미를 생각해본다.

틀림이 아닌 다름을 이해하기

① 장애인의 이동권 관련 불편한 점을 찾아보고 공감해본다.

② 장애인의 이동권이 보장되는 해외 우수 사례 찾아보고 함께 살아가는 사회를 만들기 위해 할 수 있는 노력을 찾아본다.

③ 그림책의 등장인물에게 편지를 쓰며 더불어 살아가는 것의 의미를 헤아려본다.

수지에게

안녕? 수지야. 나는 너의 이야기를 듣고 정말 생각이 많아졌어. 선천적인 장애를 갖는 것도 힘들지만, 갑자기 사고로 장애가 생기면 얼마나 힘들고 속상할까? 나라면 너무 힘들고 두려울 거 같아. 앞으로는 장애에 대한 시선을 바꾸고 장애인도 함께 행복한 세상을 만들기 위한 노력하는 내가, 우리가 될게. 밖으로 나와! 너의 예쁜 미소를 보여줘. 나랑 같이 걷자. 안녕!

> 수지 옆에 제일 먼저 누운 아이에게
>
> 안녕? 제아야.
>
> 제일 먼저 누운 아이라서 내가 이렇게 이름을 지었어. 너는 정말 사려의 미덕이 빛나는 거 같아. 나라면 그럴 수 없었을 텐데… 정말 너는 대단해. 먼저 누워줘서 고마워. 나도 장애를 가진 친구를 만나면 그 친구에게 필요한 건 뭔지 그 친구 입장에서 생각하고 내가 할 수 있는 일을 해볼게. 다음에 만나면 나도 네 옆에 누울 거야. 안녕!

많은 사람이 가던 길을 멈추고 함께 누워 수지를 향해 '위를 봐요'를 외치게 한 힘은 제일 먼저 길에 누운 한 사람의 용기 덕분이다. 한 사람의 선한 영향력이 도미노처럼 퍼져 집안에만 있던 수지를 집 밖으로 이끈 것처럼 화합의 미덕이 빛나는 사회는 서로 다름을 있는 그대로 바라보고 함께 살아가는 방법을 모색하는 사회이다.

교실은 생김새도 성격도 좋아하는 일도 잘하는 일도 다른 아이들이 모인 작은 사회이다. 서로 다르다는 것이 틀린 것이 아니라 다양성으로 빛날 수 있도록 화합의 미덕이 꼭 필요하다. 아이들과 교실에서 실천할 수 있는 화합의 미덕에 관해 이야기 나눈다.

친구가 실수를 하면 지적하기보다 '괜찮아'라고 감싸 준다.

친구가 도움이 필요해 보이면 도움이 필요한지 물어보고 원하는 도움을 준다.

혼자 있는 친구가 보이면 먼저 다가가 자연스럽게 말을 건다.

세상은 서로 다른 다양한 사람들이 만들어가는 곳이다. 겉모습이 달라서, 소수이기 때문에 권리를 보장받지 못하거나 배척당해서는 안 된다. 교실이라는 작은 사회에서도 마찬가지이다. 나와 달라도 조화롭게 어울리는 '함께의 힘', 그것이 발휘되는 화합의 시작이 교실이면 좋겠다. 화합의 미덕으로 어우러져 자란 아이들이 만들어가는 세상은 달라서 더 빛나는 사회이지 않을까 기대해본다.

💎 **화합의 미덕을 빛나게 돕는 그림책**

- 『수상한 우리 반』 박승희 글·그림 ‖ 토토북
- 『무리』 히로타 아키라 글·그림 ‖ 허하나 역 ‖ 현암주니어
- 『우리 집에 놀러 와』 엘리자 헐, 샐리 리핀 글 ‖ 대니얼 그레이 바넷 그림 ‖ 김지은 역 ‖ 위즈덤하우스

거짓이나 꾸밈없이
진실해요

　정직이란 바르고 곧은 마음을 의미하는 것으로 불리한 상황에서도 생각, 말, 행동에 거짓이나 꾸밈이 없는 것이다. 우리는 어려서부터 거짓말을 해서는 안 되며 양심에 따라 행동하라고 배우며 자랐다. 정직은 양심에 따라 자기 자신을 속이지 않고 진실하게 말하고 행동하는 것이다. 이러한 정직의 미덕은 사회의 질서를 유지해주며, 타인을 신뢰할 수 있게 도와 함께 살아가는 사회를 만들어준다. 또한, 정직은 자신을 있는 그대로 받아들이는 진실하고 진지한 태도를 포함한다. 자신을 있는 그대로 진실하게 보여줄 때 우리는 서로 신뢰를 쌓게 된다.

　햇살이 따사로워지고 따스한 바람이 불어오면 땅에서도 나무에서도 봄의 기운이 움트기 시작한다. 많은 교실에서 식물 가꾸기를 시작하는 시기이다. 김선남 작가의 『은행나무』 책에 관한 이야기를 들은 적이 있다. 작가는 아이가 초등학교 입학식에서 받아온 씨앗을 심어 싹을 틔우고 길렀는데 그 씨앗이 여러 해를 걸쳐 나무로 자랐고, 계절에 따라 달라지는 나무의 모습, 해마다 자라는 나무의 모습을 관찰한 것이 이 책의 씨앗이 되었다고 한다. 나무가 씨앗에서 자랄 수 있다니, 그것도 화분에서 자라다니 신기하기도 하고 그 씨앗을 나무로 길러낸 작가의 정성이 참으로 대단하다고 생각한 적이 있다.

  마음속에 있는 미덕이 씨앗이라는 생각이 들었다. 씨앗을 자세히 들여다보면 그 생김새며 크기가 모두 다르다. 하지만 씨앗의 겉모습만 보고는 앞으로 어떤 모습으로 자랄지 예상하기 어렵다. 씨앗이 품고 있는 세계를 다 알지 못하기 때문이다. 아이들의 마음에 심어진 미덕 또한 어떤 꽃을 피울지, 어떤 열매를 맺을지 알 수 없는 것과 같이 말이다.

  농부가 씨앗을 심고 열매를 수확하는 일에는 정직이 담긴다. 씨앗이 품고 있는 세계를 믿고 바르고 곧은 마음으로 정성을 다해 씨앗을 기르고 싹을 틔운다. 마음속 미덕 씨앗을 기르는 일에도 이러한 농부의 정직함이 담기길 바란다. 비바람이 불고 타들어 갈 것 같은 뜨거운 햇볕에도 게으름 피우지 않고 정직하게 흘린 땀방울은 싹을 틔우고 마침내 저마다의 속도로 꽃을 피우고 열매를 맺을 것이다.

✦ "이 빈 화분이 제 정성이옵니다" ✦

그림책 『빈 화분』에서 꽃을 좋아하는 임금님은 씨앗을 나눠주고 일 년 동안 정성껏 길러 꽃을 피운 아이에게 왕위를 물려주겠다고 한다. 평소 꽃 기르기라면 자신 있는 핑도 꽃씨를 받아 정성을 다해 가꾼다. 하지만 핑의 화분에는 꽃은커녕 싹조차 나지 않는다. 걱정하는 핑에게 핑의 아버지는 정직하게 빈 화분을 들고 임금님께 가라고 조언한다. 그렇게 빈 화분을 들고 간 핑과 달리 다른 아이들의 화분에는 알록달록 화려한 꽃이 피어있다. 하지만 임금님이 준 씨앗은 사실 싹이 나지 않는 익힌 씨앗이었다. 그걸 알 리가 없는 핑은 정성껏 씨앗을 돌보았지만, 결국 빈 화분을 들고 갈 수밖에 없었던 것이다.

다른 아이들처럼 후계자 자리에 욕심이 나서 임금님이 준 익힌 씨앗이 아닌 다른 씨앗을 심어 꽃을 피울 만도 한데 핑은 끝까지 자신의 양심을 저버리지 않은 정직의 미덕이 빛났다. 이러한 핑의 태도만큼이나 핑 아버지가 자녀를 양육하는 방식에도 크게 감명받았다. 나라면 싹이 트지 않아 속상해하는 자녀에게 빈 화분을 들고 임금에게 가라고 할 수 있었을까?

이 그림책을 아이들과 읽는다. 핑이 빈 화분을 임금님에게 들고 가는 장면에서 멈춘다. '내가 핑이라면 싹이 트지 않은 빈 화분을 들고 임금님에게 갈 수 있을까요?' 라는 질문에 아이들의 대답은 나뉜다. 빈 화분이라면 차라리 가지 않겠다는 아이, 다른 씨앗이라도 심어서 꽃이 핀 화분을 들고 가겠다는 아이, 핑처럼 빈 화분을 들고 솔직하게 가겠다는 아이도 있다. 이야기를 마저 읽고 나니 아이들은 드디어 비밀을 알았다는 표정이다. 빈 화분을 들고 갈 수 있었던 것은 핑의 정직함과 그 정직함을 숨기지 않고 드러낼 수 있는 용기 덕분이다. 핑과 핑의 아버지가 보여준 정직처럼 정직을 실천한 경험을 나눈다.

- 선생님이 시험지를 잘못 채점해서 다 맞았다고 했어도 솔직하게 말해 96점을 받는 것
- 내가 버린 샤프심 때문에 교실 바닥이 지저분해진 것을 용기 내어 말하는 것
- 문제를 풀 때 모르는 문제가 나와 답안지를 보고 싶어도 참고 내 힘으로 푸는 것
- 동생과 왜 싸웠냐는 엄마의 물음에 내가 먼저 놀렸다고 말하는 것
- 계단 오르다가 주운 돈을 주인을 찾아주기 위해 선생님께 맡기는 것
- 엘리베이터를 타고 싶어도 다리가 불편하지 않을 때는 타지 않는 것

"정직은 임금님이 주신 씨앗이 싹이 나지 않더라도 다른 씨앗을 심고 싶은 유혹을 물리치고 빈 화분을 끝까지 정성을 다하여 돌보는 마음입니다. 핑이 화분에 기른 것은 자신을 속이지 않고 양심에 따라 행동하는 정직의 씨앗입니다. 여러분도 핑처럼 마음속 정직 씨앗을 정성껏 기르면 좋겠습니다. 비록 꽃을 피우지 못하더라도 양심을 저버리지 않고 끝까지 진실함을 보여주면 좋겠습니다."

✦ 미덕 씨앗 기르기 ✦

반 아이들에게도 빈 화분을 선물한다. 그리고 씨앗을 나누어준다. 해바라기, 나팔꽃, 토마토, 강낭콩 등 여러 종류의 씨앗을 주고 아이들이 선택하게 한다. 생김새가 다른 씨앗을 보고 아이들은 나름 상상의 날개를 편다. 어떤 씨앗이냐고 힌트를 달라는 아이도 있고, 익힌 씨앗이 아니냐는 개구진 질문도 한다. 겉모습만 보고도 어떤 씨앗인지 바로 짐작이 가는 것도 있다. 어떤 씨앗이든 정성껏 가꾸면 아름다운 꽃을 피울 거라며 마음 가는 대로 고르게 한다.

아이들이 고른 씨앗을 앞에 두고 그 모습을 자세히 보고 그리게 한다. 아이들은 말없이 자기 앞에 있는 씨앗을 그린다. 씨앗이 싹을 틔우고 자란 모습을 상상하며 화분 이름표에 기르고 싶은 미덕을 적게 한다. 아이들은 신중하게 자신이 정성껏 가꿀 미덕을 넣어 화분 이름표를 완성한다. '끈기 가영', '용기가 솟아나는 민서' 처럼 말이다.

이제 화분에 씨앗을 심는다. 배양토를 화분에 넣고, 손가락으로 구멍을 내어 씨앗을 심고 꾹꾹 누른다. 물을 주고 햇볕이 적당히 드는 창가에 둔다. 이 화분에 자라나게 될 싹은 용기 싹, 끈기 싹이 될 것이다. 이제부터는 적당함과 정성이 필요하다. 너무 큰 관심에 물을 자주 준다면 씨앗은 땅속에서 썩어 버릴 것이고, 지나친 무관심은 씨앗을 땅속에서 메마르게 할 것이다. 아이들은 학교에 오자마자 화분을 들여다본다. 오늘쯤은 싹이 나오지 않을까 기대하며 흙이 마르지는 않았는지 햇볕은 잘 드는지를 세심히 살핀다.

일주일쯤 지나니 싹이 트는 화분이 생긴다. 흙 위로 쏘옥 머리를 내민 여리디여린 연둣빛 싹을 보며 환호하는 아이, 아직 나올 기미가 없는 화분에 실망하는 아이도 있다. 간혹 씨앗을 너무 깊게 심은 경우 싹이 흙을 뚫고 올라오지 못하기도 한다. 그럴 경우를 대비해 씨앗을 조금 여유 있게 준비하여 씨앗을 다시 심어주면 좋다.

씨앗마다 싹의 모양이 조금씩 다르다. 그걸 보고 서로 비교하며 신기해한다. 3개 이상 싹이 난 경우 작은 화분에서 모든 싹이 살아가기에는 비좁다. 튼튼한 싹을 빼고 솎아내어 주거나 큰 화분으로 옮겨준다. 싹이 트는 데는 꾀 시간이 오래 걸리지만, 싹이 나고부터는 하루가 다르게 자라는 게 보인다. 아이들은 아침에 등교하면 미덕 화분을 들여다본다.

떡잎이 떨어지고 본잎이 나오기 시작하면 저마다 다른 모습으로 자라는 식물들, 아이들이 붙인 미덕 이름이 다르듯 자라는 모양도 속도도 다르다. 교실로 들어오는 볕이 부족하다면 햇볕이 좋은 날은 아침에 학교 화단에 화분을 내다 두고 하교하기 전에 교실로 들여오기도 한다. 식물이 자라는 데는 햇빛 한 줌, 바람 한 줌, 물 한 모금. 정성 한 스푼이 필요한 법이니까 말이다.

미덕 씨앗 기르기

① 빈 화분에 기르고 싶은 미덕을 정해 이름을 붙인다.

② 어떤 씨앗인지 알지 못하는 씨앗을 심고 정성껏 가꾼다.

③ 꽃피운 화분을 보며 정직의 미덕에 대해 생각해본다.

뜨거운 여름을 보내면서 키도 제법 자라고 잎도 커진다. 이제 내가 심은 씨앗이 무엇인지 알 수 있다. 꽃을 보는 꽃식물도 있지만, 꽃이 지나가면 그 자리에서 열매를 맺는 식물도 있다. 저마다의 꽃을 피우기 위해 애쓰는 모습도 다르다. 아이들은 그 모습을 보기 위해 정성을 다한다. 하나둘 화분에서 꽃이 핀다. 활짝 핀 꽃만큼 아이들의 마음속에서도 미덕 꽃이 핀다.

우리의 미덕 화분 가꾸기는 정직에서 출발했다. 정직은 내가 가진 씨앗을 정성으로 가꾸는 것이다. 모두 정성을 다해 가꾸지만, 씨앗이 자란 모습은 모두 다르다. 잘 자란 씨앗도 있지만, 마음과는 다르게 성장이 더디거나 생각한 모습으로 자라지 못한 씨앗도 있다. 아이들이 속상해하고 투덜대기도 한다. 아이들에게 이야기한다. 내가 생각한 모습으로 자라지 않았다고 내 미덕 씨앗이 자라지 않은 것은 아니다. 그 씨앗을 가꾸는 과정에서 정성을 다했다면 충분하다. 그 결과가 마음에 차지 않더라도 괜찮다. 펑처럼 자신의 화분을 있는 그대로 바로 보고 사랑해주는 것 또한 정직이다.

아이들은 저마다 받아 든 씨앗을 심고 정성을 다해 가꾸었다. 그 정성에는 펑의 진실함이 묻어난다. 이번에 내 씨앗이 생각만큼 자라지 않았다면 그것을 있는 그대로 받아들이고, 왜 그랬을까를 생각하며 다시 씨앗을 심으면 된다. 아이들은 그렇게 정직을 통해 자기 삶을 가꾸어가는 방법을 배워간다.

💎 정직의 미덕을 빛나게 돕는 그림책

- 『거짓말이 뿡뿡, 고무장갑!』 유설화 글·그림 ∥ 책읽는곰
- 『양심 팬티』 마이클 에스코피어 글 ∥ 크리스 디 지아코모 그림 ∥ 김지연 역 ∥ 꿈터
- 『내 모자 어디 갔을까?』 존 클라센 글·그림 ∥ 서남희 역 ∥ 시공주니어

나도
그렇게 느껴요

    공감은 다른 사람의 마음을 헤아려보고 나도 그렇게 느끼는 것이다. 상대방이 기뻐하면 함께 기뻐하며 축하해주고, 슬퍼하면 그 마음을 헤아리며 기다려주고 눈물을 닦아주는 것이 공감이다. 함께 살아가는 우리 사회에 어쩌면 가장 필요한 미덕일지도 모른다. 하지만 경쟁사회에서는 내 옆의 친구를 이겨야 앞으로 더 나아갈 수 있다는 생각에 함께 기뻐하고 슬퍼할 여유가 없다. 점점 더 많은 사람들이 나를 중심으로 살아간다. 내 옆의 친구가, 우리 마을의 친구가, 더 나아가 저 멀리 다른 나라의 친구가 아프고 슬프다면 외면하지 말고 함께 그 마음을 헤아려주는 것이 공감이다.

    세상에는 공감이 필요한 일이 셀 수 없이 많다. 세월호 참사도 그

중 하나이다. 304명의 소중한 생명을 앗아간 그 일을 기억하고, 다시는 그런 일이 일어나지 않게 하는 것은 공감에서 시작한다. 2014년 4월 16일은 세월호 참사가 일어난 날이다. 그날의 참사로 세상을 떠난 사람들은 노란 나비가 되어 저 하늘로 날아갔지만, 우리는 여전히 그날을 기억하고 있다. 더 긴 시간이 흐른다고 해도 절대 잊을 수 없는, 잊어서는 안 될 날이기에 아프고 무거운 이야기를 매년 아이들과 해오고 있다.

아이들은 그날을 어떻게 기억하고 있을까? 어떻게 이야기를 시작해야 할까? 어디까지 이야기를 해야 할까? 누군가의 아픔을 남의 일이 아닌 내 일처럼 느끼고 공감하는 것은 함께 살아가기 위해 그 무엇보다 중요한 일이라 믿는다. 세월호 유가족이 우리가 보낸 공감의 힘을 느끼고 다시 일어설 용기를 내기 바라는 마음으로 여러 날 고민하며, 준비한 이야기를 조심스레 시작한다.

✦ "함께 오르자꾸나" ✦

아이들이 등교하기 전, 칠판에 시 한 편을 적는다. 이안 시인의 동시집 『오리 돌멩이 오리』에 수록된 '사월 꽃말'이라는 시이다. 아이들과 동시를 소리 내어 읽는다. 그리고 느낌을 묻는다. 아이들은 어렴풋이 느낀다. 슬픔, 고난이라는 단어에서 아픔이 느껴진다고 한다. 사월이라는 단어에서 세월호 사건을 짐작하는 아이도 있다. '맞아요. 선생님과 함께 읽은 시는 세월호 참사에 관한 이야기를 담았어요. 세월호 이야기 들어본 적 있나요?' 드문드문 알고 있는 사실을 총동원하지만, 아이들이 너무 어릴 적 일어난 일이라 제대로 알고 있는 아이는 드물다.

이제 기억 속의 그날을 이야기할 때다. 조심스럽게 그날의 이야기를 꺼낸다. 선생님은 2014년 그날 아기를 키우며 육아휴직 중이었는데 뉴스에서 그 소식을 듣고 '안돼'를 수십 번도 더 외치며 눈물을 흘렸다고…. 텔레비전 화면 속에서 가라앉는 배를 지켜만 본 어른이었다고 말이다. 대한민국의 모든 국민은 차디찬 바다로 가라앉는 아이들을 안타까워하며 바라볼 수밖에 없었다는 이야기를 최대한 담담하게 들려준다.

세월호 참사에 대해 조금 더 정확하게 이해하기 위해 그날의 뉴스도 함께 본다. 아이들이 여기저기서 훌쩍이기 시작한다. 또 한 편에서는 어떻게 그럴 수 있냐고 분해하고 억울해하기도 한다. 아이들은 그날의 일을 자기 일처럼 느끼고 있다. 그렇다. 우리는 인간이기에 서로 기쁨과 슬픔에 공감하며 마음을 나누는 존재다. 대한민국의 교사이자 어른으로서 아이들에게 그날의 일을 전할 뿐이지만, 아이들은 그날의 진실을 듣고 마음속 깊은 곳에서의 울림을 온몸으로 느끼고 있다. 이 과정에서 아이들은 알아간다. 왜 우리가 다른 사람의 아픔에 함께 눈물 흘리고 그 아픔을 기억해야 하는지를 말이다. 그 공감의 마음을 가지고 『응시』라는 그림책을 펼친다.

검은색의 표지부터 무거움과 신비로움이 느껴진다. 제목조차 적혀 있지 않은 표지에는 깊고 어두운 바닷속 배의 원형 창문이 있을 뿐이다. 천천히 책장을 넘기며 그림책을 읽는다. 우리가 상상하는 푸른빛의 바다가 아닌 칠흑같이 깊고 어두운 바닷속 바다거북은 무언가를 찾고 있다. 바다거북이 찾아 헤매는 것은 아마도 세월호 실종자인 듯하다. 그렇게 바다거북은 어둠 속에 있던 사람들을 발견하고 이들을 물 밖으로 이끈다. 바다거북의 눈빛은 시종일관 독자를 향하며 우리가 함께 응시해야 할 것이 무엇인지 생각하게 한다. 바다거북의 눈에 비친 다섯 개의 빛에 다시 한번 울컥한다.

'아직 깊은 어둠에서 나오지 못한 빛들을 기억하며, 하늘의 별처럼 빛나는 소중한 이들의 넋을 기리며, 2014년 4월 16일, 그날의 아픔을 외면하지 않고 함께하려는 마음을 담은 책입니다.' 작가의 마지막 메시지까지 아이들에게 읽어준다. 순간 교실은 더 조용해진다. 아이들이 그림책을 느낄 시간을 충분히 준다.

"2014년 4월 16일 그날의 아픔을 함께 기억해보았습니다. 이 시간 우리는 먼저 별이 된 사람들과 그 유가족의 슬픔에 눈물 흘렸고, 책임을 다하지 못한 어른들에게는 화가 났으며, 아직도 밝혀지지 않은 진실에 이해가 가지 않아 궁금하고 억울한 마음이 들기도 했습니다. 이처럼 다른 사람의 마음을 충분히 헤아리는 것이 공감입니다. 공감은 상처받고 힘든 사람에게 다시금 일어날 힘을 줍니다. 여러분이 느꼈던 공감의 마음이 전해져 다시는 이런 아픔이 일어나지 않길 바랍니다."

✦ 슬픔에 공감하는 추모 작품 만들기 ✦

그림책을 읽고 추모 활동을 한다. 추모를 상징하는 노란 리본을 만들기도 하고, 노란 나비를 하나하나 오려 세월호를 그린 그림에 붙이는 협동 작품을 만들기도 한다. 올해는 추모를 상징하는 노란 리본을 OHP 필름을 이용하여 스텐실 기법으로 표현한다. OHP 필름에 추모하는 마음을 담아 노란 리본 등의 '세월호 참사' 하면 떠오르는 상징을 네임펜으로 그린 뒤, 오려낸다. 구멍이 난 OHP 필름을 도화지에 대고 물감을 스펀지에 찍어 톡톡 두드린다. 엽서 크기의 종이에 아이들이 찍어낸 노란 리본과 나비가 찍힌다.

준호는 다른 친구들이 작품을 거의 다 완성할 때까지 한참을 고민만 하더니 세월호 배의 형상을 오려내어 스텐실 기법으로 찍는다. 찍어낸 배 위에 침몰하기 전의 모습을 찾아 하나하나 창문을 그려준다. 그 창문으로 형, 누나가 나오길 바라는 마음을 담는다. 준호 작품을 본 아이 한 명이 고래를 하나 더 파내어 찍고 싶다고 한다. 고래는 크기가 커서 바닷속에 언니, 오빠들을 데려와 줄 거 같다면서 말이다.

그렇게 마음을 다해 정성껏 찍어낸 작품이 잠시 마르기를 기다린 후 아이들은 세월호 참사에 대한 마음을 담은 짧은 글을 쓴다. 아이들이 마음을 담는 동안 '천개의 바람'이라는 곡도 배경 음악으로 들려준다. 차디찬 바다에 가라앉은 언니, 오빠들이 노란 나비가 되어 못다 한 꿈을 이루기를 진심으로 소망하는 마음을 담아 한 자 한 자 꾹꾹 눌러쓴다. 아이들이 스텐실로 찍어낸 노란 리본과 노란 나비에도 그 마음이 보인다.

> **추모 작품 만들기**
> ① 추모를 상징하는 리본이나 나비, 배의 모양을 OHP 필름에 네임펜으로 그린다.
> ② OHP 필름의 가장자리에 가위집을 내어 내가 그린 모양을 오려낸다.
> ③ 구멍이 뚫린 OHP 필름을 도화지에 올려두고 물감을 묻힌 스펀지를 두드리듯 찍는다.
> ④ 물감이 마른 후, 추모하는 마음을 담아 글을 쓴다.

수업 후 소감 나누기에서 한 아이가 말한다. "지금까지 한 번도 세월호에 대해 제대로 들은 적이 없었어요. 오늘 그날에 대해 자세히 알게 되어서 좋아요. 꼭 기억할 거예요." 꼭 기억하겠다는 아이 말을 새기며, 아이들이 만든 엽서를 공감의 게시판에 정성스레 단다. 그리고 기도한다. 아이들의 바람처럼 진실이 밝혀지기를…. 그림책 『응시』 속 바다거북이 찾아 헤맸던 다섯 개의 빛이 된 실종자들에게 '거기 있었구나. 한참을 찾았어'라고 너무 늦게 찾아서 미안하다고 이야기할 수 있는 날이 곧 오기를….

그러한 마음을 담아 아이들과 활동하며 들었던 '천개의 바람' 곡도 배워본다. 아이들이 불러보고 싶다고 한다. 아이들이 부르는 노래를 듣고 있자니 슬픔보다는 희망이 느껴진다. 아이들이 담은 일기에서도 오늘은 공감으로 기억된다. 아이들이 수업에서 느낀 공감, 함께 흘린 눈물과 분노는 이 사회를 분명 변화시킬 거라고 믿는다. 더는 아파하거나 슬퍼하지 말라고, 함께 기억하겠다는 아이들의 글에서 우리가 기억한 이 시간이 세상을 조금 더 살만한 따뜻한 곳으로 만들어줄 거라는 희망이 보인다.

'공감이란 무엇일까?' 라는 질문에 한 아이의 답이 기억에 남는다. '공감은 함께 기억하는 것입니다.' 이 사회가 서로의 아픔을 공감하고 안아주면 좋겠다. 하루종일 '천개의 바람' 노랫말을 흥얼흥얼 부르며 다니는 아이들이 보인다. 사실 나도 노랫말이 입속을 맴돈다. 진실은 침몰하지 않는다는 말처럼 하루빨리 진실이 밝혀져 넓은 하늘 위를 자유롭게 날아오르길 소망한다.

💎 공감의 미덕을 빛나게 돕는 그림책

- 『세월 1994-2014』 문은아 글 ∥ 박건웅 그림 ∥ 노란상상
- 『눈물 문어』 한연진 글·그림 ∥ 위즈덤하우스
- 『왜 우니?』 소복이 글·그림 ∥ 사계절

세 번째
보석 상자

예의

말과 행동을 공손히 해요

　예의란 말과 행동을 포함한 몸가짐을 공손히 하는 것이다. 가장 가까운 가족에서부터 친구, 이웃 어른, 어린아이에게도 예의를 갖춰 공손히 대하는 것이다. 말과 행동에 예의가 담기려면 말하고 행동하는 전에 한 번 더 생각해야 한다. 내가 하는 말이나 행동에 예의가 담겨 있는지 생각하고 말하고 행동해야 한다. 예의는 말과 행동으로 표현된 공손함이 존중하고 존중받는다고 느끼게 하며 나아가 사회를 평온하고 안전하게 만드는 밑바탕이 된다.
　'민수 님, 조용히 좀 해주세요.' 교실에서 필통을 던지고 받으며 장난하는 민수에게 옆의 아이가 하는 말이다. 부탁을 들은 민수는 장난치던 필통을 내려놓는다. 만약, 이 상황에서 '민수 님' 대신 '민수야

나 '김민수'였다면, '조용히 좀 해주세요' 대신 '조용히 좀 해'였다면 상황은 어땠을까? 물론 조용히 지나갈 수도 있겠지만, 서로 탓하며 다툼이 생겼을 가능성이 크다. 쉬는 시간에 장난 좀 했다고 친구에게 지적받는 일이 썩 유쾌하지 않기 때문이다. 이처럼 우리 반 아이들은 지적이 아닌 부탁으로 예의를 갖춰 말하려고 노력한다. 친구 간에도 존대어를 사용하는 것이다.

처음부터 존대어를 사용했던 것은 아니다. 학년에서 공동으로 존대어를 쓰기로 약속하면서 존대어를 사용하는 교실이 됐다. 말에 예의를 담는다면 갈등이나 다툼이 줄 거라는 생각이 존대어 쓰기의 시작이다. 처음에는 존대어 사용이 어색하기도 하고 얼마나 효과가 있을지도 미지수였지만, 존대어 쓰기를 꾸준히 지도해 본 동학년 선생님의 제안에 따라 학년에서 모두 존대어 사용을 지도하기로 한 것이다. 새 학년 새 학기 첫날 '우리 반은 친구 사이에도 존대어를 씁니다' 라는 공동 규칙이 안내되자마자 여기저기서 술렁인다. 지난 학년에서 해본 적이 있다는 아이도 있지만, 대부분 얼떨떨한 반응이다. 평소에 사용하지 않던 존대어, 과연 잘 사용할 수 있을까?

✦ **"뭐라고 말해야 할까요?"** ✦

말은 예의를 표현하는 시작이다. 상대를 존중하는 마음이 있더라도 말이 예의를 담아내지 못하면 소용이 없다. 말이 담는 언어 예절에 관해 이야기하고 싶어 『뭐라고 말해야 할까요?』를 읽는다. 페이지마다 엉뚱하면서 재미있는 상황이 설정되어 있다. 예를 들어 '공주인 네가 사나운 용을 만났을 때 용감한 기사가 나타나 단숨에 무찔렀어. 이럴 때 용감한 기사에게 뭐라고 말해야 할까?' 라고 묻는다. 이 상황에서 떠올릴 수 있는 말은 '기사님 멋져요', '당신의 용기에 반했어요' 등 다양한 말이 있겠지만, 예의를 갖춰 꼭 해야 할 말은 다름 아닌 '정말 고맙습니다' 이다. 이런 식으로 엉뚱하지만 재미있는 상황을 보여주고, 이 상황에서 뭐라고 말해야 예의 있게 말하는 것인지를 유머러스하게 아이들 눈높이에서 보여준다. '이런 상황에서 나는 어떻게 답해야 할까?' 상상하며 그림책을 읽는다. 처음에는 그림책에 나온 답이 예상하지 못했던 거라 조금 당황하기도 하지만, 세 번째 상황쯤 되자 작가의 의도를 알아차린 듯 그림책 속 질문에 척척 답하는 아이들이다.

'처음 뵙겠습니다', '정말 고맙습니다', '괜찮습니다' 등 책에 나온 11가지의 답변을 칠판에 쭉 적는다. 책을 다 읽고 나서 아이들에게 묻는다. '그림책에 제시된 여러 상황에서 우리가 해야 하는 말의 공통점은 무엇인가요?' 조금 고민하더니 한 아이가 조심스레 손을 든다. '우리가 평소에 자주 하는 말이요' 라고 하자 또 다른 아이가 '예의 바른 말이에요' 라고 답을 한다. 그렇다, 일상에서 예의를 표현하기 위해 자주 하는 말들이다. '이런 말을 왜 해야 할까요?' 라고 다시 한번 묻는다. '그래야 안 싸워요', '모두 행복해져요' 라는 답이 나온다.

"말은 예의, 배려, 존중 등의 마음을 진실하고 공손하게 표현할 수 있어야 합니다. 하지만 실제 그렇지 못한 경우가 많습니다. 특히, 가깝고 친한 사람에게는 함부로 말해 실수를 하기도 합니다. 그래서 말을 할 때는 상대를 존중하는 마음을 예의 있게 표현하기 위해 한 번 더 생각하고 말하는 조심성과 공손함이 필요합니다. 상대방에 대한 공손함을 예의라는 그릇에 담기 위해 우리 반에서는 존대어를 사용하면 좋겠습니다."

✦ 존대어 쓰기 ✦

존대어를 사용하면 좋겠다는 부탁은 사실 꼭 해야 한다는 강제를 띠고 있다는 걸 아이들도 눈치챈 거 같다. 그래도 아이들의 생각을 들어보고 싶어서 존대어 사용에 대한 의견을 묻는다. 재밌을 거 같다는 아이, 싸움이 줄어들 거 같다는 아이도 있지만 자기는 잘 사용할 자신이 없다며 걱정이 된다는 아이도 여럿이다. 처음부터 익숙하기는 어렵다. 차츰 노력하다 보면 익숙해질 것이라며 우선 일주일간 존대어를 써보기로 한다. 쓰지 않는다고 해서 벌칙은 없다. 자기도 모르게 평소처럼 말했다면, 다시 정정하여 말하기로 한다.

하루 이틀은 교실이 더 소란스러워진 느낌이 든다. 평소대로 나오는 말을 자꾸 정정해서 말하고, 또 그걸 여기저기서 지적하니 그렇다. 3일째 접어드니 조금은 익숙해진 느낌이다. 존대어를 쓰는 것이

어색한지 여기저기서 낄낄 대기도 하고, 일부는 말을 최대한 아끼는 게 보인다. 교사인 나도 어색하기는 마찬가지다. 평소에도 대놓고 반말은 하지 않았지만, 쉬는 시간이나 개인적으로 마주하고 이야기할 때는 아이들과 편하게 이야기하던 터다. 이 또한 익숙해질 것이다.

일주일간의 시간을 보내고 존댓말 쓰기에 대한 소감을 묻는다. 불편했다는 아이, 어색했다는 아이, 존댓말 사용이 친구 사이를 더 멀게 느껴지게 한다는 아이도 있다. 물론, 나쁘지 않다는 긍정적인 반응도 있다. '그러셨어요?' 처럼 극존칭이 아니라 '그랬어요?' 면 충분하다고 이야기한다. 존댓말 사용이 습관으로 자리 잡기까지는 어색하고 불편한 게 사실이지만, 말하는 데 조심스러움을 가질 수 있고, 상대방에 대한 존중을 표현할 수 있는 좋은 방법이기에 조금 더 노력해보자고 한다. 아이들은 못 이기는 척 선생님의 제안을 따라주며 존댓말 쓰기를 이어간다. 임시가 아닌 학급의 공동 약속이 되기 위해서는 세부적인 규칙이 필요하다. 언제 어디서 사용하는지, 지키지 못했을 경우 어떤 규칙이 필요한지 아이들의 열띤 토의가 오간다.

우리 반 존댓말 사용 규칙

1. 학교에서는 모두에게 존댓말을 사용한다.
2. 이름에는 '님'을 붙이고, 말끝에는 '~다', '~요'를 붙인다.
3. 교문을 벗어나서 존댓말 사용은 자유이다.
4. 존댓말을 사용하지 않을 시 바로 정정하여 다시 말한다.
5. 존댓말을 2번 이상 미사용할 경우, 상대방 친구에게 진심으로 사과하고

칭찬을 담은 말을 건넨다. 3회 이상 규칙을 어기면, 우리 반 전체의 칭찬하는 말을 적어 게시한다. 10회 이상 시 존대어를 사용해야 하는 이유를 담은 주장하는 글을 써서 교실에 게시한다.

정해진 규칙에 따라 존대어 쓰기를 일 년간 지속한다. 첫 한 달은 실수하는 아이가 많지만, 아이들은 어른보다 유연한지라 존대어 쓰기에 금세 익숙해진다. 존대어 쓰기가 생활화되니 재미있는 장면도 연출된다. '제가 놀리지 말라고 여러 번 말하지 않았습니까?' 다투면서도 화가 나면서도 함부로 말하지 못하니 싸움이 시시해진다. 학교 안에서의 이러한 작은 노력이 씨앗이 되어 좀 더 예의 바른 아이들도 자라지 않을까 기대한다. 아이들 말에 따르면, 학년 전체에서 함께 존대어를 사용하니 학교 밖에서도 존대어를 쓰게 된다고 한다.

아이들과 존대어 쓰기는 학급에서만 할 수도 있지만, 이처럼 학년에서 함께 하면 효과가 훨씬 크다. 아이들도 헷갈리지 않고 꾸준히 사용하기에 좋다. 가정에서도 부모님께 존대어를 사용하도록 안내하면 효과는 배가 된다. 한 학기 동안 존대어를 사용하고 난 후 아이들의 소감을 다시 묻는다. '처음에는 불편했지만, 지금은 익숙해져 괜찮아요. 그리고 왠지 싸움이 준 거 같아요. 싸울 거리가 없어요. 존중받는다는 느낌이 들어요.' 아이들의 말에 공손함과 예의가 담기니 교사 역시 생활 지도할 일이 조금은 줄어든다. 무엇보다도 전담 교사의 시선에서 학년 전체 존대어 사용은 그 효과를 더 크게 느낀다고 한다. 지난해에 비해 아이들의 갈등이나 다툼이 훨씬 줄어들었다는 것이다. 부모님들 역시 환영한다. 존대어를 쓰니 아이들이 좀 더 의젓하게 느껴지고 불필요하게 언성 높이는 일이 조금은 줄었다고 한다. 교사인 나도 아이에게 하는 말에 조금 더 신경을 쓴다. 존중받는다는 느낌이 들게 예의를 담아 말하려고 한다. 존대어를 쓰는 교실은 아이들의 말과 행동을 공손하게 만든다.

존대어 쓰기

① 존대어 쓰기를 안내하고 일주일간 사용한다.
② 일주일간 사용하면서 좋은 점, 어려운 점을 나눈다.
③ 존대어를 꾸준히 사용하기 위한 학급 규칙을 만들어 실천한다.
④ 학년 전체, 가정에서도 존대어 쓰기를 생활화한다.

💎 **예의의 미덕을 빛나게 돕는 그림책**

- 『어떻게 해야 할까요?』 모리스 샌닥 글 ǁ 세실 조슬린 그림 ǁ 이상희 역 ǁ 시공주니어
- 『못된 케이크』 로우보트 왓킨스 글·그림 ǁ 서연 역 ǁ 아이맘
- 『몰리 선생님의 친절한 예절 학교』 제임스 맥클레인 글 ǁ 로지 리브 그림 ǁ 조남주 역 ǁ 어스본코리아

부모님께
감사를 표현해요

효는 자식이 부모를 섬기는 것으로 부모님의 은혜에 고마움을 느끼고 그것에 대해 감사를 표현하는 것이다. 요즘 아이들은 대부분 자녀가 한둘인 가정에서 자라다 보니 부모님의 돌봄과 사랑을 당연하게 여기는 경우가 많다. 부모가 자식을 사랑으로 기르는 것은 당연한 일이지만, 그 당연한 것에도 감사하는 마음을 갖는 것이 효의 시작이다. 예로부터 우리 조상은 효를 인간이라면 가져야 할 기본 덕목이라 여겨 가르쳐왔다. 부모님에게 받는 사랑을 당연하게 여기고 감사를 표현하는 일이 서툰 아이들에게 부모님의 마음을 들여다보는 시간이 필요하다. 부모님의 마음을 헤아리다 보면 부모님께 감사하는 마음이 생기고, 이는 효를 행하는 실천으로 이어진다.

EBS 지식 채널 '엄마가 울었다' 방송은 부모님 칭찬하기 숙제를 하는 중학생 아이들의 모습을 담은 다큐멘터리 프로그램이다. 처음에는 부모님 칭찬을 어떻게 하냐며 쑥스러워하고 부끄러워하던 아이들이 숙제를 하기 위해 부모님의 말과 행동, 표정까지 관찰하면서 칭찬 일기를 쓴다. 부모님을 관찰하며 평소 알지 못했던 부모님의 모습을 알게 되기도 하고, 부모님이 자기들을 위해 무던히 애쓰며 희생을 감내하고 있음을 알게 된다.

　　부모님의 마음을 헤아리기 위해 부모님 관찰하기를 숙제로 내어 준다. 관찰을 시작하기 전 '엄마가 울었다' 영상을 함께 본다. 이 영상을 보고 나면 아이들은 부모님 관찰하기 숙제의 의미를 좀 더 잘 이해하고 부모님을 자세히 관찰하려고 노력한다. 일주일간의 시간을 주고 매일 매일 부모님을 관찰하고 칭찬하기를 반복한다. 관찰한 내용과 부모님을 칭찬한 내용, 칭찬을 받은 부모님의 반응이 아이들의 일기에 고스란히 담긴다.

✦ "너와 나, 우리 모두 처음이니까 말이야" ✦

　　아이들이 일주일간 부모님을 관찰하고 기록한 내용을 가지고 수업을 시작한다. 자신이 기록한 내용을 다시 한번 살필 시간을 준다. 이어 부모님을 관찰하고 칭찬하기 숙제를 한 소감을 묻는다. '평소에 잘 몰랐던 부모님의 모습을 알게 되었어요. 부모님이 많이 힘들어 보여서 마음이 좀 그랬어요. 평소에 안 하던 칭찬을 하니 처음에는 어색했는데, 그래도 숙제라 참고했더니 부모님이 은근 좋아하시는 거 같아 뿌듯했어요.' 등 소감을 나눈다.

이어 『우리 모두 처음이니까』를 읽는다. 이 책은 아이가 태어나 부모가 되면서 갖는 감사와 감동으로 시작한다. 페이지가 넘어가며 그림책 속 아이는 자란다. 태어난 지 얼마 안 된 거 같은데 어느 순간 혹자라 부모만큼 커 있는 아이, 그 과정에서 겪는 크고 작은 갈등이 그려져 있다. 아이를 낳아 기르는 순간순간 부모는 어떤 마음으로 아이를 키우는지, 말로는 다 표현할 수 없는 부모의 마음을 부모의 시선에서 보여주는 책이다.

아이들이 숨죽이고 그림책을 본다. '우리 모두 처음이니까, 조금씩 이해하며 지내면 좋겠다' 는 마지막 구절을 읽으며 그림책을 덮고 아이들과 눈을 맞춘다. 감성이 풍부한 몇 아이가 눈물을 보이기도 한다. 일주일간 관찰한 부모님의 모습에서 느낀 감정과 그림책 속 장면이 얽혀 아이의 마음을 흔들었을 것이다.

> "일주일 짧은 기간이지만, 우리는 평소보다 자세히 부모님의 마음을 들여다보려고 노력했습니다. 그렇게 바라본 부모님의 삶은 생각보다 쉽지 않아 보였을 것입니다. 때로는 큰 소리를 내기도 하고, 때로는 누구보다 작은 것에 아이처럼 좋아하는 모습을 보면서 하루하루 애쓰는 부모님의 모습이 여러분 마음속에 담겼을 것입니다. 부모님도 엄마는, 아빠는 처음이라

서툰 게 당연합니다. 서툴지만 여전히 애쓰고 계신 부모님의 마음을 조금이나마 헤아리는 것이 효의 시작입니다. 거창한 선물보다 부모님의 애씀을 헤아리는 말 한마디가 효입니다. 부모님께 감사한 마음을 갖고 그 마음을 표현해보세요."

> 오늘은 우주 최고 멋쟁이 우리 아빠를 관찰해보았다. 솔직히 우리 아빠를 관찰하기란 쉽지 않다. 일찍 나가시고 늦게 들어오시기 때문이다. 아빠께서는 들어오시자마자 나와 동생을 꼭 안아주셨다. 그리곤 곧바로 들어가 샤워를 하신다. 어느새 밥 먹을 시간, 우리 가족은 밥상에 둘러앉아 밥을 먹었다. 이 때를 놓치지 않고 "아빠 말투가 너무 재미있어요"라고 말하자 아빠는 칭찬이 마음에 드셨는지 크게 웃으셨다. (중략)
> "아빠는 동생이랑 정말 잘 놀아주시는 거 같아요." 아까 한 칭찬이 부족한 거 같아 한마디 더 했다. 늘 잘 놀아주시는 아빠가 정말 고맙고 감사한 마음이 들어 한 말이었는데 반응이 없으셨다. 아직까지 엄마, 아빠에게 칭찬을 해드리는 게 어색한 거 같다.
>
> 6학년 이○○, 부모님 칭찬 일기 중에서

✦ **부모님께 전하는 내 마음** ✦

그림책을 읽고 난 후 드는 생각을 정리하며, 양희은의 '엄마가 딸에게' 노래를 들려준다. 자식으로서는 다 헤아리질 못할 부모의 마음, 나름 힘겹게 애쓰고 있는 아이의 마음이 동시에 느껴지는 가사를 음미하며 노래를 듣는다. 그 마음을 담아 부모님께 마음을 전하는 글을 쓴다. 어버이날 즈음 매년 쓰는 편지지만, 부모님의 마음을 조금이나마 헤아려보고 쓰는 글은 다르다. 아이들의 진심이 묻어나오기 때문이다.

편지를 쓰기 전 아이들의 마음을 시로도 써보게 한다. 초등 수업 자료를 나누는 공간에서 다른 선생님이 나눠주신 수업 중 심순덕 시인의 '엄마는 그래도 되는 줄 알았습니다'를 자기 경험으로 바꾸어 쓰는 것이다.

부모님은 그래도 되는 줄 알았습니다

조○○

엄마는 그래도 되는 줄 알았습니다
열심히 일하고 오셔서 또 집안일 해도

엄마는 그래도 되는 줄 알았습니다
힘들지만 내가 투정 부려도

아빠는 그래도 되는 줄 알았습니다
항상 졸리지만 나를 학교에 데려다줘도

아빠는 그래도 되는 줄 알았습니다
다 날 위한 말이지만 흘려들어도

하지만 항상 어딘가
아픈 걸 본 후로
아!
부모님은 그러면 안되는 것이었습니다

부모님은 그래도 되는 줄 알았습니다

김○○

아빠는 그래도 되는 줄 알았습니다
힘들다고 한숨을 쉬어도

아빠는 그래도 되는 줄 알았습니다
우리를 위해 밤늦게 들어와도

엄마는 그래도 되는 줄 알았습니다
돈이 없어도 우리가 사달라는 걸 다 사줘도

엄마는 그래도 되는 줄 알았습니다

열심히 일하다 다쳐도
초등학교 6학년이 되어보니
아!
부모님은 그러면 안되는 것이었습니다

  아이들은 마음을 다해 시를 쓴다. 시 옆에는 하고 싶은 말을 담아 편지도 쓴다. 아이들은 부모님에 대한 감사와 미안함을 글에 담는다. 아이들의 마음이 담긴 편지는 부모님께 전해질 것이다. 편지를 읽는 부모님과 아이의 맘이 연결되어 따스해지면 좋겠다. 녹록하지 않은 부모의 삶 그리고 아이들의 삶에 서로 작은 힘이 되면 좋겠다.
  아이들에게 용돈을 모아 준비한 작은 선물과 편지를 부모님께 전하라는 과제를 준다. 관찰 일기를 쓰며, 용돈을 조금씩 모아온 터라 그 용돈으로 부모님이 좋아하시는 커피 한 병이라도 함께 사서 드리라고 한다. 효는 부모님의 마음을 헤아리는 것을 넘어 그 마음에 감사함을 표현하는 것이며 행동으로 실천하는 것이다.

부모님께 내 마음 전하기
① 일주일간 부모님을 관찰하고, 부모님을 칭찬하고 그 반응을 적는다.
② 부모님 칭찬 일기를 기록한 소감을 나눈다.
③ 시 바꿔쓰기 활동을 통해 부모님을 관찰한 내용을 시로 표현한다.
④ 마음을 담은 편지를 쓴다.
⑤ 용돈을 모아 준비한 작은 선물과 편지를 부모님께 드린다.

등교하면서 부모님께 드릴 편지와 비타민 드링크를 식탁 위에 몰래 놓고 왔다는 아이는 하루 종일 기분이 설렌다고 한다. 부모님이 깜짝 놀라시며 좋아하실 모습을 그리며 행복해하는 아이 모습이 사랑스럽게 느껴진다. 다음 날 아이에게 작은 선물과 편지를 전해 받은 부모님의 소감을 물으니 '우리 ○○이가 이만큼 자랐구나' 대견해 하시고 고마워하셨다고 한다. 힘이 나는 선물 고맙다며 이런 숙제 내어주어 고맙다는 교사에 대한 감사도 있다.

평소에도 짜증 대신 부모님의 마음을 헤아리며 말 안에 담긴 진심을 보려고 노력하면 좋겠다. 말뿐 아니라 소소한 가정일이라도 맡아서 하며 부모님의 사랑에 보답하는 아이로 자라길 바란다. 이날부터 아이들은 한 가지씩 가정일을 맡아 실천하기로 한다. 효는 감사하는 마음이 부모님을 섬기는 행동으로 이어질 때 더 빛난다.

💎 효의 미덕을 빛나게 돕는 그림책

- 『엄마, 고마워요』 정해왕 글 ‖ 박현주 그림 ‖ 국민서관
- 『어느새봄』 정주희 글·그림 ‖ 월천상회
- 『커다란 손』 최덕규 글·그림 ‖ 윤에디션

주위의 모든 것에
고마움을 느껴요

　우리는 세상에 나오는 순간부터 수많은 도움으로 살아간다. 햇빛 한 줌에서부터 부모님의 관심과 사랑까지 어느 하나 감사하지 않은 것은 없다. 주위의 모든 것에 고마움을 느끼는 것이 감사이다. 주변에는 감사해야 할 분이 참 많다. 친구, 선생님, 부모님 등 나의 성장을 가장 가까이서 응원해주는 분들에서 경찰관, 소방관, 경비원 등 묵묵히 자기 자리에서 최선을 다해 일하는 이웃 역시 잊지 말고 감사를 표현해야 할 분들이다. 일상에서 감사를 찾고 작은 일에도 감사하는 마음을 갖는 것은 세상을 따뜻하게 한다. 무엇보다도 작은 일에도 감사하는 마음은 삶을 더욱 풍요롭게 하며 행복으로 채워준다.

　5월은 감사의 달이다. 이맘때쯤 생각나는 한 분이 있다. 초등학교

2학년 때 담임 선생님이시다. 선생님의 성함이며, 그 모습이 아직도 선하다. 어린 나이에 보기에도 나이가 지긋해 보이시는 할아버지 선생님이셨다. 초등학교 2학년 시절 나는 통통한 편이라 친구들에게 가끔 놀림을 받기도 하고 자신감도 없어 늘 움츠려 있는 눈에 띄지 않은 존재감 없는 아이였다. 그런 내게 용기 낼 수 있게 도와주신 분이 2학년 선생님이다. 선생님 덕분에 교사가 되었는지도 모른다. 선생님을 다시 뵐 수 있다면 '선생님을 만나서 제가 다른 사람 앞에서도 용기 있게 설 수 있는 선생님이 되었어요' 라고 감사의 마음을 전하고 싶다.

그렇다면 과연 나는 아이들에게 어떤 선생님일까? 나는 아이들에게 어떤 선생님이 되고 싶을까? 늘 마음에 품고 있는 질문이지만, 스승의 날이 되면 이 질문이 머릿속을 떠나지 않아 마음이 더 심란하다. 과연 선생으로서 잘하고 있는 건지 스스로 묻기도 하고 앞으로 더 잘해야지 다짐하기도 한다. 5월 15일, 스승의 날이라는 기념일은 있으나 마나 한, 아니 차라리 없으면 하는 기념일이 된 지 오래다. 아이 손으로 준비한 작은 꽃 한 송이도 돌려보내야 하는 현실에서 감사를 기대하는 선생님은 사라진 지 오래다.

대한민국에서 선생으로 산다는 것이 쉽지 않은 지금의 현실이 너무 가슴 아프다. 스승의 날이 어떤 날인가? 가르침을 주는 선생님에게 감사함을 표현하는 날이다. 아이들이 바르게 성장하도록 애쓰는 많은 선생님의 노고에 감사가 함께하는 날이길 바란다. 선생님의 가르침에 감사를 표현하는 것도 배워야 한다. 그런 의미에서 스승의 날을 기념하는 수업을 계획한다. 아이들에게 '선생님도 칭찬받고 싶어, 그래야 힘내서 더 열심히 가르치지' 라며 감사를 가르친다.

✦ "선생님을 만나서 난 달라졌어요" ✦

스승의 날이지만, 다른 날과 별반 다르지 않다. 평소처럼 1교시 수업을 시작하며 오늘이 무슨 날인지 묻는다. 스승의 날이라는 아이들의 답을 확인하며, 그래서 준비한 그림책 『선생님을 만나서』를 읽고 아이들이 만난 여러 선생님을 떠올려 보는 시간을 갖는다. 이 책은 아이가 선생님을 만나서 배우고 성장한 것이 무엇인지를 구체적으로 그린 책으로 선생님을 만나서 배우는 즐거움을 알고, 실수하는 것도 배우는 것이라는 걸 알게 되었다고 한다. 그림책의 내용처럼 나의 성장을 돕는 선생님을 만난다는 것은 참으로 감사한 일이다.

그림책을 읽고 아이들에게 떠오르는 선생님이 있는지 묻는다. 자신의 성장과 변화를 도와준 선생님을 떠올린다. 학원 선생님도 되냐는 아이의 질문에, 나를 성장하도록 돕는 분은 누구든 상관없다고 말해준다.

> "지금 여러분 마음속에 떠오르는 선생님이 있다면 그건 참으로도 감사한 일입니다. 내가 지금의 모습으로 성장할 수 있었던 것은 나에게 사랑으로 가르침을 전해주신 수많은 선생님

이 있었기 때문입니다. 여러분의 성장을 위해 지금도 애쓰고 계신 선생님께 감사하는 마음을 갖고 그 마음을 표현하길 바랍니다. 감사의 미덕은 표현할수록 더 커지며 감사로 채워진 삶은 우리의 마음을 행복하게 할 것입니다."

✦ 선생님도 사랑받고 싶어 ✦

아이들이 자신의 성장과 변화를 이끈 선생님을 떠올렸다면, 그림책의 한 장면처럼 '선생님을 만나서~ 했어요.' 같이 선생님을 만나 변화된 자신의 모습을 표현하게 한다. '선생님을 만나서 수학을 잘하게 되고 자신감이 생겼어요', '선생님을 만나 공부가 즐겁다는 것을 알게 되었어요', '선생님을 만나서 공책 정리하는 방식이 달라지고 제 마음에 대해 더 잘 알게 되었어요' 등 아이들은 선생님을 만나 성장한 내 모습을 글로 표현한다.

아이들이 '선생님을 만나서~ 했어요.' 형식으로 쓴 글은 엽서 크기의 종이에 옮겨 쓰고 그림을 더해 꾸민다. 글에 그림이 더해지니 세상에 하나뿐인 '선생님을 만나서' 엽서가 된다. 이렇게 만들어진 엽서 뒷면에는 자신의 성장과 변화를 도운 선생님께 감사함을 구체적으로 표현한 편지글도 쓴다. 그리고 직접 선생님께 전해드리게 한다. 편지를 받으신 선생님이 고마워하실 거라고, 그 짧은 메시지 속에서 가르칠 용기와 힘이 생기실 거란 이야기도 더한다.

이어 현재의 담임 선생님인 나에게 감사를 표현하는 시간을 갖는다. 아이들을 가르치는 일에 지치지 않고 힘 나도록 '선생님 찬양 시' 또는 '찬양 글'을 감사 선물로 받는다. "모두 선생님을 위한 찬양 글을 한 편씩 쓰세요. 통과 기준은 선생님 마음에 무조건 들어야 합니다"라는 말에 아이들이 술렁이기 시작한다. 찬양이라, 교회에서 들어봤다면서 예수님을 찬양하듯이 쓰면 되냐는 질문에 고개를 끄덕인다. 그렇다, 선생님에 대한 불만이나 아쉬운 점이 있을 수도 있다. 하지만 오늘만은 선생님의 좋은 점, 선생님을 만나서 좋은 점을 가득 담은 선생님을 위한 찬양 글을 쓰는 것이다. 과거 시험처럼 제한 시간 안에 완성해야 하며 시상도 할 거라고 얘기하면 아이들은 키득키득 신나 하며 즐겁게 글을 쓴다.

> 우리 선생님은 딱 보자마자 햇살처럼 밝은 느낌이 든다. 언제나 활기차고 명랑하게 수업을 하신다. 그리고 우리 선생님은 보자마자 젊다고 느껴진다. 한 20대 후반이라고 생각이 든다. 또 목소리도 좋아 고음까지 가능하시다. 아마 노래방을 가서 노래를 부르시면 처음부터 100점 찍기가 가능하실 거다. 우리 선생님은 수많은 미덕 보석이 빛나신다. 결의, 겸손, 관용, 근면, 기뻐함, 기지, 끈기, 너그러움, 도움… 수많은 미덕이 빛나신다. 우리 선생님은 신기한 게 몸에 상처가 없다는 것이다. 천사인데 하늘에서 내려올 때 안 아프셨나? 날개는 어디에 있지? 아무튼 우리 선생님은 여기에 다 못 쓸 만큼이나 장점이 많으시다. 선생님 사랑해요.
>
> 6학년 강○○, '김민지 선생님 찬양 글'의 일부

찬양 글을 한 명 한 명 발표하게 한다. 아이들의 또랑또랑한 목소리로 찬양 글을 듣다 보면 웃음이 새어 나오기도 한다. 선생님의 좋은 점이 담긴 유머러스한 글이 재미를 준다. 이때 발표를 듣는 교사는 '그래, 그래, 당연하지'라는 뿌듯한 태도로 고마움을 표현해주면 된다. 아이들이 쓴 글이 모두 진실은 아닐 것이다. 과장이 보태어졌을 거다. 하지만 칭찬은 고래도 춤추게 한다는 말처럼 여러 번 들어도 나쁘지 않은 칭찬들이 이어진다. 아이들도 선생님 칭찬을 하며, 칭찬을 들으며 행복해하는 선생님을 보며 이 시간을 즐긴다.

"여러분이 아부를 가득 담아 써준 찬양 글 덕분에 선생님은 실컷 웃으며 행복했습니다. 여러분이 쓴 글처럼 여러분이 바라는 그런 선생님이 되도록 앞으로도 애쓰겠습니다. 고맙습니다."

선생님께 감사 표현하기
① 선생님을 만나서 변화되거나 성장한 점을 담아 엽서를 만든다.
② 만든 엽서에 선생님께 감사하는 마음을 담아 편지글을 써서 전달한다.
③ 담임 선생님께는 칭찬하는 글을 찬양 글 형식으로 작성한다.
④ 찬양 글 발표를 듣고, 글을 써 준 아이들에게 감사하는 마음을 전한다.

아이들이 박수로 환호한다. 물론 엎드려 절 받기일 수 있지만, 아이들에게 받은 칭찬이 부끄럽지 않게 올 한 해도 최선을 다하겠다는 용기와 힘을 얻는 시간이다. 학급 SNS에 아이들이 써준 찬양 글을 공유하며, 학부모님께도 자랑하고 격려받는다. 아이들이 쓴 글이 부끄럽지 않게 애쓰겠다는 말을 전하니 학부모님들도 우리 아이들의 선생님이 되어 주어 감사한다고, 남은 기간 잘 부탁한다는 훈훈한 댓글도 달아주신다. 스승의 날을 기념하여 에너지 충전제를 선물한다는 생각으로 스스로 계획한 활동이지만, 정성껏 활동에 참여해준 아이들 덕분에 큰 선물을 받은 기분이다. 아이들 역시 선생님이 주는 영향력과 그것에 대한 감사는 표현할수록 더 커진다는 것을 느끼는 하루였을 것이다.

한 아이가 하굣길에 편지를 수줍게 내밀고 간다. 아직 만난 지 두 달밖에 안 되었지만, 선생님으로 아이의 맘속에 힘을 발휘하고 있다고 생각하니 더 애써야겠다는 생각이 든다. 가뜩이나 어수선하고 갈수록 빛을 잃어가는 스승의 날, 이 시간에도 아이들을 위해 애쓰고 있는 많은 선생님을 힘 빠지게 하는 일이 더는 없으면 좋겠다. 세상의 모든 선생님이 자신에게 이야기하면 좋겠다. '나 정도면 꽤 괜찮은 선생님이야. 너무 애쓰지 않아도 돼. 지금의 모습으로도 충분해.' 오늘도 애쓴 나를 토닥인다.

> 💎 감사의 미덕을 빛나게 돕는 그림책
>
> - 『고마워, 고마워요, 고맙습니다』 일레인 비커스 글 ‖ 서맨사 코터릴 그림 ‖ 장미란 역 ‖ 책읽는곰
> - 『고맙습니다』 경운초등학교 어린이 27명 글·그림 ‖ 밑가지 엮음 ‖ 북극곰
> - 『선생님은 너를 사랑해 왜냐하면』 강밀아 글 ‖ 안경희 그림 ‖ 글로연

너그러운 시선으로
바라봐요

 긍정은 '잘될 거야', '괜찮아'라고 자신에게 말해주는 것이다. 실수하거나 실패해도 좌절감을 느끼기보다 '그럴 수도 있지'라는 너그러운 시선으로 바라보는 것이다. 긍정은 나뿐 아니라 타인을 마주할 때도 필요하다. 어떠한 시선으로 바라보느냐에 따라 세상은 달리 보이기 때문이다. 따스하고 관대한 시선은 다시 일어설 힘을 준다. 긍정은 '미덕의 안경'을 쓰고 세상을 바라보는 것이다. '미덕의 안경'은 마음보석을 찾게 도와주는 안경이다. 미덕의 안경을 쓰고 바라보는 친구는 단점보다는 장점이 훨씬 더 많다. 단점이 없어서가 아니라 장점을 먼저 보려고 애쓰는 것이다. 이렇게 긍정의 눈으로 바라보면 세상은 더 아름답게 느껴진다. 자신을 바라보는 눈, 타인을 바라보는 눈이 모두 너그러워지길 바란다.

　자꾸만 눈에 띄는 행동으로 친구들의 시선을 받는 아이가 있다. 친구들과 놀고 싶은 마음, 관심을 받고 싶은 마음을 잘못된 방법으로 표현하기 때문이다. 문제 행동을 하는 아이를 변화시키는 방법은 아이의 잘못을 매번 지적하기보다 아이가 가진 좋은 점에 더 집중하는 것이다. 아이들에게도 그 친구의 잘못보다는 좋은 점을 먼저 바라보는 미덕의 안경을 쓰자는 이야기를 자주 한다. 선생님이 먼저 아이를 바라보는 시선을 바꿔야 한다.

　우리 교실에서는 그런 마음으로 미덕 칭찬을 한다. 미덕 칭찬은 아이들 마음속에 보석을 발견하고 칭찬해주는 활동이다. '공책 정리에 요점이 쏙쏙 들어가 있네요. 탁월함의 미덕이 빛나요', '모둠 활동에서 친구의 의견을 잘 들어주네요. 경청의 미덕이 빛나요' 처럼 나도 아이들이 일상에서 빛낸 미덕과 그 이유를 함께 말해주려고 노력하는 편이다. 이렇게 칭찬한다고 동료 선생님께 얘기하면 닭살 돋는다고 어떻게 하냐고 하기도 하지만, 자꾸 하다 보면 익숙해지고 교사가 쓰는 언어가 아이들에게도 스민다.

　긍정의 미덕은 눈이 아닌 마음으로 바라보는 것이다. 마음으로 바라보면 그 아이만의 좋은 점이 보인다. 아이가 가진 빛나는 장점을 발견하고 자꾸 얘기해주면 아이는 정말 그렇게 빛나게 된다.

✦ "눈이 아니라 마음으로 보는 거야" ✦

『마음 안경점』의 주인공 미나는 거울을 볼 때마다 짝짝이 입술이 신경 쓰인다. 시력이 좋지 않은 미나는 안경을 벗으면 사물이 흐릿하게 보이는 것처럼 다른 사람의 눈에도 자신이 그렇게 보이길 바란다. 누구나 미나처럼 자기 모습 중 마음에 들지 않는 부분이 있기 마련이다. 하지만 그것이 내 모습의 전부인 양 여기면 자신의 긍정적인 모습은 놓치게 된다. 그런 미나 앞에 나타난 마음 안경점 사장님은 미나의 모습을 있는 그대로 바라보고 사랑할 수 있는 안경을 선물한다. 미나는 비로소 눈이 아닌 마음으로 나와 다른 사람을 바라보는 마음을 갖게 된다.

아이들에게 '마음 안경점의 안경을 쓰고 세상을 바라보면 어떨까요?'라고 질문한다. 평소 단점이라고 생각하는 부분은 생각하면 할수록 더 부각되고 신경 쓰이기 마련이다. 마찬가지로 친구를 바라보는 관점도 비슷하다. 어떤 마음으로 친구를 바라보느냐에 따라 같은 말이나 행동이 달라 보인다. 친한 친구가 지나가다 나를 툭 건드린다면 '그럴 수도 있지'라고 대수롭지 않게 넘기지만, 평소 관계가 좋지 않은 친구가 같은 행동을 한다면 일부러 그랬다고 오해하는 것과 같다. 마음 안경점에서 미나가 쓴 안경이 미덕 안경이다. 미덕 안경을 쓰고 나와 주위 사람을 따스한 시선으로 바라본다면 세상은 분명 달라 보일 것이다.

"우리의 마음에는 마음 안경점이 있습니다. 마음 안경점에 있는 안경이 바로 미덕 안경입니다. 미덕 안경을 쓰고 나와 친구를 바라보는 것이 긍정의 미덕입니다. 미덕 안경을 쓰면 나의 모습과 친구 모습은 달라 보입니다. 친구의 단점보다는 긍정적인 면을 바라보게 도와주는 미덕 안경은 친구의 긍정적인 모습을 부각시켜 그러한 방향으로 변하게 도울 것입니다. 우리 모두 '그럴 수도 있지'라는 긍정의 미덕 안경을 쓰고 옆의 친구를 따뜻하게 바라봐주면 어떨까요?"

✦ 미덕 칭찬 샤워 ✦

자신을 있는 그대로 빛나는 존재라고 믿는 동시에 옆의 친구도 빛나는 존재로 대접해야 한다. 그런 마음을 담아 미덕 칭찬 샤워를 한다. 샤워할 때 샤워기에서 나오는 물줄기는 가늘고 고르다. 가늘지만 곧게 나오는 물줄기는 어느새 몸을 흠뻑 젖게 한다. 이처럼 미덕 칭찬 샤워는 미덕 칭찬이 아이들의 마음을 흠뻑 젖게 한다. 미덕 칭찬 샤워는 한 명씩 돌아가며 해준다. 매주 요일을 정해 한 주에 한 명씩 돌아가며 칭찬 샤워를 할 수도 있지만, 우리 반에서는 생일 축하와 연계하여 미덕 칭찬 샤워를 한다. 학기 초 달력에 아이들의 생일을 표시해두고 생일마다 미덕 칭찬 샤워를 한다.

어른도 생일이면 축하받고 싶고 선물 받고 싶은데, 아이들은 더하다. 생일날 등교하는 아이의 발걸음은 평소보다 가볍고 설렌다. 가정에서 생일 파티도 하고 선물을 받기도 하지만, 학교에서 선생님과 친구에게 받는 축하는 아이에게 또 다른 기쁨을 주는 모양이다. 그날만은 주인공이 되고 싶은 것이 아이들 마음이다.

오늘은 정연이의 생일날이다. 정연이는 평소에도 말수가 적은 편이다. 생일이지만 별반 다르지 않게 의젓한 모습으로 등교한다. 9시 수업을 시작하는 종이 울리자 교실에 생일축하곡이 울려 퍼진다. 축하곡에 맞게 아이들은 박수로 박자를 맞춘다. 생일 주인공을 위한 자리가 칠판 앞에 마련되고 아이는 수줍게 의자에 앉는다. 아이가 자리에 앉으면 큰소리로 생일 축하 노래를 불러준다. 노래가 끝나면 생일 선물로 미덕 칭찬 샤워가 시작된다. 돌아가며 생일인 친구의 미덕 칭찬을 한다.

미덕 칭찬은 구체적이어야 한다. 그러므로 평소 친구의 모습을 잘 관찰해야 할 수 있다. 미덕 안경을 쓰고 친구를 바라보면 그 친구만이 가진 미덕 장점이 보일 거라고 이야기해준다. 여기서 중요한 건 미덕 안경이다. 같은 행동이나 말도 내가 어떤 관점을 가지고 바라보느냐에 따라 평가가 달라지기에 반드시 미덕 안경을 쓰고 친구를 보려고 노력해야 한다는 점이다. 우리는 모두 미덕 보석을 가득 품은 존재이므로 친구의 좋은 점을 바라봐주고 칭찬해주면 정말 그 미덕이 빛나게 된다.

정연이가 반 친구 모두에게 수많은 미덕 칭찬을 선물로 받는다. 수업 시간에 선생님의 말씀을 잘 듣는 경청의 미덕, 모둠 활동에서 친구 의견을 끝까지 듣는 존중의 미덕, 쉬는 시간에 책을 읽는 인내의 미덕까지 미덕 보석 덩어리이다. 마지막 아이까지 정연이에게 미덕 칭찬을 선물해주고 나면 모두 한마음으로 외쳐준다.

"정연 님, 당신은 이미 빛나는 보석입니다."

친구들의 미덕 칭찬을 부끄러운 듯 듣고 있던 정연이는 답례로 소감을 말한다. 친구들의 모든 칭찬이 다 기억에 남고 고맙다고, 특히 늘 조용해서 존재감이 없는 자기에게 이런 칭찬을 해줘서 고맙다는 말을 전한다. 이 말이 마음에 깊게 와닿는다. 인기 많고 활동적인 아이보다 교실에 보이지 않는 아이에게 이 시간은 더 크게 다가오는 모양이다. 마지막으로 아이들이 쓴 생일 축하 편지를 모아 만든 생일 책을 전해준다. 생일 편지에는 미덕 칭찬 세 가지와 하고 싶은 말, 주고 싶은 선물이 그림으로 그려진다. 생일 책 마지막에는 담임 선생님의 편지도 있다. 이날만큼은 교사도 아이에게 손편지를 써 선물한다.

> **미덕 칭찬 샤워**
> ① 칭찬 주인공이 앞에 앉는다.
> ② 돌아가며 미덕 칭찬을 한다.(예. ○○는 성실의 미덕이 빛나는 거 같아요. 수업 시간마다 배움 공책을 꼼꼼하게 쓰기 때문입니다)
> ③ 모두 미덕 칭찬을 마친 후 모두 외친다. "○○아, 너는 이미 빛나는 보석이야."
> ④ 칭찬 주인공이 미덕 칭찬받은 소감을 말한다.

코로나19 때문에 5월부터 정식 학기를 시작하던 해에도 온라인으로 미덕 칭찬 샤워를 했다. 이미 생일이 지난 친구가 많아서 하는 수 없이 한 주에 한 명씩 돌아가며 미덕 칭찬 샤워를 했다. 등교 수업 일이 주에 1~2번밖에 되지 않았던 정말 힘든 시기였지만, 미덕 칭찬 샤워로 서로 좀 더 따뜻하게 바라볼 수 있었고 단단하게 한 해를 마칠 수 있었다고 생각한다.

학년말에는 선생님도 미덕 칭찬 샤워를 받는다. 교실 앞에 의자를 놓고 수줍게 앉아서 미덕 칭찬을 받는다. 수업 준비를 열심히 하는 근면의 미덕, 모든 아이를 차별하지 않은 공정의 미덕, 늘 그림책을 읽어주시는 끈기의 미덕까지, 듣고 보니 나 또한 미덕 보석 가득한 선생님이다. 온몸이 칭찬으로 흠뻑 젖었다. 진심으로 미덕 칭찬을 해준 아이들 덕분에 좋은 선생님이 된 거 같아 고마운 마음으로 가슴이 뜨거워진다. 이 의자에 앉았던 아이들도 이런 마음이 들었을 거라고 생각하니 더없이 행복하다.

가끔 해가 지나고 졸업생이 찾아오곤 한다. 아이는 아직도 가끔 친구들이 써준 생일 책을 보며 힘을 얻는다고 한다. 칭찬을 가득 써준 친구의 얼굴을 떠올린다고 한다. 미덕 칭찬 샤워의 힘은 세다. 아이들에게 스스로 아끼고 사랑하는 마음인 자존감을 세워주기 때문이다. 많은 교실에서 미덕 칭찬 샤워를 꼭 하면 좋겠다. 긍정의 눈으로 바라보고 칭찬을 나누면 칭찬을 주고받는 모두가 행복해진다. 긍정은 행복과도 연결된다. 자신과 타인을 바라보는 눈이 너그러워지길 바란다.

💎 긍정의 미덕을 빛나게 돕는 그림책

- 『내가 예쁘다고?』 황인찬 글 ‖ 이명애 그림 ‖ 봄볕
- 『임금님 엄지척』 이은혜, 이신혜 글·그림 ‖ 이루리북스
- 『괜찮아 아저씨』 김경희 글·그림 ‖ 비룡소

네 번째
보석 상자

친구에게
먼저 손 내밀어요

　우의는 친구 사이의 정으로 기쁠 때나 슬플 때나 함께하는 마음이다. 학창 시절 아이들에게 우의는 어떠한 미덕보다 절실하다. 학교생활 만족도의 상당 부분이 친구에 의해 결정되기 때문이다. 마음을 나누고 함께 어울릴 친구가 있을 때 학교생활은 좀 더 즐거우며, 만족감이 높아진다. 친구 관계를 맺고 유지하기 위해서는 먼저 손 내밀고 내민 손을 잡아주는 양방향의 소통이 필요하다. 일방적으로 주기만 해서는 또는 받기만 해서는 그 관계가 오래 지속되기 어렵다.

　비슷하지만 다른 두 아이가 있다. 두 아이 모두 조용한 편이며, 다른 친구가 먼저 말을 걸기 전까지는 말을 거는 법이 거의 없다. 말도 꼭 필요한 경우에만 한다. 한 아이는 쉬는 시간에도 제 할 일에 빠져 있다. 그림을 그리거나 책을 읽기도 하고 생각에 잠겨 있기도 하다. 하지만 다른 한 아이는 자꾸 주위를 두리번거린다. 책상에 책은 펼쳐 있지만, 집중하지 못한다. 아이는 친구를 원하는 것처럼 보인다. 친구와 어울리고 싶지만 어울리지 못하는 아이, 관계 맺기에 서툰 아이다. 교실에는 이처럼 관계 맺기 어려워하는 아이들이 점점 늘고 있다. 스마트폰의 발달로 아이들은 온라인 문화에 더 익숙하고 바쁜 방과 후 일정으로 친구와 어울려 지낼 시간도 마땅치 않다. 그런 아이들에게 친구와의 관계 맺기를 돕는 것은 나아가 건강한 사회적 관계를 만들어가는 데도 꼭 필요하다.

아이들이 학교에서 친구와 맺는 관계는 단순해 보이지만, 그 안에는 복잡한 감정선들이 숨어 있다. 감정선은 학년이 올라갈수록 더 눈에 보이지 않기 때문에 친구 관계로 힘들어하는 아이도 많다. 부모님들은 우리 아이가 학교에서 친구와 잘 어울려 지내는지 무척이나 궁금해한다. 그렇다면 친구와 잘 어울리지 못하면 아이는 학교생활을 잘하지 못하는 걸까?

물론 아이가 두루두루 누구든지 잘 어울리면 좋겠지만, 아이들은 겉모습이 다른 만큼이나 기질도 다 다르다. 여럿이 어울리는 걸 선호하는 아이가 있는가 하면, 한둘을 깊게 사귀는 걸 원하는 아이도 있다. 또 다른 아이는 혼자 있는 시간을 더 선호하기도 한다. 이 세 부류의 아이들에게 문제는 없다. 단지 성향이 다를 뿐이다. 어른으로서 관심 있게 들여다봐야 하는 것은 몇 명의 친구가 있느냐가 아닌 아이가 스스로 친구 관계를 어떻게 느끼는지이다.

교사는 교실에서 아이들이 서로 알아가고 친해질 기회를 만들어 주기 위해 다양한 방법을 동원한다. 첫 번째는 친구를 있는 그대로 이해하도록 돕는 것이다. 상대방을 있는 그대로 인정하고 그것을 받아들일 수 있을 때 친구가 된다. 내 생각만을 내세우기보다 들어주기가 우선이다. 그 또한 연습이 필요하다. 두 번째는 친구와 소통할 기회를 만들어주는 것이다. 관계 맺기가 어렵고 서툰 아이들에게 친구와 부딪칠 시간을 만들어줘야 한다. 아이들은 서로 부딪치며 친해지기 때문이다. 교사의 이런 노력과 더불어 아이 스스로도 친구와 소통하고자 노력해야 친구가 생기고 그 관계가 유지될 수 있다.

✦ "먼저 많은 '핑'을 해야 한다는 것을 기억하세요" ✦

『핑!』은 친구 관계에 있어 마음을 전하고 받는 법을 탁구 경기의 탁구공이 오가는 것에 비유해 재치 있게 표현한 그림책이다. 상대에게 전하고자 하는 마음이 '핑'이라면, 핑을 받아 다시 상대에게 보내는 마음이 '퐁'이다. 관계가 유지되기 위한 소통을 핑과 퐁으로 비유하여 보여준다.

그림책을 읽고, 그림책 속 핑과 퐁의 경험을 나눈다. 친구에게 보낸 핑은 '새 학기 첫날 용기 내어 먼저 말 걸었던 일, 기분이 좋지 않은 친구 옆에서 말없이 같이 있어 준 일, 보드게임 하며 이긴 친구를 칭찬한 일, 모르는 문제를 알려달라고 말한 일' 등 친구와 나를 연결하고 그 관계를 유지하기 위한 나의 노력이다. 내가 용기 내어 친구에게 보낸 핑이 친구에게서 어떤 퐁으로 돌아왔는지도 생각해본다. '먼저 말 걸어 주어 고맙다는 말, 친구의 기분이 스르르 풀려던 일, 친구와 친해지게 된 일' 등이 퐁이 되어 돌아온다.

 하지만 예상하지 못했던 퐁으로 돌아오는 경우도 있다. 그 이유는 우리는 모두 생각도 표현 방법도 다르기 때문이라는 것을 그림책은 보여준다. 우리가 기억해야 할 것은 자유롭게, 용감하게, 현명하게 핑을 하는 것이며, 퐁은 상대방의 몫으로 남겨두어야 한다는 것이다. 원하지 않는 퐁이 돌아왔을 때도 용기 있게 웃어넘길 수 있어야 한다.

> "친구가 되기 위해서는 핑과 퐁이 필요합니다. 친구가 되고 싶다면 용기 내어 핑을 보내야 합니다. 그러나 내가 원하는 퐁이 돌아오지 않았다고 해서 아파하거나 스스로 탓하지는 않았으면 합니다. 어딘가에 나의 핑을 받아 퐁을 보내 줄 친구가 있다는 사실을 기억하며, 때를 기다리면 됩니다. 핑과 퐁을 주고 받는 것이 우의의 미덕입니다. 친구 사이의 우의는 절대 혼자만의 힘으로 만들어지지 않습니다. 적절한 핑과 퐁이 오갈 때 친구가 됩니다."

✦ 서로에게 친구 되기 ✦

한해를 같이 보낼 친구에게 핑을 보내는 연습을 한다. 특히, 친구 관계가 서툰 아이들에게 핑을 보내는 연습은 꼭 필요하다. 학급 내에서 핑을 보내고 퐁을 받을 짝을 정해준다. 짝을 정하는 방법은 그림책 속 글을 핑과 퐁 부분으로 나누고 연결되는 글귀를 뽑은 친구끼리 짝이 되는 것이다. 예를 들어 '핑만 할 수 있어요'가 적힌 글을 뽑은 친구와 '퐁은 친구의 몫이에요'가 적힌 글을 뽑은 친구가 짝이 된다.

이렇게 그림책 속 글로 핑과 퐁 짝을 정한 후 친구에게 핑을 용기 있게 표현한다. 핑은 친구를 칭찬하거나 격려하는 말에서부터 함께 시간을 보내는 제안까지 어떤 거든 좋다. 교사는 아이들이 자유롭게 핑을 표현할 수 있도록 전지 크기의 종이를 붙여주고 아이들은 그곳에 자유롭게 핑을 표현한다. 큰 종이가 핑을 보내고 받는 자유로운 게시 공간이 되는 것이다.

핑을 받은 아이는 퐁을 보낸다. 친구 관계가 균형을 이루고 유지되려면 적당한 핑과 퐁이 있어야 함을 알기에 핑을 받은 아이는 퐁으로 답을 한다. 친구가 적어준 핑에 답장을 보내는 것이다. '너는 책을 잘 고르는 것 같아. 같이 골라줘'라는 핑에 '점심시간에 같이 도서관 가자'라는 퐁을 친구가 써준 글에 댓글처럼 쓴다. 또는 '너는 잘하는 게 너무 많아. 완벽한 것 같아'라는 핑에 '부끄럽지만 칭찬 고마워. 너도 만만치 않아'라는 퐁을 보낸다. 이렇게 일주일간은 서로 핑과 퐁을 나눈다. 그 기간에 짝과 함께 할 수 있는 다양한 미션(짝과 쉬는 시간 한번 같이 보내기, 짝과 도서관 가서 책 빌리기, 짝에게 도움 주기 등)은 아이들이 서로 마음을 나누며 친해지는 계기가 된다.

> **서로에게 친구 되기**
> ① 그림책 문장을 적은 쪽지를 아이들 수만큼 만들고 짝이 되는 문장을 뽑은 친구가 짝이 된다.
> ② 핑과 퐁을 보내는 게시판에 짝에게 보내고 싶은 핑을 보내면, 핑을 받은 친구는 퐁을 보낸다.
> ③ 짝과 할 수 있는 다양한 미션을 준다.(예, 짝과 쉬는 시간 한번 같이 보내기, 짝과 도서관 가서 책 빌리기 등)

학급에서 많이 하는 마니토 활동을 핑과 퐁으로 바꾸어도 좋다. 마니토를 뽑고 내 마니토가 누구인지 밝히지 않고 핑을 보내게 한다. 내 마니토를 자세히 관찰하고 발견한 특징을 토대로 칭찬하거나 격려하는 말을 작은 간식과 함께 전달한다. 일정 기간이 지난 후 보냈던 핑을 발표하며 마니토를 공개한다. 그동안 받았던 핑에 고마움을 담아 퐁을 표현하면 마니토 활동을 좀 더 색다르게 진행할 수 있다.

일회성 핑!퐁! 활동이 모든 아이에게 친구를 선물해주지는 못한다. 아이는 이제 한 번 용기를 냈을 뿐이다. 친구가 되려면 지속적으로 핑을 보내야 하며, 돌아오는 퐁에도 기다림이 필요하다. 교사의 역할은 수업 시간이나 점심시간에 함께 힘을 모아서 할 수 있는 활동이나 친해질 수 있는 놀이 활동을 주기적으로 하게 기회를 만들어준다. 놀면서 자란다는 말처럼 실제 아이들은 놀면서 부딪치며 친해진다. 아이가 겉돌지는 않는지 친구 관계로 힘들어하지는 않는지 살피고 언제든 도움이 필요할 때 손 내밀 수 있도록 교사와 아이 간의 단단한 관계를 형성하는 것도 중요하다.

이제 아이들은 안다. 친구는 저절로 만들어지는 것이 아닌 서로의 노력에 의해서 만들어지는 관계이며, 때로는 관계 맺기가 어렵더라도 그게 끝은 아니라는 걸 말이다. 살아가며 수많은 사람을 만날 것이고, 그중 나와 잘 맞는 친구를 찾는 것도 인생이라는 것을 말이다.

늘 혼자 지내는 시간이 많아 보여 마음에 쓰였던 아이가 졸업을 하며 쓴 글에는 친구들에 대한 고마움이 담겨 있었다. 아이 나름 그것이 최선을 다해 핑을 보내고 받은 흔적일 것이다. 올해가 충분하지 않았다면 다음 해는 조금 더 용기 낼 수 있지 않을까 생각하며 마음으로 아이를 응원한다. 아이의 긴 인생에서 마음이 통할 친구가 생겨 핑, 퐁을 나눌 모습을 그려본다.

> 💎 **우의의 미덕을 빛나게 돕는 그림책**
>
> - 『친구란 뭘까』 조은수 글 ǁ 채상우 그림 ǁ 한울림어린이
> - 『4998 친구』 다비드 칼리(코르넬리우스) 글 ǁ 고치미 그림 ǁ 나선희 역 ǁ 책빛
> - 『이 선을 넘지 말아 줄래?』 백혜영 글·그림 ǁ 한울림어린이

마음을 다해
하는 일을 즐겨요

'마음을 다해 부르자'라는 말을 아이들에게 자주 한다. 대충하려는 모습이 보일 때 이 말을 통해 열정의 미덕을 불러온다. 열정은 그 일에 온 마음을 쏟는 것으로 마음을 다하는 것이다. 열정을 가지려면 자신이 하는 일을 좋아하고 즐길 줄 알아야 한다. 좋아하는 마음이 들어야 자꾸 하고 싶고 그 일을 즐기게 되기 때문이다. 또한, 열정을 가지고 최선을 다하다 보면 어느 순간 그 일에 자신감을 가지게 되고 누구보다 잘하게 되기도 한다. 이처럼 열정은 하는 일을 즐기고 사랑하는 마음으로 하게 하며, 그러한 순간이 쌓여 탁월함이 된다. 아이들 모두가 열정을 가지고 즐길 수 있는 일은 다름 아닌 놀이이다.

수업 시간에 조용한 아이도 쉬는 시간만 되면 깨어난다. 쉬는 시간은 아이들이 스스로 선택한 방법으로 휴식과 놀이를 즐길 수 있는 시간이기 때문이다. 노는 걸 싫어하는 아이도 있을까? 아이들은 끊임없이 놀거리를 찾는다. 하지만 요즘 아이들은 놀이도 비용을 지불하고 학원이나 문화센터 같은 사설 기관에서 한다고 한다. 놀이터에는 같이 놀 친구가 없을 만큼 요즘 아이들은 바쁘다. 놀 시간이 생겨도 자연스레 스마트폰을 꺼내 작은 네모 속 세상과 친구가 되기 일쑤다. 아이들이 스마트폰 세상이 아닌 몸으로 땀을 흘리며 놀면 좋겠다. 혼자가 아니라 함께 어울려 노는 맛을 알면 좋겠다.

'어떻게 하면 아이들과 즐겁게 놀 수 있을까?' 함께 노는 방법을 고민한다. 잘 노는 건 중요하다. 잘 놀아야 스트레스가 풀리고 에너지가 발산되어 잘 쉬고 잘 공부할 수 있다. 마음을 다해 놀아본 아이가 자신이 좋아하는 일을 즐길 수 있는 아이로 자란다고 생각한다. 그래서 아이들이 잘 놀면 좋겠다. 놀아도 또 놀고 싶은 아이들에게 놀이로 열정을 선물하고 싶다.

✦ "놀다 보면 새로운 것을 알게 되는 거야" ✦

『논다는 건 뭘까?』 그림책의 제목을 읽자마자 묻지도 않았는데 '노는 건 공부를 안 하는 거지' 라는 혼잣말이 들려온다. 그때를 놓치지 않고 "호연이 생각에는 노는 건 공부를 안 하는 거구나. 혹시 다른 사람들은 노는 걸 뭐라고 생각하니?"라고 묻는다. 아이들이 생각하는 노는 것은 게임을 하는 것, 친구와 시간을 보내는 것, 재밌는 걸 하는 것, 해도 해도 질리지 않는 것 등 긍정적인 의미를 담고 있다. 논다는 것의 의미를 들어본 다음 그림책을 펼친다. 그림책은 '논다는 건 뭘까?'라는 질문에 답해가며 노는 것의 의미를 알려준다. '놀다 보면 새로운 것을 알게 된다'는 책 속 구절처럼 아이들은 놀이를 통해 배우고 성장한다.

  그림책을 통해 논다는 것의 의미에 대해 생각해보고, 놀이와 공부의 공통점과 차이점을 찾아본다. 공통점과 차이점을 찾다 보면 놀이와 공부는 별개의 것이 아니라 긴밀하게 연결되어 있고, 적절히 병행해야 한다는 것을 알게 된다. 우리는 놀이를 통해 세상을 배우고, 공부를 통해 삶을 가꾼다.

공통점	차이점
• 친구의 도움이 있으면 좋다. • 친구와 함께하면 더 즐겁다. • 정해진 순서를 알고 해야 한다. • 마음만 먹으면 어디서든 할 수 있다. • 나를 행복하게 한다. • 배우는 게 생긴다. • 잘하면 뿌듯하다.	• '놀이'는 계속하고 싶지만 '공부'는 하기 싫을 때가 훨씬 많다.

  공부보다는 노는 것이 더 즐거운 아이들에게 '무조건 공부해'가 아니라 적당히 놀고 즐기는 가운데 공부할 마음이 생기게 해야 한다. 아이들의 놀이 욕구를 채워주고 적당히 놀게 해주어야 공부에 집중할 힘이 생긴다. 잘 노는 아이가 공부도 열심히 한다는 생각에서 아

이들이 잘 놀 수 있게 시간을 확보해주려고 한다. 놀 시간을 주기적으로 마련해주면 아이들은 수업에 좀 더 적극적으로 참여한다.

> "여러분은 무엇을 할 때 가장 열정이 생기나요? 아마 놀 때일 것입니다. 논다는 건 새로운 세상을 만나는 일입니다. 여러분이 친구와 함께 놀면서 세상을 만나면 좋겠습니다. 친구와 도와가며 협동을 배우고, 잘하고 싶은 마음으로 끈기와 인내를 배우며, 마음을 다해 놀며 열정을 배우면 좋겠습니다. 신나게 놀고 난 후는 누구보다도 열정을 다해 제 할 일을 하면 좋겠습니다. 열정은 하는 일에 마음을 다하는 것입니다. 열정을 다하면 하는 일이 조금 더 즐겁습니다. 그 일을 잘하게 되기도 합니다. 잘 놀아야 잘 공부할 수 있습니다. 즐기는 마음으로 열정적으로 공부할 여러분을 응원하며 신나게 놀아봅시다."

✦ 노는 게 좋아, 학급대회 ✦

우리 반은 매월 정해진 날에 학급대회 형식으로 놀이를 한다. 학급대회는 매월 넷째 주 금요일 6교시에 진행한다. 어떤 놀이를 할지는 학급 자치회인 놀이체육부를 중심으로 학급 회의 시간에 결정한다. 종목 및 방법 등은 아이들이 결정하지만, 큰 원칙은 정해서 안내한다.

학급대회 원칙

1. 매월 1회 정기적으로 진행한다. (예. 매월 넷째 주 금요일 6교시)
2. 학급대회의 종목은 모두 참여할 수 있는 종목으로 하되, 회의를 통해 결정한다. (예. 물병 세우기, 지우개 따먹기, 오목, 웃음 참기, 다리 벌리기, 참참참, 공기놀이 등)
3. 학급대회 후 담임 시상을 한다.
4. 경쟁에서 이기는 것이 아니라 즐거움과 학급의 건전한 문화를 만드는 데 의의가 있으며, 즐겁게 논만큼 열정을 다해 공부하기로 약속한다.

3월 첫 학급대회는 교사가 주도하여 대회를 연다. 이후에는 학급회의로 놀이 종목을 정하고 대회 진행을 아이들에게 맡긴다. 이번 달 학급대회는 '지우개 따먹기 왕'이다. 어렸을 적 자주 했던 추억 놀이인데, 요즘 아이들은 그 재미를 모르는 거 같아 준비한 놀이다. 지우개 따먹기에서 가장 중요한 건 지우개이다. 적당한 크기와 두께, 지우개의 탄성도 중요한 요소이다. 그렇기에 지우개는 같은 걸로 준비한다. 같은 크기의 지우개를 학습 준비물로 사두면 좋다.

학급대회는 놀이지만, 명색의 대회이기 때문에 승패를 가리기 위한 규칙을 정한다. 또한, 경기는 최대한 여러 친구와 즐길 수 있게 한다. 대회 시작 전 정확한 놀이 규칙과 방법을 설명한 후 연습할 시간을 준다. 학급대회 종목은 대부분 아이가 처음 해보는 놀이, 연습을 많이 하지 않아도 되는 놀이, 그날의 운이 많이 작용하는 놀이로 정하는 편이다. 그래야 누가 우승할지 알 수 없기에 도전 의식이 생기고 더 놀이를 즐기게 된다.

　연습이 끝난 후, 아이들에게 공깃돌을 5개씩 준다. 1라운드 경기가 진행되는 동안 아이들은 대결 상대를 정해 스스로 경기를 진행한다. '한 번 대결을 한 친구는 다시 만날 수 없다'라는 규칙이 있으면, 평소 친하지 않은 친구와도 어울리게 된다. 둘씩 만나 경기를 하고 경기 결과에 따라 진 아이는 이긴 아이에게 자신의 공깃돌을 하나 내어 준다. 경기가 진행되면서 공깃돌이 쌓여가기도 사라지기도 한다. 보통 한 라운드는 15분 정도 진행하는데, 시간이 다 가기 전에 공깃돌 5개를 모두 잃기도 한다. 하지만 '선생님 사랑해요'를 외치는 등의 미션을 수행하면 다시 공깃돌 1개를 리필 받을 수 있기에 부담 없이 놀이를 즐긴다.

　정해진 시간이 지나면 모두 자리에 앉아 모은 공깃돌의 개수를 확인한다. 공깃돌을 많이 가진 최종 3명을 뽑아 교실 앞에서 준결승과 결승전 경기를 한다. 공깃돌을 모은 개수 순으로 2등과 3등이 준결승 경기를 하고 그 경기에서 이긴 아이와 공깃돌을 가장 많이 모은 아이가 결승전을 한다. 교실 앞 책상에서 하는 지우개 따먹기는 지켜보는 친구가 많아 떨리기 그지없지만, 승리하면 기쁨은 배가 된다. 평소 말을 잘하는 재호에게 경기 해설을 부탁하니 마치 올림픽 경기를 보듯 생동감이 더해진다. 이렇게 우승자와 준우승자가 선정된다. 우승과 준우승, 3등에게는 아차상을 시상한다. 상을 받으면 더 좋지만, 못 받아도 즐거운 열정이 샘솟는 우리 반 놀이 문화이다.

학급 대회

① 매월 학급대회의 종목을 정하고, 놀이 방법을 안내한다.

② 놀이 방법을 익히기 위해 자유롭게 연습할 시간을 준다.

③ 1인당 5개의 공깃돌을 주고, 정해진 시간 동안 둘씩 만나 놀이를 하되 여러 친구를 만나 놀이를 한다.(한 번 대결한 친구는 다시 만날 수 없다)

④ 놀이에서 지면 가지고 있는 공깃돌을 이긴 친구에게 준다.

⑤ 정해진 시간이 끝나면 가지고 있는 공깃돌의 개수를 확인하여 결승 진출자를 가린다.

⑥ 모든 친구가 지켜보는 가운데 결승 경기를 진행하여 최종 우승자를 뽑고 축하한다.

학기 말에는 지금까지 진행한 학급대회를 종합하여 놀이 종합 세트 형식으로 학급대회를 진행한다. 예를 들어, 아이들이 좋아하고 한 번 더 해보고 싶은 놀이를 5개 정하여 진행하는 것이다. 방법은 기존처럼 놀이 전 아이들에게 공깃돌을 5개씩 준다. 둘씩 만나 가위바위보를 하고 이긴 학생은 원하는 놀이를 선택할 수 있다. 놀이에서 지면 공깃돌을 이긴 친구에게 주고, 또 다른 친구를 만나 같은 방법으로 놀이를 한다.

한상복 선생님의 『재미』에 '세상은 재미있는 곳이란다. 남들한테 이기고 지기 위해 태어난 것이 아니야. 내 몫만큼 즐기려고 온 것이지'라는 말처럼 놀이를 즐길 줄 아는 아이들이길 소망한다. 놀 때 빛나는 아이들의 살아있는 눈빛을 기억하며, 놀 때처럼 수업도 열심히 해보자고 다독인다. 아이들이 많이 놀면 좋겠다. 마음을 다해 놀면 좋겠다. 놀 때의 열정이 삶에 고스란히 녹아 자신이 하는 일에 마음을 다할 아이들을 응원한다.

💎 열정의 미덕을 빛나게 돕는 그림책

- 『얘들아 놀자!』 박현민 글·그림 ∥ 달그림
- 『얘들아, 같이 놀자』 이규희 글 ∥ 박철민 그림 ∥ 크레용하우스
- 『수학에 빠진 아이』 미겔 탕코 글·그림 ∥ 김세실 역 ∥ 나는별

주위를
가지런히 해요

　정돈은 살아가는 데 필요한 기본 생활 습관 중 하나이다. 주위가 정돈되면 마음이 편안해지고 일의 효율성이 올라간다. 정돈된 환경은 기분을 상쾌하게 한다. 하지만 교실에는 정돈을 어려워하는 아이가 많다. 아직 정돈의 습관을 기르지 못한 까닭이기도 하고, 가정에서 부모님이 아이를 대신해 정리해주기 때문인 경우도 있다. 이런 아이들의 상당수는 수업 시간에 집중을 어려워한다. 주변이 어지러워 그것에 주의를 빼앗기기 때문이다. 정돈은 내 주위를 비롯한 몸가짐을 가지런히 하는 것으로 정돈이 습관으로 자리 잡기 위해서는 꾸준한 연습이 필요하다.

　아이들이 하교하고 나면 다시 한번 교실 청소를 한다. 자신이 머문

자리는 스스로 정리하고 청소하도록 지도하지만, 아이들은 아직 정리도 청소도 서툴기 때문이다. 아이들이 긴 시간을 보내는 공간인 교실이 깔끔하고 정돈되어야 학업에 집중할 수 있다. 청소 후 책상 줄을 맞추는데, 수연이 책상 서랍에 든 들쑥날쑥한 책이며 물건이 눈에 띈다. 매일 아침 그날 시간표에 따라 필요한 교과서를 가져다 두고, 수업 후 사물함에 정리하도록 하는데 그 약속을 지키지 않은 모양이다. 아이의 책상 서랍을 들여다보니 뒤죽박죽 섞인 물건에 책 한 권만 빼도 모든 물건이 우르르 쏟아질 지경이다. 생각난 김에 다른 아이들 책상 서랍도 한 번씩 들여다본다. 몇 명의 아이를 제외하고는 서랍 속이 어지럽다. 정돈의 미덕을 깨우는 선생님의 한마디가 필요한 때이다.

    정리를 놀이처럼 할 수 있을까? 한 해에 한 번은 꼭 보물찾기를 통해 정돈을 놀이처럼 즐기게 한다. 초등학교 시절 소풍 가면 꼭 했던 보물찾기가 즐거운 기억으로 남아 있기 때문이다. 우리 아이들도 보물을 찾기 전의 기대감, 보물을 찾으면서 희열감을 맛보면 좋겠다. 이어 보물찾기 후 놀이처럼 하는 정리 활동으로 정돈의 필요성도 함께 느끼길 바란다. 놀이로 시작한 정돈의 경험이 꾸준한 습관으로 이루어지려면 교사의 관심은 필수다. 어른에게도 쉽지 않은 정돈이 습관으로 굳어져 정돈의 보석으로 빛나기 위해 매일 '100초 정리'를 한다. 100초 정리를 통해 짧지만, 꾸준한 정리의 힘을 기른다.

✦ "100초 안에 방을 정리해야 해!" ✦

보물찾기에는 보물이 적힌 쪽지와 보물을 발견하면 받는 선물이 필요하다. 선물은 작은 문구류나 먹거리, 선생님이 발행한 쿠폰 정도면 충분하다. 보물쪽지는 한 글자씩 글자를 적어 보물쪽지의 글자를 배열하면 의미 있는 문장이 되도록 준비한다. 즐거워할 아이들을 생각하며 보물쪽지를 준비하고 선물도 간단하게 포장해둔다.

문제는 눈치 빠른 아이들을 피해 보물쪽지를 언제 숨겨야 하느냐이다. 전날 아이들이 하교하고 난 후 쪽지를 미리 숨겨보기도 했지만, 일부 눈썰미가 좋은 아이들에게 들킨 적이 있는 터라 가급적 보물찾기를 하기 직전에 보물을 숨긴다. 전담 수업을 위해 교실을 이동한 때나 전담 수업이 없다면 일부러 점심시간에 모두 바깥 놀이를 내보내고 숨긴다. 숨기는 장소는 난이도를 조금씩 달리하여 책장 틈, 책상 아래, 게시판, 창틀, 청소함 등 곳곳에 숨긴다. 숨기는 보물쪽지는 아이들 수보다 넉넉해야 못 찾아 속상해하는 아이가 생기지 않는다.

보물찾기를 한다는 말이 떨어지자마자 매의 눈으로 교실 구석구석을 살피는 아이도 있고 벌써 엉덩이가 들썩이는 아이도 보인다. 한 글자씩 적혀있는 쪽지를 교실 곳곳에서 찾는다. 혼자만 찾기 위해 애쓰는 게 아니라 친구와 함께 찾는다. 이미 보물을 하나 찾았다면 다른 친구가 보물을 찾을 수 있도록 기다려준다. 찾아서 나눠줄 수도 있지만, 스스로 찾았을 때의 감동과 기쁨을 뛰어넘을 수 없기 때문이다. 아이들은 쪽지를 발견해도 친구를 위해 모른 척 기다려주기도 열심히 찾는 친구를 응원해주기도 한다.

그러는 사이 교실은 초토화가 되기 일보 직전이다. 아이들이 보물을 찾기 위해 들쑤셔 놓은 물건이 어지럽기까지 하다. 보물찾기를 시작하기 전 보물을 찾기 위해 만진 물건은 원래 모습 그대로 돌려놓기라는 정돈의 미덕을 강조하지만, 마음이 급하니 처음 모습과 완전히 같을 수는 없다. 아이들이 찾은 보물쪽지 뒤에 찾은 사람 이름을 쓰고 칠판에 모아 붙인다. 한 글자씩 적혀있는 보물쪽지를 연결하여 문장을 만드는 마지막 미션이 남아 있다. 선생님이 평소에 하는 말이어서 그런지 어렵지 않게 글자를 조합해낸다.

"너희들은 이미 □나는 보석이야.
우주최고미소교실 ○학년 ○반 사랑해."

그런데 한 글자가 없다. 아이들이 발견해내지 못한 보물쪽지 중에 '빛' 자가 어딘가에 있는 모양이다. 찾지 못한 자리에 펜으로 글자를 써넣는다. 못 찾아도 괜찮다. 아이들 모두 힘을 모아 보물을 찾으려고 애썼으니 말이다.

힘을 모아 보물쪽지를 찾고 글자를 조합했으니 이제 보물쪽지를 선물로 바꾸어줄 차례이다. 준비한 선물은 달콤한 간식 모음이다. 아이들이 좋아할 만한 인기 있는 아이템을 모아 투명 포장 비닐에 넣고 봉지 위에 미덕 보석 이름과 뜻을 붙였다. 아이들이 받은 선물이 과자가 아니라 미덕 보석이 될 수 있도록 말이다. 한 명씩 나와 뽑은 쪽지의 번호에 맞는 보물을 받는다. 배려의 미덕을 선물 받은 아이, 우의의 미덕을 선물 받은 아이, 모두 다르다. 희한하게도 아이가 선물 받은 미덕과 아이에게 필요한 미덕이 묘하게 연결되기도 한다.

모두 보물쪽지와 선물을 교환하고 난 후, 자리에 앉아 주위를 둘러보게 한다. 즐거운 추억을 만드는 사이 흐트러진 교실이 보인다. 이제부터는 정돈의 미덕을 빛낼 시간이다. 이때 『임금님이 돌아오기 100초 전』을 읽는다. 임금님이 잠시 외출한 사이에 경비병들은 깨끗하고 넓으며 재미있는 물건이 가득한 임금님의 방에서 즐거운 시간을 보낸다. 하지만 임금님이 예정보다 일찍 돌아오면서 임금님이 돌아오기 전에 어질러진 임금님의 방을 원래대로 돌려놓는다는 이야기이다. 임금님이 돌아오기 100초 전, 1부터 100까지 숫자를 세며 임금님의 방을 급하게 정돈하는 경비병들의 모습이 재미와 긴장감을 준다. 책을 읽고 정돈이 되지 않아 곤란하거나 불편했던 경험을 나눈다. 정돈이 되지 않아 필요한 물건을 찾지 못한 경우, 방이 지저분하다며 엄마에게 혼난 일 등 정돈하지 않아 겪은 불편한 경험은 누구에게나 있다. 반대로 정돈을 해서 좋았던 경험도 나눈다.

> "임금님이 돌아오기 100초 전 상황처럼 정돈이 필요한 순간이 있습니다. 우리가 이야기 나눈 것처럼 정돈이 되지 않으면 많은 불편한 일이 생깁니다. 반대로 정돈은 하는 일을 더 잘하게 도와주고 쾌적한 환경을 만들어줍니다. 마음속으로 100초

를 세며 내가 사용했던 물건들의 제자리를 찾아주세요. 정돈의 미덕을 빛내는 데 100초면 충분합니다."

✦ 100초 정리 ✦

100초 타이머를 맞추고 정돈을 시작한다. 특별히 역할을 정하진 않지만, 자기와 가까운 곳을 위주로 정돈이 시작된다. 후다닥 마음을 모으니 정리도 금방이다. 다시금 정돈된 교실을 보며 정돈의 힘을 느낀다. 사실 정돈은 평소에도 많이 강조하는 미덕 중 하나다. 주변이 가지런할 때 일의 효율과 집중을 높일 수 있기 때문이기도 하고, '세 살 버릇 여든 간다'는 속담처럼 정돈의 습관은 하루아침에 만들기 어려운 습관이기 때문이다.

교실 정돈을 한 김에 책상 서랍과 사물함도 돌아본다. 늘 정돈된 상태를 유지하는 아이도 있지만, 많은 아이가 정돈을 어려워한다. 그래서 서랍 속에 색연필, 풀, 가위 등의 작은 학용품을 보관할 수 있는 바구니를 하나씩 넣어준다. 바구니는 칸이 나누어져 있지 않은 학교 책상 서랍을 정돈하는 데 유용하다.

보물찾기로 시작해서 정돈까지 마친다. 이렇게 100초 정리를 놀이처럼 즐긴 후, 매일 하교하기 전 100초 정리를 한다. 100초 타이머를 맞추고 책상 서랍과 책상 위, 자리 주변까지 100초면 충분하다. 학기 말이면 아이들은 이미 100초 정리의 달인이 되어 있기도 하다.

100초 정리

① 보물쪽지를 교실 이곳저곳에 숨기고 보물찾기를 시작한다.

② 찾은 보물쪽지의 글자를 조합하여 문장을 만든다.

③ 내가 뽑은 보물쪽지와 미덕이 적힌 작은 선물로 교환한다.

④ 흐트러진 교실을 100초 동안 정돈한다.

수업 후 배운 내용을 정리하는 배움 공책의 끝부분에 오늘 빛낸 미덕을 쓰며 하루를 닫는다. 아이들 글 속에 유독 기뻐함의 미덕과 정돈, 청결의 미덕이 많다. 정돈하고 난 후의 쾌적함을 기억하며 일상에서도 100초 정리를 생활화하면 좋겠다.

💎 **정돈의 미덕을 빛나게 돕는 그림책**

- 『티보르와 너저분 벌레』 노에미 파바르 글·그림 ‖ 명혜권 역 ‖ 소원나무
- 『오늘도 어질러진 채로』 시바타 게이코 글·그림 ‖ 황진희 역 ‖ FIKAJUNIOR(피카주니어)
- 『집안 치우기』 고대영 글 ‖ 김영진 그림 ‖ 길벗어린이

정도에 넘치지 않게
조절해요

　절제는 정도에 넘지 않도록 조절한다는 의미로 욕망과 욕구를 조절하는 것이다. 먹고 싶은 음식, 사고 싶은 물건, 놀고 싶은 마음 등을 조절하면 삶은 균형을 이루게 된다. 하고 싶은 일을 참고 조절하는 절제는 욕구를 조절하는 힘을 길러주고, 그러한 경험은 현재의 쾌락이나 유혹에 매혹되지 않는 참을성을 주어 자기 통제력이 생긴다. 이는 장기적으로는 자기 삶의 만족을 주며 균형 있는 삶을 선물해 행복한 삶을 이루는 바탕이 된다.
　일상에서 절제가 필요한 순간은 많다. 눈에 보이는 음식을 먹고 싶다고 다 먹는다면 건강을 해칠 수 있고, 놀고 싶다고 해야 할 일을 미루고 놀기만 하면 삶의 균형이 깨진다. 갖고 싶은 대로 물건을 산다면 낭비를 하게 되며, 이는 환경을 위해서도 바람직하지 않다. 하지만 절제가 필요한 일상의 많은 일 중 아이들에게 가장 필요한 일은 스마트폰 사용 시간의 절제가 아닌가 한다.

 언제인가부터 스마트폰 사용은 어른뿐 아니라 아이들에게도 일상이 되었다. 스마트폰 없이는 하루도 살 수 없을 만큼 스마트폰에 대한 의존도는 날이 갈수록 높아지고 있다. 그와 동시에 스마트폰에 중독되는 아이들도 하루가 다르게 늘고 있다. 수연이는 수업 시간마다 집중하지 못하고 멍하게 앉아 있는 경우가 많다. 그런 수연이가 걱정스러워 방과 후에 이야기해보니 스마트폰을 하다 자정이 훌쩍 지나서야 잠이 드는 걸 알게 되었다. 그 시간까지 스마트폰으로 무엇을 하는지 물으니 SNS도 하고 친구와 통화도 하다가 늦게 잠이 들며, 하루에 스마트폰을 5시간~ 6시간이나 사용한다고 한다. 스마트폰 사용을 부모님이 관리해주면 가장 좋지만, 수연이 부모님은 그럴만한 여력이 없으시다. 수연이의 스마트폰 사용 시간 줄이기를 통해 절제의 미덕이 빛나도록 돕고 싶다.

✦ "눈 앞에 펼쳐진 진짜 세상을 생생하게 느껴보세요" ✦

 교실 책장에 꽂아둔 『눈이 바쁜 아이』를 꺼내 수연이와 같이 읽는다. 제목이 왜 눈이 바쁜 아이인지 그림책을 읽으면 금방 알게 된다. 수연이도 선생님이 왜 그림책을 읽어주는지 아는 눈치다. '눈이 바쁜 아이'처럼 스마트폰 때문에 수연이가 보지 못하거나 놓치고 있는 건 없는지 묻는다. 수연이는 자꾸만 스마트폰 생각이 나서 공부도 하기 싫고, 책은 읽은 지 아주 오래되었다고 한다. 수업 시간에는 자꾸 졸리고 무기력해진다고 한다. 스마트폰 시간을 줄이려고 노력해본 적은 있지만, 잘 안된다고 한다. 수연이에게 스마트폰은 이미 너무 깊숙하게 자리 잡고 있다. 그림책에서는 스마트폰이 산산조각이 나고서야 스마트폰이 아닌 눈 앞에 펼쳐진 진짜 세상을 보는 아이의 모습을 통해 스마트폰을 내려놓자고 말한다.

"스마트폰 사용 시간을 조절하지 않는다면, 결국 수연이는 스마트폰의 노예가 될지도 몰라요. 눈이 바쁜 아이처럼 스마트폰을 하느라 놓치고 있는 것이 너무 많은 거 같아 안타까워요. 스마트폰 사용 시간을 줄이는 일은 어른인 선생님에게도 무척 어려운 일이지만, 수연이가 스마트폰이 아닌 눈 앞에 펼쳐진 진짜 세상을 보고 싶다면 선생님이 돕고 싶어요."

우선 수연이 스마트폰에 스마트폰 사용 시간 관리 앱을 설치하고 매일 사용 시간을 기록하기로 약속한다. 일주일간 기록해보고 다시 만나 이야기 나누기로 한다. 일주일 후, 수연이 스마트폰 사용 시간을 보고 적지 않은 충격을 받았다. 수연이의 스마트폰 의존도는 생각보다 훨씬 심각했다. 하루 사용 시간이 평균 7~8시간으로, 학교에 다니는 평일에 이 정도라니 믿어지지 않았다. 수연이도 시간 관리 앱을 설치하고 보니 자기가 너무 많이 스마트폰을 사용한다는 걸 알게 되어 놀랐고, 선생님한테 보여주기 창피해서 줄여보려고 했는데 잘되지 않았다고 한다. 아이와 함께 스마트폰 대신 할 수 있는 걸 찾아보고 하루 6시간으로 줄여보기로 한다. 물론 이 시간도 적지 않지만, 서서히 줄여나가기로 약속한다.

✦ 절제가 필요해, 스마트폰 멈춰 ✦

우리 반 다른 아이들에게도 스마트폰 사용에 관해 이야기하는 시간을 가진다. 비단 수연이만의 문제는 아니기 때문이다. 수연이에게 읽어준 그림책을 꺼내 드니 수연이가 나와 눈을 마주치곤 씩 웃는다. 아이들과 스마트폰 사용으로 인한 어려움을 나누니 부모님과의 갈등이 가장 많았다. 스마트폰 사용에 따른 단점도 너무 잘 알고 있는 아이들이다. 그래서 아이들에게 스마트폰 사용 시간을 부모님이 관리해주면 좋겠다고 얘기하자, 그것만은 안 된다는 비명 아닌 비명이 지른다. 아이들의 반응을 어느 정도 예상했던 터라 '초등학생의 스마트폰 사용 시간은 부모님이 관리해야 한다' 라는 논제로 가치 수직선 토론을 한다. 역시 아이들의 3분의 2가 반대한다. 아이들도 스마트폰 사용의 폐해를 잘 알고 있지만, 그것이 자신의 문제가 되니 생각이 달라지는 모양이다.

유튜브의 영상 중 청소년의 스마트폰 사용에 관해 뇌과학적으로 설명해주는 강연 자료를 찾아 보여준다. 강연 자료를 보고 다시 가치 수직선 토론으로 의견을 표시해보도록 한다. 일부 아이가 스마트폰 시간을 통제당하는 건 너무 싫지만, 반대의 근거가 없다며 울며 겨자 먹기로 찬성으로 의견을 옮긴다. 사실 초등학생의 스마트폰 사용에 관해 해마다 논제와 방법을 달리하여 토론해보면, 스마트폰 사용의 장점보다는 단점이 훨씬 많다는 걸 아이들도 알게 된다. 대부분의 연구 자료가 스마트폰 사용의 위험성을 말해주기 때문이다. 물론, 스마트폰 사용의 좋은 점도 있다. 하지만 사용의 위험성에 비할 바가 되지 않는다.

 아이들도 머리로는 알고 있다. 스마트폰에서 벗어나야 한다는 것을 말이다. 하지만 어른도 어려운 일을 아이 혼자 힘으로 해내기란 정말 불가능에 가깝다. 그래서 선생님이 도울 수 있는 만큼 돕고 싶다고 말한다. 스마트폰 사용 시간 관리 앱을 설치하고 매일 스마트폰 사용 시간을 기록하기, 스스로 스마트폰 사용 시간 약속을 정해 지키려고 노력해보기로 한다. 교사는 아이들을 믿고 그 기록을 확인하고 격려해주는 역할로 돕는다.

 스스로 스마트폰 사용 약속 시간을 정하고, 잘 보이는 곳에 붙여두고 확인할 수 있게 도화지에 포스터처럼 만든다. 스마트폰 사용 시간을 줄이기 위한 세부적인 계획을 넣는다. 잠자리에 들 때는 거실에 핸드폰 두기, 통화는 간단히 하기, 공부할 때는 무음으로 하기, 정해진 사용 시간이 지나면 스마트폰 잠기게 앱 설정하기 등 아이 나름대로 계획을 세운다. 작성한 스마트폰 사용 약속은 잘 보이는 곳에 붙여두기로 하고 사용 시간은 매일 아침 학교에 오면 기록하고 확인받기로 한다.

> **스마트폰 사용을 절제하기**
> ① '초등학생의 스마트폰 사용 시간은 부모님이 관리해야 한다'라는 논제로 가치 수직선 토론을 한다.
> ② 스마트폰의 영향에 관한 전문가 강연 영상을 듣고 가치 수직선에 변화된 의견을 표시한다.
> ③ 스마트폰 사용 시간을 줄이기 위한 계획을 보기 좋게 작성하고 실천한다.

이렇게 수연이를 비롯한 우리 반 아이들은 스마트폰 사용 시간을 줄여나가기로 한다. 수연이는 스마트폰 대신 책도 조금 읽게 되고, 수학 공부도 한다. 두 달에 걸쳐 수연이는 하루 사용 시간을 평일 3시간 주말 4시간으로 줄이는 데 성공했다. 물론, 가끔은 약속을 지키지 못하기도 한다. 하지만 예전에는 아무런 문제의식 없이 스마트폰을 사용했다면, 지금은 정해진 약속 시간을 지키지 못하면 속상해하며 다시금 스스로 약속한다. 그리고 약속한 시간보다 스마트폰 사용을 적게 사용한 날은 자랑스러워하며 등교하자마자 자랑을 늘어놓기도 한다.

스마트폰 사용 시간에 관해 본격적으로 문제라고 느낀 것은 코로나19로 인해 원격 수업을 하면서이다. 수업을 위해서 스마트폰을 아이들에게 허용할 수밖에 없었는데, 이제는 아이들 손에서 스마트폰을 뺏기가 어려워진 것이다.

　어른이며 아이, 심지어 유아까지 작은 화면에 빠져 허우적댄다. 학교 현장에서도 에듀테크 교육이라는 이름으로 아이들 앞에 태블릿이나 노트북 등의 전자기기를 준다. 물론 잘 활용하면 매우 효율적인 교육 도구임이 틀림없지만, 사실 장점보다는 단점이 훨씬 크다고 생각한다. 아이들은 전자기기가 아닌 종이책을 더 많이 들여다보고 영상이 아닌 사람의 목소리로 눈을 마주치고 소통해야 하는 시기라고 생각하기 때문이다. 손에는 키보드나 태블릿보다는 연필이 들려 있어야 한다. 이미 이러한 문제의 심각성을 경험한 많은 나라에서는 예전의 교육 방법으로 회귀하고 있기도 하다.

　스마트폰을 절제하며 사용하는 사회가 되려면, 무엇보다도 어른부터 본이 되어야 한다. 『스마트폰 이제 그만!』을 아이들에게 읽어주며 우리 반 부모님들께도 소개한다. 아이들을 변하게 하려면 먼저 부모가 본이 되어야 함을 말해주는 그림책이라 우리 반 아이들이 시작한 결심이 잘 지켜질 수 있도록 함께 도와 달라는 의미에서다. 아이들에게 절제와 자율성을 바라기에 앞서 어른들이 너무 쉽게 스마트폰을 아이들에게 내어주지 않아야 한다. 필요에 따라 내어주었다면 그걸 돌보는 일도 반드시 해야 한다.

　학기 말 학급 운영에 관한 설문에서 스마트폰 때문에 아이와 갈등이 많았는데 학교에서 도와준 덕분에 너무 감사하다는 글, 스마트폰 대신 책 읽는 재미를 알았다는 아이의 말이 고맙게 느껴진다.

　아이들 손에 스마트폰 대신 책을 드는 시간이, 가족 간의 대화 시간이 늘어나길 바란다. 뭐든 정도에 넘치지 않게 적당한 것이 가장 어려운 법이다. 스마트폰 사용 시간 조절을 통해 절제의 미덕을 배워 나갈 아이들을 응원한다. 이러한 절제의 경험은 일상의 다른 부분에서도 욕구나 욕망을 조절하는 힘을 줄 것이다.

💎 절제의 미덕을 빛나게 돕는 그림책

- 『배고픈 늑대가 사냥하는 방법』 밤코 글·그림 ‖ 미래엔아이세움
- 『오늘은 충분해』 이종미 글·그림 ‖ 논장
- 『세상에서 가장 맛있는 무화과』 크리스 반 알스버그 글·그림 ‖ 이지유 역 ‖ 미래아이(미래M&B)

다섯 번째
보석 상자

상대방을
먼저 생각해요

  배려의 마음이 잘 그려진 권영상 시인의 '창가의 화분'이라는 시를 읽은 적이 있다. 창가에 핀 꽃을 보고 내가 보기 좋도록 안쪽으로 돌려놓았다가 꽃을 생각해 볕이 잘 드는 쪽으로 화분을 돌려놓는다는 내용으로 식물을 먼저 생각하는 배려의 마음이 잘 나타나 있다. 이처럼 배려는 자신이 돌보는 사람, 동물, 사물을 부드럽게 대하며 관심과 애정을 기울이는 것이다. 배려는 존중에서 시작되며, 상대방 입장에서 생각하고 말하고 행동하는 것이다. 나의 작은 배려로 상대방이 조금 더 편안할 수 있게 돕는 것, 나아가 동식물에도 세심함을 표현하는 것이다. 동식물을 사랑하고 배려하는 아이는 옆의 친구도 그런 마음으로 대할 것이다.

점심시간 아이들이 떠들썩하다. 조회대 아래 창고에서 새끼 고양이가 발견되었다는 것이다. 놀라 내려가 보니 아직 젖먹이 새끼였다. 분명 주변 어딘가에 어미 고양이가 있을 법한데 잠시 어미가 자리를 비운 사이 새끼 고양이 울음소리에 아이들이 발견해낸 모양이다. 학교 주무관님이 어미가 다시 데려갈 거라며 발견한 장소 근처에 두고 교감 선생님이 손수 우유도 챙겨주시는 걸 보고서야 교실로 돌아온다. 아이들이 새끼 고양이를 우리 반에서 키우자며 성화다. 자기들이 돌아가며 먹이도 주고 돌보겠다고 우긴다. 막무가내인 아이들에게 교실에서 새끼 고양이를 돌볼 수 없는 이유를 간단하게 말해준다. 동물을 돌보는 것에는 막대한 책임이 필요하기 때문이다. 수업이 끝나고 나가보니 다행히 새끼 고양이는 어미 곁으로 간 듯하다.

대부분 아이는 동물을 좋아한다. 우리 집 아이들도 한동안 반려동물을 키우고 싶다고 조르곤 했다. 나도 동물을 좋아하는 편이라 그럴까 하는 마음이 들기도 했지만, '과연 내가 끝까지 이 귀한 생명을 책임질 수 있을까?' 라는 걱정이 앞서 선뜻 결정하지 못했다. 사실 우리 사회에 버려지는 유기 동물의 수는 상상을 초월한다. 매해 10만 마리 이상의 동물이 주인의 사정으로 버려지고, 버려진 동물들은 길거리에서 생을 마감하거나 동물보호단체에 구조된다고 해도 입양처를 찾지 못해 안락사를 당한다고 한다. 더는 버려지는 동물들이 없기를 바라는 마음으로 동식물을 아끼는 마음을 담아 생명 감수성을 기르는 동물권 수업을 한다. 동물을 사랑하는 마음을 넘어 동식물에게 세심한 애정과 관심, 배려를 빛내는 아이들로 자라길 바란다.

✦ "사실은 내 옆에······ 네가 같이 있어 줘서" ✦

『검은 강아지』를 읽는다. 주인에게 버려진 줄 모르고 흰색 털이 검게 변하도록 하염없이 주인을 기다리는 강아지의 모습에서 유기 동물의 아픔이 느껴지는 책이다. 아이들과 그림책을 읽고, 강아지 마음 공감하기를 해보면 아이들은 어른보다 더 깊게 강아지의 마음을 헤아린다. '검은 강아지는 주인에게 미안한 마음이 들었을 거 같아요'라는 한 아이의 말에 처음에는 의아했다. '주인이 강아지를 버렸는데 왜 강아지가 미안하지?'라는 생각이 아이가 이야기를 잘못 이해했다고 생각했다. 하지만 아이의 이야기를 마저 듣고는 고개가 끄덕여졌다. 검은 강아지는 주인이 기다리라고 말하고 갔기에 주인이 올 때까지 기다렸지만, 결국 주인을 만나지 못한 채 하늘의 별이 되었다. 그래서 주인과의 약속을 지키지 못한 게 마음에 걸렸을 거라는 것이다. 가만 생각해보니 충심이 강한 강아지는 그랬을지도 모른다는 생각이 들었고, 더 마음이 아팠다. 버려졌다는 생각으로 주인을 미워하거나 원망했을 거라고만 생각했는데, 끝까지 기다리지 못해 주인에 대한 미안함을 가지고 세상을 떠났다고 생각하니 말이다.

아이들과 강아지 마음에 공감하고 나니 이 그림책이 더 깊게 느껴진다. 이어 사람들은 그렇게 예뻐하고 가족같이 지내던 동물을 왜 버릴까에 대해 실제 통계 자료를 통해 이야기 나눈다. 실제 반려동물과 지내는 아이들의 경험을 들어보니 그 어려움이 생생하게 전달된다. 똥오줌 치우기가 가장 힘들고 냄새도 많이 나며, 귀찮아도 산책은 꼭 가야 하고, 병원비도 많이 들고, 털이 많이 빠져 알레르기 때문에 고생하는 등 반려동물과 가족이 되는 건 생각만큼 쉽지 않다. 그럼에도 반려동물과 가족이 되기로 한다면, 필요한 가치가 무엇일까에 대한 이야기도 나눈다. 배려, 책임감, 사랑, 인내, 존중 등 반려동물과 가족이 되는 건 이 모든 것이 갖춰진 사람만이 자격이 있다는 걸 알게 된다. 교실에서 새끼 고양이를 돌보는 일이 어려운 이유이기도 하다.

"반려동물과 가족이 되려면 경제적 여건을 비롯해 동물의 입장을 고려할 줄 아는 마음이 준비되어야 합니다. 그러한 준비가 되었을 때 반려동물을 가족으로 맞이하는 것이 배려입니다. 나만 좋은 것이 아닌 반려동물도 행복할 수 있게 동물의 입장에서 먼저 생각하고 행동하는 세심함이 배려입니다. 이러한 마음이 준비된 여러분은 반려동물에게 분명 좋은 가족이 되어 줄 것입니다."

✦ 생명 감수성을 기르는 동물권 수업 ✦

앞서 반려동물을 주제로 동물권 이야기를 나누었다면, 동물권 수업 두 번째 주제는 동물원의 필요 여부이다. 동물원에 대한 행복한 추억이 있는 아이들에게 생각할 거리를 주는 주제이기도 하다. 예전엔 동물원에 대해 큰 문제의식이 없었다. 하지만 바다로 돌아간 서울

대공원 돌고래 '제돌이' 이야기를 뉴스로 접한 뒤 동물원에 가서 만난 동물들은 하나같이 슬퍼 보였다. 그 뒤 동물원 관련 동물들의 소식을 접할 때마다 동물원의 필요성에 대해 생각이 많아졌다.

'동물원은 필요할까요?'라는 질문으로 수업을 시작한다. 동물원에 갔던 경험을 떠올리며 '동물원은 필요하다'라는 논제에 대해 찬성 근거와 반대 근거를 함께 찾는다. 찾은 근거를 토대로 찬성, 반대 입장 모두를 입안문으로 쓰게 한다. 초등학교 선생님이신 이영근 선생님의 교실 토론에서 배운 방법으로, 찬성과 반대의 모든 입장을 경험해보게 하는 것이다. 입안문이 준비되면 아이들은 짝토론을 한다. 찬성 입장이 되기도 하고 반대 입장이 되기도 하며 여러 번 짝을 바꿔가며 토론한다. 토론이 반복될수록 논리가 단단해지고 자신감도 붙는 게 보인다. 찬성과 반대 입장을 모두 경험하며, 내 생각에 친구의 생각이 더해지며 자신만의 논리가 생긴다.

짝 토론을 마치고, 아이들의 진짜 생각을 물으니 '동물원은 필요하다'의 찬성 쪽이 좀 더 많다. 토론은 정답이 없으니 생각을 정리해볼 수 있게 『우리 여기 있어요, 동물원』을 읽어준다. 우리에 갇힌 동물들의 눈빛에서 동물원은 과연 누굴 위해 존재하는가를 묻는다. 이어 『내일의 동물원』을 읽는다. 동물들이 꿈꾸는 동물원의 모습에서 우리 사회가 고민해야 할 부분이 보이는 그림책이다. 이어 동물원이 가진 긍정적인 모습을 담은 청주 동물원 이야기를 담은 『동물,원』도 읽어준다. 이렇게 동물원에 관한 다양한 시선이 담긴 그림책을 읽고, 동물원에 대한 생각을 글로 정리한다.

세 번째 동물권 수업은 동물실험 등 동물의 경제적 이용에 관한 것이다. 인간의 편의를 위해 이용되는 경제 동물은 생각보다 많고 그 범위가 다양하다. 화장품이나 의약품 개발을 위한 동물실험, 동물의 털이나 가죽을 이용한 산업, 식용으로 길러지는 동물까지 인간은 동물들의 희생으로 살고 있다 해도 과언이 아니다. 『멋진 하루』를 읽고, 동물이 인간을 위해 이용되는 경우를 찾아본다. 인간을 위해 이용되는 동물의 삶도 좀 더 깊게 들여다본다. 차마 눈 뜨고는 볼 수 없는 동물들의 실상을 알고 나면 자연스레 동물에게 미안한 마음이 든다. 의약품을 만들기 위해 이용되는 실험용 동물에서 인간의 식생활을 위해 공장식 축산으로 길러지는 동물, 뿔이나 가죽, 털 등의 부산물을 위해 희생되는 동물까지 알면 알수록 동물에 대한 고마움과 미안함이 동시에 든다.

동물권에 대한 사람들의 관심이 커지면서 동물권을 지키기 위한 노력도 찾아본다. 그 과정에서 아이들은 동물실험을 하지 않는 제품이 있다는 것도 알게 되고, 육식을 줄이기 위해 채식을 하는 사람들도, 공장식 축산이 아닌 친환경적인 시설에서 길러진 고기류나 알류에 대해서도 알게 된다. 지금껏 생각하지 못했던 것을 알게 되면서 놀라움을 넘어 동물권을 지키기 위해 내가 할 수 있는 일이 없을까 생각하게 된다.

동물권에 관한 마무리 활동으로 주장하는 글을 쓴다. '동물원은 필요 없다', '채식을 해야 한다', '강아지 공장을 없애야 한다' 등 아이들이 동물권 수업을 통해 생각했던 문제 중 하고 싶은 이야기를 논

설문으로 써본다. 함께 나눈 이야기가 씨앗이 되어 아이들은 더 많은 자료를 스스로 찾으며 글을 쓴다. 동물권 수업은 아이들에게 잠자고 있던 생명 감수성을 자극한다. 이 수업을 한다고 해서 동물원을 찾지 않게 되고, 육류 소비를 멈추게 할 수는 없다. 하지만 생명을 어떤 마음으로 대해야 하는지를 다시 한번 생각하게 되고, 더 나아가 조금씩 사회를 바꿔나가는 힘으로 작용할 거라 믿는다. 동물권 수업을 마무리하며 『울지마, 동물들아!』를 읽는다. 마지막 구절은 다 같이 소리 내어 읽는다.

'너도 나와 함께 하지 않을래?'

생명 감수성을 기르는 동물권 수업
① 동물권에 관한 다양한 주제의 그림책을 읽는다.(예. 유기 동물, 동물원, 공장식 축산, 동물실험, 로드킬 등)
② 관심 있는 동물권에 대해 알아보고 주장하는 글쓰기를 한다.
③ 실천할 수 있는 일을 찾아 실천해본다.

동물도 우리와 같은 생명임을 잊지 않는다면 동물을 함부로 대하지도, 하찮게 대하지도 않을 것이다. 지금도 인간을 위해 기꺼이 희생해주는 동물에게 고마운 마음을 갖는 것, 그들의 고통을 조금이나마 줄여주기 위해 동물의 입장에서 생각하는 사회를 만들어가길 바란다. 집에서 기르는 반려동물을 끝까지 책임지겠다는 마음, 더는 체험형 동물원에는 가지 않겠다는 마음, 일주일에 한 번은 고기를 안 먹는 날을 실천하겠다는 아이의 마음에서 동물에 대한 작은 배려가 느껴진다.

우리 반 한 아이는 아파트 쓰레기통 주변을 맴돌던 고양이와 가족으로 지내게 되었다고 한다. 혹시 가족이 있을까 봐 여러 날 가까이 지켜보았지만, 어미 없이 혼자 있는 새끼 고양이가 안쓰러워 부모님의 허락을 받고 집에서 키우기로 했다는 것이다. 내가 좋아서 새끼 고양이를 데려오는 것이 아니라 새끼 고양이 입장에서 고양이가 살 수 있게 가정으로 입양하는 일, 쉽지 않은 배려를 실천하는 아이를 보며 감사함을 느낀다. 동물에 대한 배려를 실천하는 아이가 주위의 친구나 이웃에게도 배려를 실천하는 아이로 자라지 않을까? 상대를 먼저 생각하는 마음은 사람이나 동물이나 식물을 대하는 마음에서도 드러나기 마련이다.

💎 **배려의 미덕을 빛나게 돕는 그림책**

- 『이상한 나라의 그림 사전』 권정민 글·그림 ‖ 문학과지성사
- 『지혜로운 늙은 개에게 창이 되어 주고 싶어』 필립 C. 스테드 글·그림 ‖ 강무홍 역 ‖ 주니어RHK
- 『미안해』 김병하 글·그림 ‖ 한울림어린이

맡은 역할에
최선을 다해요

책임은 맡아서 해야 할 의무나 임무를 성실히 수행하는 것이다. 나는 나의 주인으로서 몸과 마음을 보살피기 위해 숙제하기, 일찍 자고 일찍 일어나기, 책 읽기, 음식 골고루 먹기 등의 책임을 다한다. 함께 살아가기 위한 사회적 책임도 존재한다. 1인 1역을 성실히 하는 것, 모둠 활동에서 맡은 역할에 최선을 다하는 것도 책임이다. 더 나아가 지구의 환경이 위태로운 시기에 환경에 대해 생각해보고 환경을 지키기 위해 자기 역할을 하는 것 역시 사회적 책임이다. 구성원 모두가 자신의 역할을 성실히 해낼 때 사회는 정상적으로 작동하며 우리는 함께 살아갈 수 있다.

2023년 야생 동물 사진전에서 대상을 받은 사진 작품을 본 적이 있다. 위태로운 얼음 조각 위에서 잠든 북극곰의 사진이었다. 지구온난화로 북극의 빙하가 줄어들고 동물들의 생태가 위협받고 있다는 사실은 익히 들어 알고 있었지만, 사진으로 그 장면을 목격하고 나니 마음이 더 무거웠다. 위태로운 환경에서 살아가는 안쓰러운 북극곰의 모습이 자꾸 떠오르면서 죄책감이 들었다. 왜 아무 잘못도 없는 북극곰이 인간의 이기심 때문에 삶의 터전을 잃고 고통받아야 하는지, 거기에 대한 반성이나 책임은 없는지 답답하기만 하다. 무슨 수를 써서라도 더 늦지 않게 우리의 지구를 되돌려 놓아야 한다. 환경에 대한 사회적 책임이 무엇인지 이야기하고 구성원 모두 이를 실천해야 한다.

그런 마음으로 환경 프로젝트 수업의 시작을 알린다. 그런데 아이들의 반응이 미지근하다. 이유를 묻자 환경 수업은 매년 했고, 늘 똑같은 이야기만 해서 재미도 없고 기대도 없다고 한다. 환경을 보호하기 위해 할 수 있는 일을 알아보고 실천을 독려하는 게 대부분인 환경 교육이 선생님의 잔소리 정도쯤으로 여겨진 모양이다. 그런 아이들에게 좀 더 기억에 남고, 마음으로 다가오는 환경 교육이 되었으면 하는 바람으로 그림책으로 하는 환경 수업을 계획한다. 환경 교육은 아이들에게 사회적 책임을 가르치는 일이며, 교사로서 환경 교육을 하는 것은 사회적 책임을 다하는 일이라 생각하기 때문이다.

✦ "어떤 일이 있어도 사람이 지구의 일을 방해하면 안돼" ✦

환경 프로젝트의 시작은 김용택 시인의 시 그림책인 『지구의 일』로 연다. 그림책을 보여주기 전 '지구의 일' 시의 원문을 보여주고 아이들과 소리 내어 읽는다. 시인의 의도를 찾으며 시인이 하고자 하는 이야기를 짐작해본다. 시에 대한 이해와 감동을 더하기 위해 그림책의 장면을 한 장 한 장 넘기며 시를 다시 읽는다. 시구절마다 그림이 더해지니 시가 더 마음으로 다가온다.

그림책에서는 해가 뜨고 달이 뜨고 바람이 불고 씨앗이 열매를 맺는 자연의 섭리를 보며 이 얼마나 신기한 일이 아니냐고 한다. 읽을 때마다 '맞아, 맞아' 고개가 끄덕여지는 장면인데, 아이들은 그렇지 않은 모양이다. 시구절이 아이들 마음으로 읽히지 않았다는 증거다. 매일 보는 일상인 자연이 뭐가 그리도 신기하단 말인가? 아이들이 자연의 변화를 신기하게 느끼면 좋겠다. 신기하다고 느끼고 감동해야 더 지키고 싶은 마음이 들 것 같기 때문이다.

"선생님은 아침에 본 하늘의 구름 모양이랑 지금 본 구름 모양이 달라진 걸 보니 너무 신기하네요. 여러분은 언제 자연이 신비롭다고 느끼나요?"

아이들보다 내가 더 흥분해서는 이 세상이 신기하고 신비롭지 않냐며 이야기를 주렁주렁 꺼낸다. 가만히 듣고 있던 아이들이 하는 수 없다는 듯 한마디씩 거들기 시작한다. 배추흰나비알이 깨 애벌레가 되는 것도, 하늘이 시간마다 색을 달리하는 것도, 초록이던 나뭇잎이 알록달록 물이 드는 것도, 민들레 씨앗이 바람만 불면 후 날아가는 것도 다 신기하다면서 너도나도 신기한 것 찾기에 빠져들기 시작한다. 그냥 지나치면 시구절이지만, 아이들과 애기를 하니 일상적인 자연의 변화가 신기한 일로 다시 피어난다.

이러한 신비한 일이 다 지구의 일이라고, 지구의 일은 우리의 일이라고, 어떤 일이 있어도 사람이 지구의 일을 방해하면 안 된다고 책은 이야기한다. 사람이 지구의 일을 어떻게 방해하고 있는지도 이야기해본다. 함부로 쓰는 물, 매일 사용하는 샴푸, 수많은 일회용품, 자동차 매연 등 지구의 일을 방해하는 일이 무엇인지 아이들은 너무도 잘 안다. 지구의 일을 방해하지 않는 것은 자연과 더불어 살아야 하는 우리의 책임이다.

지구의 일이 왜 인간의 일일까? 자꾸만 인간이 지구의 일을 방해한다면 지구는 어떻게 될까? 시 한 구절 한 구절마다 꼬리를 물고 이야기를 나누다 보니 한 시간이 훌쩍 지난다. 시가 전달하고자 하는 주제를 생각하며 공책에 시를 옮겨 적는다. 또박또박 옮겨 적은 손길에 간절함이 담긴다. 왜 환경에 대해 함께 고민하고 이야기 나눠야 하는지, 환경을 지키고 보존하기 위한 책임을 다하는 일이 무엇인지 『지구의 일』을 읽으며 어느 정도 답이 된 것 같다.

> "우리는 신비로운 지구에 태어나 살고 있습니다. 지구가 철마다 보여주는 신비로운 모습을 오랫동안 보기 위해서 사람은 지구의 일을 방해하지 않을 책임이 있습니다. 지구의 일을 방

해하지 않기 위해 우리가 해야 할 일을 하는 것, 그것이 지구에 대한 책임을 다하는 일이며 그 행동은 지구와 지구에서 살아가는 우리를 살릴 것입니다. 환경에 대한 책임감을 갖고 마땅히 해야 할 일을 하는 우리가 되기 위해 '지구도 살리고 우리도 안녕하고 환경 프로젝트'를 시작하겠습니다."

✦ 지구도 살리GO 우리도 안녕하GO ✦

환경 프로젝트는 오세나 작가의 환경 그림책 『검정 토끼』로 시작한다. 『검정 토끼』는 환경이라는 자칫 뻔한 소재에 작가의 상상력이 더해져 환경 문제를 은유적으로 보여주는 그림책이다. 모둠별로 그림책을 한 권씩 받아 들고는 그림책을 보고 또 보며 작가가 숨겨둔 보물을 찾듯 작가의 의도를 찾아본다. 보물찾기하듯 그림책에 숨은 의도를 발견할 때마다 여기저기서 환호성이 터진다. 아이들은 그림책에 푹 빠져 보고 또 본다. 뒤 면지에 숨겨진 이야기까지 발견하고 나면 작가가 전하고자 하는 메시지에 머리를 한 대 맞은 거 같이 띵한 느낌이 들기도 한다. 그림책을 끝까지 읽고 나면 환경 문제는 지구만의 문제가 아닌 우리의 문제가 된다.

다음 시간은 분야별 여러 환경 그림책을 살펴보는 시간이다. 환경 문제를 지구온난화, 플라스틱 쓰레기, 대기 오염, 바다 오염 등으로 세분화하여 관련 그림책을 다양하게 제시하고 모둠끼리 그림책을 읽으며 그림책에서 환경 문제를 발견해본다. 아이들은 선생님이 읽어주는 것도 좋아하지만, 자기들끼리 그림책을 읽는 시간을 즐긴다. 아이들은 칠판 앞에 놓인 여러 환경 그림책 중 한 권을 선택해 모둠 친구들에게 읽어준다. 읽고 나서는 생각이나 느낌을 자유롭게 나누고 궁금한 점은 서로 묻고 답한다. 이어 다른 친구가 또 한 권의 그림책을 선택해서 전과 같은 방법으로 그림책을 읽는다. 이런 방법으로 모둠별로 그림책을 읽으면 같은 주제의 다양한 그림책을 여러 권 보고 이야기 나눌 수 있다. 이 시간을 통해 아이들은 우리가 관심 가져야 할 환경 문제를 세분화하여 살펴보게 되고 환경 문제의 심각성과 환경 문제를 바라보는 자세에 대해 자연스럽게 알게 된다.

환경 그림책 작가와의 만남을 통해 작가의 환경 의식과 작품 세계에 대한 궁금증을 풀어가면 더욱 좋다. 우리 학교 아이들은 『검정 토끼』 오세나 작가와의 만남을 통해 환경 문제를 바라보는 새로운 시각을 가지게 되고, 환경에 대한 책임을 다하기 위해 무엇을 해야 하는지 깊게 고민하게 되었다.

환경 그림책으로 환경 문제에 관심이 생겼다면, 관심이 가는 환경 문제를 자세히 조사해 발표한다. 이 과정을 통해 환경에 대한 책임을 다하기 위해 우리가 실천할 수 있는 일을 구체적으로 계획한다. 사회 교과, 실과 교과와 연계해서 환경 관련 비정부 기구를 만들어 실천해보기도 하고, 친환경 제품을 만들고 사용해보기도 한다. 환경 문제를 알리기 위해 교문 앞에서 환경 캠페인도 하고 다른 학년 교실에 찾아가서 환경 그림책을 읽어주기도 한다. 이렇게 우리가 할 수 있는 작은 실천으로 환경에 대한 책임을 다한다.

'지구도 살리GO 우리도 안녕하GO' 환경 프로젝트
① 여러 종류의 환경 그림책을 모둠별로 읽고 나눈다.
② 그림책을 읽은 다음 생각이나 느낌, 궁금한 점을 나누며 그림책을 깊게 이해한다.
③ 관심 있는 환경 문제 중 한 가지를 정해 문제의 원인, 해결 방법 등을 조사하고 발표한다.
④ 환경을 위해 내가 할 수 있는 일을 찾아 실천한다.

환경 프로젝트를 마치며 소감문 쓰기를 한다. 아이들은 그림책을 통한 환경 교육이 새로웠고 실제 우리가 변하고 실천하려고 노력한 점을 성과로 뽑는다. 환경 보호를 실천하며 환경을 지키는 일에는 시간과 노력이 필요하다는 사실도 알게 된다. 환경 프로젝트를 성공적으로 해낸 아이들에게 샴푸바를 하나씩 선물한다. 샴푸바는 플라스틱 용기가 필요 없고 성분도 친환경적이라 우리가 평소에 쓰는 플라스틱 통에 든 액체 샴푸보다는 지구의 일을 방해하지 않을 거라고, 그렇지만 가격은 더 비싸다는 점도 알려준다. 이렇게 비싼 가격을 지불하면서 자신의 가치관에 따라 환경을 위한 소비를 하는 사람이 늘고 있다는 착한 소비 이야기도 들려준다. 아이들이 지속적인 교육을 통해 환경에 대한 자신만의 가치관을 가지게 된다면 환경을 위한 착한 소비를 하는 책임감 있는 세계 시민으로 자라지 않을까라는 기대를 해본다.

　환경에 대한 책임은 지구의 일을 방해해서는 안 된다는 책임 의식을 갖고 환경 보호를 위한 실천을 게을리하지 않는 것이다. 내가 하는 소비가, 내가 하는 행동이 지구의 일을 방해하지 않는지 한 번 더 생각하고 자신의 선택이나 행동에 책임을 지는 것이다. 내가 만든 쓰레기를 책임지는 마음, 그것을 넘어 깨끗한 지구를 만들기 위해 불편하더라도 환경을 지키는 행동을 선택하는 것이 북극곰에게 빙하를 돌려줄 것이다.

　아직 늦지 않았다고 생각한다. 더 늦기 전에 아이들에게 우리의 지구를 되돌려주기 위한 책임을 다해야 한다. 환경에 대한 책임은 결국 인간이 살기 위한 길임을 잊어서는 안 된다. 환경에 대한 책임뿐만 아니라 일상에서도 자기가 맡은 일에 책임을 다하는 아이들이길 기대한다.

💎 **책임의 미덕을 빛나게 돕는 그림책**

- 『누구 잘못일까?』 다비드 칼리(코르넬리우스) 글 ‖ 레지나 루크 툼페레 그림 ‖ 엄혜숙 역 ‖ 나무말미
- 『지구 레스토랑』 조영글 글·그림 ‖ 미디어창비
- 『내가 지구를 사랑하는 방법』 토드 파 글·그림 ‖ 장미정 역 ‖ 고래이야기

원하는 것을 이루기 위해
참고 기다려요

살아가며 만나는 역경과 고난도 잘될 거라는 긍정적인 마음으로 차근차근 헤쳐나가다 보면 결국 그것을 이겨내게 된다. 이처럼 인내는 원하는 것을 이루기 위해 어려움을 참고 기다리는 것이다. 하지만 인내는 당장 눈에 보이지 않는 미래를 기다리는 일이기에 아이들에게 쉽지 않은 미덕이다. 해야 할 일을 먼저 마치더라도 다른 친구들이 다 할 때까지 조용히 기다리는 일, 수업 시간에 하고 싶은 말을 참고 선생님의 말씀이 끝날 때까지 기다리는 일, 주어진 과제가 어려워 포기하고 싶지만 참고 끝까지 해내는 일, 억울하다고 느끼는 일에 무조건 내 감정을 표현하기보다 한 번 더 생각하고 행동하는 일 등 인내는 어렵지만 꼭 필요한 미덕이다.

요즘 아이들은 잘 참지 못한다는 이야기를 듣곤 한다. 원하는 것은 바로 들어주는 양육 환경 탓에 자기 욕구를 지연하기가 쉽지 않다. 어렵다는 이유로 과제를 쉽게 포기해버리는 일이 잦고, 자기가 다 하면 다른 친구가 할 때까지 기다리는 것을 힘들어하는 아이가 점점 많아지고 있다.

참고 기다리는 마음인 인내에 대해 아이들과 이야기에 좋은 소재가 하늘이다. 하늘빛이 유독 아름다운 가을에서 겨울로 넘어가는 즈음에 아이들에게 주는 과제가 있다. 그림책 모임을 같이 하던 선생님이 노을을 만나는 법을 알려주신 이후로 매해 아이들에게 노을 만나는 법을 안내하고 노을을 만나는 과제를 준다. 노을을 기다리는 일을 통해 참고 기다리는 인내를 느껴보았으면 해서이다.

하늘을 바라볼 여유를 갖는 것, 노을을 만나기 위해 기다리는 시간, 해본 사람만이 그 맛을 안다. 인내는 당장 눈앞에는 보이지 않지만, 곧 변할 하늘의 노을빛을 기다리는 마음과 비슷하다. 하늘은 시시각각 변하며 앞으로 일어날 일을 미리 알려주지 않는다. 매일 모습은 조금씩 다르지만, 그 자리에서 해는 뜨고 진다. 인내는 원하는 것을 이루기 위해 지금 하고 싶은 욕구를 미루고 기다리는 것이다. 기다림의 시간은 때로는 지루하기도, 힘들기도, 견디기 어렵기도 하다. 하지만 그 시간이 지나고 기다림 끝에 받은 열매는 더 큰 의미가 되어 다가온다. 해 지는 시간 하늘빛의 변화는 아이들에게 기다림이 주는 선물을 알게 할 것이다.

✦ "오늘 하루, 내 머리 위로 언제나 하늘" ✦

『언제나 하늘』이라는 그림책을 펼친다. 시시각각 변하는 아름다운 하늘이 한가득 담긴 책이다. 붉은빛 노을이 너무 예뻐 마음까지 설레게 하는 책을 읽어주고, 요즘 하늘을 본 적이 있는지 묻는다. 분명 등하굣길에 맘만 먹으면 하늘을 볼 수 있었을 텐데 하늘을 본 아이가 한 명도 없다. 하늘은 늘 우리 곁에 있지만, 올려다보지 않으면 보이지 않기 때문이다. 그때야 아이들은 '언제 하늘을 봤지?'라며 기억을 더듬는다. 어제 퇴근하며 산책길에 만난 노을 사진을 보여주자 아이들은 감탄하며, 자신이 만난 노을을 떠올리기 시작한다. 여행 중 바닷가에서 만난 노을 이야기가 가장 많다. 기억에 오래도록 남은 아름다운 노을빛이었을 것이다. 바닷가에서 노을을 보려면 노을이 지는 바다로 가는 수고로움, 해가 지기 전에 바다에 도착해서 해가 바다로 완전히 가라앉기까지 기다리는 시간이 필요하다. 바닷가에서 노을을 본 경험을 떠올리며 시간에 따라 달라지는 하늘빛 관찰하기 과제를 내준다. 노을을 기다리며 하늘을 바라보는 마음, 곧 보이게 될 아름다운 하늘빛을 기대하며 기다리는 마음, 아름다운 하늘을 보는 행복을 느끼게 하고 싶어서이다.

노을을 만나는 방법을 안내하기 전 '노을'이라는 동요를 들려준다. '노을' 동요의 장면을 그린 그림책『노을』을 보여주며 '노을' 노래를 직접 불러준다. 들어본 적이 있는 아이도 있고 처음 듣는 아이도 있지만, 그림책과 동요를 함께 만나니 그 아름다움에 빠져들며,

선생님의 목소리로 들으니 더 좋아하는 아이들이다. 아이들과도 한 번 불러본다. 노랫말이 참 정겹다.

"잠시 여유를 갖고 하늘을 올려다보세요. 쨍하던 하늘이 어느 순간 물들기 시작할 것입니다. 완전히 해가 사라질 때까지 하늘을 바라보세요. 시간에 따라 달라지는 신비로운 하늘빛을 보게 될 것입니다. 하늘은 언제나 우리 머리 위에 있지만 시간을 내어주지 않으면 볼 수 없습니다. 아름다운 하늘빛을 보기 위해서는 기다림이 필요한 것처럼 살아가며 인내가 필요한 순간은 수도 없이 많습니다. 기다림이 아름다운 하늘빛을 선물하는 것처럼 인내는 여러분에게 아름다운 미래를 선물해줄 것입니다."

✦ 노을 바라보고 그리기 ✦

온 세상이 겨울을 준비하며 저마다의 색으로 물들어 가는 가을, 하늘도 아름다운 빛깔을 뽐내는 시기다. 햇빛이 쨍한 낮의 가을 하늘은 푸르기 그지없고, 해가 물러나면서 생기는 노을빛은 시간마다 그 색을 달리한다. 노을을 보기 위해서는 해 지는 시각을 확인하고 해가 지기 시작할 즈음부터 해가 완전히 질 때까지 달라지는 하늘빛을 관찰해야 한다. 장소는 가려지는 거 없이 탁 트인 학교 운동장이나 공원 같은 곳이 좋다. 때로는 집 베란다가 노을을 관찰하는 명당이 되기도 한다. 해 지는 시각을 확인하고 해지기를 기다렸다가 노을빛 하늘을 사진으로 담는다. 해가 완전히 질 때까지 달라지는 하늘빛을 찍는다. 하루만 관찰하는 것이 아니라 여러 날 관찰한다. 같은 장소에서 보는 노을도 날마다 다른 모습을 보여주기 때문이다. 장소를 달리하여 노을을 관찰해도 좋다. 이렇게 일주일의 시간을 주고 적어도 3번 이상 관찰하게 한다.

노을을 관찰하며 찍은 사진은 학급 SNS에 올린다. 노을 관찰 과제를 하는 기간에는 해가 질 무렵부터 학급 SNS에 노을 사진 자랑이 이어진다. 같은 시간이지만, 장소에 따라 내가 보는 하늘과 친구가 바라보는 하늘이 다르다. 하늘을 보며, 하늘 사진을 보며, 하늘 수다가 이어진다. 처음에는 귀찮아하던 아이들도 친구들이 올린 사진을 보면 생각이 달라지는지 나름 예쁜 노을 사진을 찍기 위해 애를 쓰기도 한다. 여기서 중요한 건 기다림이다. 해 지는 하늘을 끝까지 보는 기다림.

노을 관찰 기간이 끝나면 노을을 그려본다. 노을 그리기 전 아이들이 일주일간 찍은 사진을 먼저 감상한다. 자기가 찍은 노을 사진이 제일 예쁘다고 자랑하듯 이야기하는 아이도 있고, 노을을 기다리며 한 시간 넘게 친구와 수다 떤 이야기, 집 베란다에서 보는 노을이 이렇게 예쁜지 처음 알았다며 노을 맛집이라고 자랑하는 아이도 있다. 노을을 만나기 위해 기다렸던 시간은 우리가 살아가는 데 필요한 인내의 시간과 비슷하다는 이야기를 들려준다. 내 앞에 닥친 어려움도 잠시 여유를 갖고 생각하면 분명 헤쳐나갈 용기가 생기듯 늘 바쁘게만 흘러가는 일상에서도 머무르고 기다리는 시간이 필요하다고.

사진 감상이 끝나면 파스텔, 수채화 물감, 오일파스텔, 크레파스, 색연필 등 원하는 재료로 노을을 그린다. 그동안 찍은 사진 중 그림으로 남기고 싶은 사진 한 장을 골라 배경은 최대한 단순화하거나 없애고 지는 해와 주변 하늘빛을 중심으로 표현한다. 파스텔이나 수채화 물감을 사용하면 하늘빛이 경계 없이 번져 부드러운 하늘이 표현된다. 소프트 오일파스텔을 사용하면 색감이 진해져 선명한 하늘빛을 만들기에 좋다. 사물을 그리는 것이 아닌 하늘의 색을 사진에서 보는 대로 표현하는 일이라 미술 실력이 작품 완성도를 크게 좌우하지 않는다. 아이들은 노을을 그리며 연신 자기 작품에 감탄한다. 아이들의 노을은 저마다 다른 하늘빛처럼 느낌도 다르다.

작품을 쭉 전시해 놓으니 우리 반에도 가을이 온 것 같다. 일주일간 관찰한 하늘, 노을을 바라보면서 느꼈던 점, 노을을 그리면서 드는 생각 등을 담아 글쓰기로 마무리한다.

노을 바라보고 그리기
① 일주일간 장소를 달리하며 노을을 관찰하고 사진으로 남긴다.
② 노을 사진을 학급 SNS에 공유한다.
③ 노을 사진을 보며 노을을 관찰하면서 들었던 생각을 이야기 나눈다.
④ 노을 사진 중 한 장을 골라 원하는 재료로 그림을 그린다.

노을 관찰하기 과제는 아이 마음뿐 아니라 부모님 마음에 다가가기도 한다. 노을 관찰 과제를 하는 아이 덕분에 같이 하늘을 봤고 노을 만나기 위해 잠시 머물러 기다리는 시간, 그 시간이 하루를 돌아보는 시간이 되어 부모님도 아이도 성장한 거 같다고 하신다. 노을 관찰하기 과제를 마치고도 아이들은 가끔 노을을 본다고 한다. 노을을 기다리며 노을을 바라보며 아이들은 무슨 생각을 할까? 매일 볼 수 있는 하늘이지만, 기다림을 통해 만난 하늘은 어느 때보다 아름답고 신비롭게 기억되었을 것이다.

살다 보면 기다림이 필요한 순간이 있다. 참고 기다리면 더 빛나는 순간을 만나게 된다. 인내의 미덕이 필요한 순간, 하늘을 올려다보면 좋겠다. 노을을 만난 그 시간을 떠올리면 좋겠다.

💎 **인내의 미덕을 빛나게 돕는 그림책**

- 『참을성 없는 애벌레』 로스 뷰랙 글·그림 ∥ 김세실 역 ∥ 위즈덤하우스
- 『겨울 저녁』 유리 슐레비츠 글·그림 ∥ 이상희 역 ∥ 비룡소
- 『무슨 일이 있더라도』 디파초 글·그림 ∥ 김서정 역 ∥ 책고래출판사

서로 돕고
힘을 모아요

협동은 혼자서는 해내기 어려운 일을 힘을 모아 하는 것으로 함께 일하고 짐을 나누어지는 것이다. 한 사람 한 사람의 힘은 작지만, 여러 사람의 힘이 모이면 큰 힘을 발휘한다. 교실에서는 함께 도와 해결해야 할 일이 많다. 교실 청소, 모둠 과제, 체육 시간 팀 경기 등 힘을 모아야 더 잘 해낼 수 있는 일들이다. 주어진 과제를 함께 해결해 보는 경험은 협력의 가치를 아는 아이로 자라게 한다. 더 나아가 혼자 힘으로 해내기 어려운 일도 여럿이 힘을 합쳐 성공하는 경험이 쌓이면, 공동의 목표를 위해 연대하는 아이들로 자란다. 교실은 아이들에게 '함께'의 가치를 통해 '함께' 성장하는 곳이어야 한다.

모둠 활동을 할 때마다 삐걱대는 모둠이 있다. 서율이가 속한 모둠이다. 서율이는 똑똑하고 공부도 잘하는 소위 모범생이지만, 모둠 활동을 할 때는 항상 어려움이 생긴다. 잘하고 싶은 마음이 큰 서율이는 자기 생각대로만 모둠을 이끌려고 하기 때문이다. 모둠 친구들이 서율이 말대로 따라준다면 모둠 활동이 수월하지만, 그렇지 않을 때는 생각의 차이를 좁히지 못해 좋은 결과물을 만들어내지 못하는 경우가 많다.

반대로 모둠 활동에 늘 뒷전인 민수도 있다. 매사 의욕이 조금 부족하고 대충하거나 하지 않으려는 마음이 강해 모둠 친구들의 불만이 이만저만 아니다. 학교에서는 협동 학습의 의미로 모둠별 활동을 자주 한다. 교실이라는 공동체에서 함께 의견을 맞추어 가는 법을 배워야 더 큰 사회로 나가서 조화로운 공동체를 만들어갈 수 있기 때문이다. 함께 마음을 모으기 어려운 서율이와 민수도 모둠 활동에서 마음을 모아 활동하도록 이끄는 것이 협동의 미덕이다.

그래서 학기 초에는 공동체 놀이를 많이 한다. 하지만 학기 초 몇 번의 놀이만으로 아이들에게 협동의 가치를 심어주는 데는 한계가 있다. 아이들의 성향에 따라 조금씩 다르긴 하지만, 승부욕이 강한 아이가 많을수록 협동은 좀처럼 쉽지 않다. 아이들 머릿속에는 이기는 것이 잘하는 것이라는 인식이 있어 승부욕을 조절하는 게 쉽지 않기 때문이다. 그래서 승패나 등수를 가리는 놀이보다는 반 전체가 함께할 수 있는 놀이를 통해 힘을 모아 목표를 성취하는 경험을 만들어 주는 것이 좋으며, 주기적으로 공동체 놀이를 하는 것이 협동의 의미를 되새기기에 좋다.

✦ "들어와, 들어와! 우리가 하나가 돼" ✦

『들어와 들어와』는 여러 재료가 어우러져 맛을 내는 샐러드처럼 '함께 하면 더 좋다' 라는 메시지를 리듬감 있게 전해주는 그림책이다. 감자는 감자대로 당근은 당근대로 달걀은 달걀대로 멋진 모양과 색, 맛을 가졌지만, 맛있는 요리가 되려면 함께 어우러져야 한다. 아이들도 각자 다른 모습을 하고 있지만, 함께 잘 어우러져야 하나 된 우리 반으로 일 년을 잘 보낼 수 있다. 이 그림책은 인터넷에서 검색하면 그림책의 글을 노랫말로 만들고 손유희와 함께 표현한 영상을 찾을 수 있다. 아이들과 그림책을 읽고 간단한 율동을 하며 노래를 부르면 화기애애한 분위기를 만들기에 좋아 학기 초에 익혀서 협동 놀이를 할 때마다 부른다.

'들어와 들어와' 노래에 맞춰 샐러드 놀이를 하며 긴장감을 푼다. 샐러드 놀이는 '당신의 이웃을 사랑하십니까?' 를 변형한 것으로 샐러드에 들어갈 재료를 5가지 정도로 정하고 아이들은 모두 한 가지의 샐러드 재료가 된다. 샐러드에 들어갈 재료를 당근, 상추, 달걀, 옥수수, 오이라고 정했다면 아이들은 동그랗게 둘러앉은 순서대로 당근, 상추, 달걀, 옥수수, 오이, 다시 당근, 상추, 달걀, 옥수수, 오이가 된다. 각자 맡을 샐러드 재료가 정해졌다면 '당신은 우리 반 샐러드를 사랑합니까?' 라고 술래가 묻는다. 술래에게 지목된 아이가 '사랑합니다' 라고 답하면, 술래는 다시 '어떤 샐러드를 사랑합니까?' 라고 묻는다. 그러면 아이는 '당근, 상추, 달걀, 옥수수, 오이' 중 하나를 골라 '○○를 사랑합니다'라고 말한다. 그러면 ○○에 해당하는 아이들이 자리를 바꾸는 놀이이다. 만약, 재료 중 한 가지가 아닌 '모두를 사랑합니다'라고 말하면 모두 일어나 자리를 바꾸면 된다. 단순한 놀이지만, 아이들은 놀이를 통해 긴장감을 풀고 옆의 친구가 바뀌면서 다양한 친구를 만나게 된다. 여러 번 반복한 후, '들어와 들어와' 노래를 함께 부르며 하나가 될 우리 반을 응원하며 놀이를 마친다.

> "지금 여러분 옆에 앉아 있는 친구 얼굴을 보세요. 우리는 저마다의 색과 맛을 가진 요리 재료와 같습니다. 맛있는 요리가 되려면 각각의 재료가 한데 어우러져야 하듯 우리도 함께 어우러져야 하나 된 우리 반이 될 수 있습니다. 함께 어우러져야 맛있는 샐러드처럼 서로 힘을 모아 돕는 것이 협동입니다. 함께 힘을 모을 수 있게 옆자리 친구에게 '들어와 들어와'를 외쳐주세요."

✦ 하나가 되는 협동 놀이 ✦

그림책을 읽고 간단한 놀이를 하며 '함께'의 즐거움을 알았다면, 다음 놀이 시간부터는 본격적으로 협동 놀이를 한다. 학기 초에는 교육과정 중 창의적 체험 활동으로 배정된 시간을 활용하여 일주일에 한 번 정도는 협동 놀이를 하면 좋다.

첫 번째 즐겨하는 협동 놀이는 모둠별로 손을 잡고 앉은 상태에서 풍선을 띄우는 놀이이다. 협동 풍선 띄우기는 연습을 할 때도 협동에 대해 생각해볼 수 있으므로 연습할 시간을 충분히 준다. 아이들은 연습하면서 풍선을 띄우고 받으려면 친구가 잘 받을 수 있게 적당한 힘으로 풍선을 쳐야 하며 손을 맞잡은 친구와도 호흡을 맞춰야 한다는 걸 깨닫는다. 연습 시간이 지나면 모둠별로 돌아가며 정해진 시간 동안 풍선을 띄운 횟수를 센다. 이때 어느 모둠이 풍선을 몇 번 띄웠는지가 아니라 각 모둠이 띄운 풍선의 횟수를 더해 우리 반 기록으로 삼는다. 첫 번째 도전에서 우리 반은 45번 풍선을 띄운다. 처음치고는 너무 잘했다고 아이들의 도전을 치켜세워준다.

다시 한번 연습할 시간을 주고 두 번째 도전을 한다. 이번에는 공동의 목표를 세운 후 다시 도전한다. 첫 번째 기록보다는 약간 높게, 하지만 아이들이 도전할 만한 마음이 생기도록 50개로 목표를 정하고 다시 한번 풍선을 띄운 횟수를 센다. 첫 시도는 아슬아슬하게 실패다. 서로 비난하거나 탓하기 전 서로에 대한 믿음으로 격려할 수 있는 분위기를 만든다. "이 정도면 충분한걸. 선생님은 두 번 만에 이렇게 마음을 잘 모은 반을 본 적이 없어. 이제 그만해도 될 거 같아"라는 선생님의 말에 아이들은 절대 그럴 수 없다며 다시 도전하고 싶다고 한다. 네 번째 시도 만에 아이들은 목표를 달성하고 환호하며 행복해한다.

놀이 정리 시간에 함께의 힘에 대해 이야기한다. 혼자 풍선을 치면 훨씬 더 잘할 수 있을지도 모른다. 하지만 조금 느리고 어려워도 옆의 친구와 함께 가려는 마음은 혼자서는 서툴고 느린 친구에게 큰 힘이 되며, 함께 성취하는 기쁨은 혼자 해낸 기쁨보다 크다. 조금 어렵고 힘들어도 함께 하려는 마음, 공동의 목표를 이루었을 때 마음을 기억하며 일 년 동안 그런 마음으로 옆의 친구와 손잡고 함께 도우며 지내면 좋겠다고 이야기한다.

다음 협동 놀이는 '줄을 서시오'이다. 선생님이 제시한 방법으로 줄을 서되 아이들은 서로 말을 할 수 없다. 예를 들어, 출석 번호대로 '줄을 서시오'라고 했다면, 아이들은 말없이 손짓으로 소통하며 출석 번호순으로 줄을 선다. 선생님은 아이들이 줄을 서는 데 걸리는 시간을 잰다. 처음에는 답답해하며 우왕좌왕하기도 하지만 아이들은 손짓, 눈짓 등 자기들만의 방법으로 소통하며 줄을 선다. 이때도 줄을 서는 목표 시간을 제시하고 목표를 달성하도록 격려하며 목표 시간 안에 줄을 서는 과정을 통해 하나가 된다. 줄을 서는 또 다른 방법으로는 이름의 성을 기준으로 ㄱ, ㄴ, ㄷ 순이나 생일이 빠른 순 등이 있다.

또 다른 협동 놀이는 꼬인 손 풀기이다. 둘씩 마주 보고 서서 오른손은 하늘, 왼손은 땅을 향하게 하여 엇걸어 잡는다. 아이들은 엇걸어 잡은 손을 놓지 않고 꼬인 손을 풀어 마주 봐야 한다. 무리하게 힘을 가해 손을 꺾어 풀지 않도록 안전을 여러 번 당부한 뒤 놀이를 시작한다. 아이들의 탄식 소리가 여기저기 새어 나온다. 생각보다 쉽지 않지만, 꼬인 손을 푸는 팀이 나오면 그 팀이 예가 되어 푸는 방법을 다른 아이들에게 알려주며 금방 손을 푼다. 오랜 시간이 지나도록 아이들이 스스로 풀기를 어려워한다면 교사가 시범을 통해 힌트를 준다. 두 명씩 꼬인 손 풀기에 성공했다면 이번엔 셋, 넷으로 늘려가며 한다. 사람이 늘었지만, 꼬인 손을 푸는 원리는 같다는 것을 기억하고 순서를 정해 풀어가는 게 핵심이다. 마지막으로 우리 반 모두 꼬인 손을 만든다. 꼬인 상태로 손을 잡아 연결하면 하나의 큰 원이 된다. 처음 꼬인 손을 풀 친구를 정해 이전에 연습한 방법과 같은 방법으로 손을 푼다. 꼬였던 손이 모두 풀리면 맞잡은 손으로 연결된 하나의 큰 원이 된다.

이밖에 단체 줄넘기나 협동 컵 쌓기, 마음 모아 글씨 쓰기, 보자기 공 튀기기 등의 교구를 활용한 협동 놀이도 가능하다. 협동 놀이를 할수록 아이들은 자연스레 우리 반의 놀이 시간은 서로 이기려고 경쟁하는 것이 아니라 서로 알려주고 도와주고 함께 즐기는 시간임을 알게 된다.

하나가 되는 협동 놀이

1. 풍선 띄우기

2. 줄을 서시오

3. 꼬인 손 풀기

4. 그 밖에 단체 줄넘기, 협동 컵 쌓기, 마음 모아 글씨 쓰기, 보자기 공 튀기기 등

놀이를 통해 마음속에 자리 잡은 협동의 가치는 교실의 여러 상황

에서 큰 힘을 발휘한다. 수학 문제를 못 풀어 끙끙대는 친구에게 친절히 설명해주고, 우당탕 쏟아진 필통 속 연필을 서로 나서 주워주며, 쏟아진 우유를 같이 치우겠다며 사물함에서 휴지를 꺼내 서로 내민다. 물론, 모둠 활동에서도 서로 도우며 함께 과제를 해결하기 위해 애쓴다.

협동은 교실이라는 작은 사회를 넘어 함께 살아가기 위해 꼭 필요한 가치이다. 이 사회는 경쟁만을 위한 곳이 아님을 아이들이 알아가면 좋겠다. 각자 좋아하는 일을 향해 달려가며 때로는 힘을 모으고 때로는 넘어진 친구를 일으켜주며 함께 손잡고 달리는 진정한 공동체가 되길 소망한다.

💎 **협동의 미덕을 빛나게 돕는 그림책**

- 『함께 줄넘기』 진수경 글·그림 ‖ 봄개울
- 『그건, 내 거야!』 아누스카 아예푸스 글·그림 ‖ 신수진 역 ‖ 비룡소
- 『우리가 손 잡으면』 아우야요 글·그림 ‖ 월천상회

여섯 번째
보석 상자

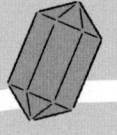

하고자 하는
마음을 먹어요

   결의는 뜻을 정하여 굳게 마음을 먹음, 또는 그런 마음을 의미하는 것으로 하고자 하는 마음을 먹고 그것을 이루기 위해서 노력하는 것이다. 어떤 일을 꾸준히 하는 데 필요한 미덕이며, 그 과정이 쉽지 않더라도 포기하지 않고 해내겠다는 다짐이다. 무언가를 이루기 위해서는 그 일을 시작해야 한다. 시작 없이는 이루고자 하는 목표에 다가갈 수 없다. 시작하기 위한 마음을 먹는 일, 그것을 꾸준히 하겠다고 약속하고 다짐하는 일이 결의이다.

   매일매일 다짐하며 나와 약속한다. 하루를 알차게 보내기 위해 아침 일찍 일어나고, 일찍 일어나기 위해 일찍 잠자리에 들겠다고 다짐한다. 좋은 성적을 받기 위해 매일 한 시간씩 복습하고 수업 시간에 경청하기와 같이 목표를 이루기 위해 다짐하기도 한다. 무엇보다도 미래를 위한 꿈을 이루기 위해 하루 계획을 세우며 실천을 다짐한다. 이처럼 원하는 무언가를 이루기 위해서 결의의 미덕은 꼭 필요하다.

  하지만 마음먹은 일을 꾸준히 해내는 것은 생각만큼 쉽지 않다. 이번만은 꼭 이루겠다고 다짐하며 결의를 다지지만, 작심삼일이 되기 일쑤다. 나 또한 수업 기록을 통한 성장을 위해 매일매일 교단 일기를 쓰기로 학기 초마다 마음먹곤 했지만, 일주일을 넘기지 못하고 실패와 도전을 반복하곤 했다. 하지만 실패해도 포기하지 않고 마음먹기를 반복한 결과 지금은 기록하는 방법을 조금 달리하여 그날의 수업을 단 몇 줄이라도 기록으로 남기고 있다. 수십 번의 다짐과 실패 끝에 이뤄낸 결과이다. 마음먹은 일을 꾸준히 실천하려면 그 일에 담긴 가치를 생각해보고 그 일이 습관이 되도록 작은 루틴을 만들어야 한다. 예를 들어, 매일 반복되는 일상 중 하나인 '잠자리 들기'에 하고자 마음 먹은 일인 '교단 일기'를 연결하여 잠자리 들기 전 교단 일기 쓰기를 실천하면 잊지 않고 꾸준히 하는 데 도움이 된다.

  그러한 과정을 통해 마음먹은 일을 이루는 경험을 했고, 그 경험이 씨앗이 되어 지금 이렇게 교실 이야기를 책으로 담고 있다. 결의의 미덕은 마음을 먹고 마음먹은 대로 실천하고자 하는 의지를 다지고 또 실패하기를 반복하는 과정에서 이룰 수 있다. 첫술에 배부르지 않은 것처럼 말이다.

✦ "어떤 마음을 먹느냐에 따라 세상 사는 맛이 달라진대요" ✦

『마음먹기』 그림책을 펼친다. 표지의 노오란 하트 모양의 계란프라이가 그림책을 열고 싶게 한다. 마음을 요리한다는 발상이 참신하다. 때로는 마음이 들들 볶이기도 하고, 졸이거나 뒤집는 일도 있다. 마음 메뉴를 보면 나에게는 어떤 요리가 필요할까 상상하게 된다. 그림책을 한 장 한 장 읽으며 아이들의 이야기에 귀 기울인다. 아이들의 이야기를 듣다 보면 '아이들의 삶도 쉽지 않구나' 느껴진다. 늘 공부해라, 방 치워라, 씻어라, 골고루 먹어라, 핸드폰 그만해라 등 어른들의 잔소리가 아이들 마음을 달달 볶는다고 한다. 친한 친구의 달라진 눈빛이나 말투에 마음이 혼란스럽기도 하고, 내 마음도 몰라주는 엄마 때문에 속이 까맣게 타기도 한다. 아이들 이야기를 듣고 있자니 웃기기도 짠하기도 하다. 이렇게 우리의 마음을 요리하는 과정에 빗대어 표현한 장면을 보며 마음 이야기를 나눈다.

아이들이 뽑은 가장 인상 깊은 장면은 '그럴 땐 미련 없이 버리세요'이다. 새까맣게 탄 마음, 어찌할 수 없다면 잊고 다시 시작하라고 용기를 주는 장면이다. 그리고 완성된 마음 요리와 함께 '이제 마음을 먹어 보세요', '어떤 마음을 먹느냐에 따라 세상 사는 맛이 달라진대요'라며 마음먹게 한다. 우리의 마음을 요리조리 만지는 데 그치지 않고 새로운 마음을 먹을 용기를 주는 이 장면에서 아이들에게 이야기한다.

"우리는 매일 마음 먹습니다. 하지만 어떤 마음을 먹느냐에 따라 그날의 기분이 달라지고 일의 결과가 변하기도 합니다. 어떤 마음을 먹을지는 자기 스스로 결정합니다. 하고자 하는 마음을 먹는 것, 할 수 있다는 다짐이 결의입니다. 마음을 먹어야 시작할 수 있습니다. 시작해야 이룰 수 있습니다. 여러분은 어떤 마음을 먹을 건가요?"

✦ 작은 습관 만들기 ✦

현재 자신의 모습을 돌아보며 어떤 마음을 먹고 살고 싶은지 생각해보고, 이를 마음 요리로 표현해본다. 빈 접시가 그려진 종이에 나만의 마음 요리를 그린다. 아이들이 그린 마음 요리는 하나같이 마음을 잘 보여준다.

- 마음 마라탕(화합) - 여러 재료가 어우러져 친구들과 재미있게 지내고 싶어서
- 우유 생크림빵(너그러움) – 상대방의 마음을 사르르 녹여주고 싶어서
- 행복 사르르 케이크(행복) – 작은 것에도 행복을 느끼고 감사하며 살고 싶어서
- 따뜻한 흰쌀밥에 계란프라이(공감) – 꼭 필요한 사람이, 모두에게 따뜻한 사람이 되고 싶어서

- 마음 팝콘(용기) – 나의 마음을 팡팡 잘 보여주고 싶어서
- 불맛 떡볶이(열정) – 무슨 일을 하든 최선을 다해 즐겁게 하고 싶어서
- 엄마 손맛 곰탕(끈기) – 끝까지 꾸준히 해내고 싶어서

자신이 먹은 마음을 친구들에게 소개하며 그저 다짐에 그치는 것이 아니라 현실이 되도록 작은 습관 만들기를 계획한다. 말 그대로 아주 작은 것, 내가 할 수 있는 작은 일부터 습관으로 만들어보는 것이다. 천 리 길도 한걸음부터라는 속담처럼 다짐을 꾸준히 실천하기란 쉽지 않다. 협동, 열정, 끈기, 너그러움 등 먹은 마음이 잘 유지되도록 도와주는 작은 습관을 계획하고 실천해보는 일이 필요하다. 이러한 작은 도전은 성공의 경험을 선물해주고 이 성공의 경험이 쌓여 새로운 것에 도전할 마음이 생기기 때문이다.

친구와 화합하며 잘 지내고 싶다는 마음을 먹은 아이는 점심시간 친구와 보드게임을 하며 화내지 않기를 작은 습관으로 계획한다. 작은 일에도 행복을 느끼는 감사의 마음을 먹은 아이는 매일 감사한 일 3가지를 기록하기로 한다. 공감의 미덕을 빛내고 싶어 흰쌀밥에 계란프라이를 그려 넣은 아이는 우리가 매일 먹는 쌀밥처럼 꼭 필요한 사람이, 흰쌀밥 위 계란프라이처럼 따뜻한 마음으로 들어주고 감싸주는 사람이 되고 싶다고 한다. 아이는 친구의 이야기에 귀 기울이고 공감의 말이나 제스처를 하루 한 번 이상 하기로 한다.

이렇게 아이들이 정한 작은 습관은 매일 실천 여부를 기록하게 하면 좋다. 실천 여부를 기록하는 기록표를 만들어도 좋고, 알림장의

맨 마지막 줄에 기록하도록 해도 된다. 그렇게 아이들은 작은 습관을 실천하며 습관으로 만드는 연습을 한다. 새로운 행동이 습관이 되는 데는 최소 21일이 걸리며 행동이 습관으로 자리 잡기까지 66일이 걸린다고 한다. 마음먹은 일이 습관으로 자리 잡을 수 있도록 응원하고 격려한다. 물론, 반도 지키지 못하고 실패하는 아이들도 있다. 세운 작은 습관이 너무 무리한 계획일 수도 있고, 실천하고자 하는 의지가 약해서일 수도 있다. 실패해도 괜찮다. 실패한 이유를 생각해보고 다시 마음먹고 계획을 세워 도전하면 된다.

> **작은 습관 만들기**
> ① 내가 먹고 싶은 마음을 떠올리며 마음 요리를 표현해본다.
> ② 내가 먹은 마음을 실천하기 위한 작은 습관 만들기를 계획한다.
> ③ 실천 여부를 기록하며 작은 성공 경험을 만든다.
> ④ 작은 습관 만들기에 성공했다면 또 다른 습관 만들기로 이어간다.

정돈의 마음을 먹고, 매일 하교하기 전 책상 서랍을 정리하기로 한 다연이는 주변을 정리 정돈 하는 습관을 갖게 되었다. 학기 초 다연이의 책상 서랍은 누구보다도 지저분하고 각종 물건이 뒤죽박죽 섞여 있었지만, 학기 말에는 가장 정돈된 서랍과 사물함이 되었다. 무슨 일이든 꾸준히 해내는 일은 무척이나 어렵고 대단한 일이다. 다연이는 정돈의 마음 먹기에서 출발하여 꾸준히 무언가를 해내는 끈기 있는 자신을 발견했을 것이고, 이는 무슨 일이든 마음먹으면 해낼 수 있다는 자신감을 줄 것이다.

  아이들이 먹은 마음은 아이들이 품고 싶은 가치이기도 하다. 아이들 마음속에 품은 가치들이 소중하게 빛날 때 아이들은 자신이 먹은 마음에 따라 세상 사는 맛이 조금씩 달라진다는 걸 알아 갈 것이다. 내 삶의 주인이 되어 삶을 가꿔나갈 아이들이 뭐든 할 수 있다는 마음을 먹으면 좋겠다. 결의의 미덕은 결국 이루고자 하는 일에 한 걸음씩 다가가도록 돕는다.

💎 결의의 미덕을 빛나게 돕는 그림책

- 『마음먹은 고양이』 강경호 글 ‖ 다나 그림 ‖ 나무말미
- 『할 수 있어, 클로버』 홀리 휴즈 글 ‖ 닐라 아예 그림 ‖ 그림책사랑교육모임 역 ‖ 교육과실천
- 『작은 눈덩이의 꿈』 이재경 글·그림 ‖ 시공주니어

꾸준히
끝까지 해요

성공한 사람들의 공통점을 찾아보면 바로 끈질기다는 점이다. 무언가를 이루기 위해서 우리에게 필요한 것 중의 하나가 꾸준함, 끈기이다. 자신만의 속도로 꾸준히 하다 보면 남보다 조금 늦을 수는 있지만, 결국 이루게 된다. 끈기란 쉽게 단념하지 아니하고 끈질기게 견디어 나가는 기운을 뜻하는 것으로 꾸준히 해내는 힘이다. 세상에 끈기가 필요하지 않은 일이 있을까? 어려운 일에 도전하고 그것을 꾸준히 하도록 격려하는 끈기가 아이를 성공으로 이끈다.

앤절라 더크워스의 『그릿(GRIT)』은 세계적인 베스트셀러로 끈기의 의미에 관해 이야기한다. 성공을 결정짓는 요인을 재능, 환경, IQ가 아닌 열정적 끈기인 '그릿'이라고 소개하는 책이다. 성공을 하는 사람들은 자신이 하는 일에 열정을 가지고 어제보다 잘하려고 꾸준하게 연습하며, 어려움이 닥쳤을 때도 쉽게 포기하지 않고 잘할 수 있다는 생각으로 끈기 있게 연습한다는 것이다. 이러한 노력이 결국 그 일을 잘하게 만들어 성공으로 이끈다는 것이다.

아이에게 필요한 끈기가 '그릿'이라는 생각이 들었다. 금수저니 흑수저니 하며 성공을 환경 탓으로 돌리는 현실에서 성공은 타고난 환경이나 조건이 아닌 '끈기'를 통해 이룰 수 있다는 것을 알면 좋겠다. 엘리사 네볼신의 『어린이를 위한 그릿의 힘』은 아이들 눈높이에서 '그릿'의 의미와 필요성, 그릿을 기르는 방법을 이야기해준다. 자신이 가진 힘을 믿고 꾸준히 노력하는 '그릿'을 가진 아이가 성공하도록 끈기의 미덕을 길러주고 싶다.

✦ "나만의 속도 지키기" ✦

끈기에 관해 생각하게 돕는 그림책이 『숨이 차오를 때까지』이다. 오래달리기를 하는 아이들의 모습을 그린 책으로 오래달리기를 끝까지 하는 비법은 '코로 두 번 습습 들이마시고 입으로 후후 길게 내쉬기'와 '나만의 속도 지키기'이다. 이 그림책은 오래달리기의 과정을 표현하고 있지만, 결국 우리 인생을 말하기도 한다. 인생이라는 긴 여정은 오래달리기이다. 단 한 번의 폭발적인 스피드로 승패를 결정짓는 단거리 달리기가 아닌 보이지도 않은 결승선을 향해 천천히 꾸준히 뛰어야 도착할 수 있는 오래달리기이다. 오래달리기를 하다 보면, 분명 그만 뛰고 싶은 순간이 오기 마련이다. 숨이 턱까지 차오르고 심장이 터질 거 같아 포기하고 싶은 순간이 온다. 하지만 그 고비마다 다시금 숨을 고르고 달리다 보면 결국 결승선을 통과하게 된다. 우리 인생도 이와 같다.

  아이들과 그림책을 읽고, 오래달리기를 한다. 숨이 끝까지 차오르지만, 아이들은 그림책의 장면을 생각하며 자기만의 속도로 숨을 들이마시고 내쉬며 끝까지 달린다. 오래달리기를 하고 나서 완주해낸 느낌을 묻는다. 아이들은 목이 탄다며, 심장이 터질 거 같다며, 다리가 풀려 죽을 거같이 힘들다고 한다. 그러한 어려움을 이겨내고 결승점을 통과할 수 있었던 비결을 묻는다. 아이들은 '천천히 달린다', '숨을 아주 아주 천천히 깊게 내쉰다', '앞서 뛰는 친구를 보지 않고 나에게만 집중한다' 등의 비결을 쏟아낸다. 오래달리기를 해낸 느낌을 묻자 '힘들지만 뿌듯하다, 나쁘지 않다, 처음에는 못할 줄 알았는데 해내서 좋다'고 한다.

> "우리의 인생은 오래달리기와 같습니다. 오래달리기를 하듯 천천히 꾸준히 가야 하기 때문입니다. 꾸준히 가려면 나만의 속도로 달려야 합니다. 아마 숨이 차올라 가슴이 터질 거 같은 순간 그냥 포기해버렸다면, 여러분은 결승점에 도착하지 못했을 것입니다. 하지만 여러분은 포기하고 싶은 순간을 이겨내며 자신만의 속도로 끝까지 달렸습니다. 그것이 바로 끈기입

니다. 끈기는 여러분을 결승점을 향해 끝까지 달리도록 도울 것입니다."

✦ 매일 매일 독서하기 ✦

끈기에 관해 이야기하며 아이들에게 '그릿'에 대해 설명해준다. '그릿'은 재능을 뛰어넘는 힘으로 학교에서든 가정에서든 나에게 닥친 수많은 도전 과제를 극복하게 돕는 열정적 끈기이다. 열정적 끈기를 경험해본 적이 있는지 찾아본다. 평소 잘하지 못하거나 자신 없던 일이지만, 꾸준히 연습한 결과 잘하게 되었던 경험을 말이다. 진영이는 처음에는 아무리 불어도 소리조차 내기 힘들었던 단소 연주를 거의 2주간 매일 연습한 결과 소리를 낼 수 있게 되었고, 한 달이 지난 지금은 한 곡을 완벽하게 연주할 수 있게 되었다. 유정이는 유연성이 부족하여 윗몸 굽히기가 거의 되지 않았지만, 매일 5분씩 유연성 운동을 한 결과 두 달 후 재측정에서는 우수한 기록을 가지게 되었다.

아이들이 나눈 경험이 끈기이다. 성공한 사람들은 끈기를 가지고 자신이 이루고자 하는 일을 꾸준히 연습했다는 이야기도 찾아 들려준다. 발레리나 강수진의 발 사진을 보며 끈기의 힘을 다시 한번 느낀다. 포기하고 싶은 순간, 그만하고 싶은 순간 자신에게 들려줘야 할 말도 찾아본다. '조금만 더', '너는 할 수 있어', '분명 해낼 수 있어', '포기는 배추 셀 때나 하는 거지' 등 아이들이 찾은 끈기를 길러 주는 말들이다.

'끈기는 엉덩이 힘이다' 라는 우스갯소리처럼 무언가를 꾸준히 하려면 우직함이 필요하다. 엉덩이 힘을 기르기 위해 하는 활동이 책 읽기이다. 책 읽기를 스스로 즐기는 아이들이 점점 더 적어지고 있다. 책을 읽을 시간이 없을 만큼 바쁜 아이들의 일과도 문제지만, 더 재밌고 자극적인 스마트폰 등의 영상 매체가 책을 대신하기 때문이다. 그런 현실에서 아이들에게 꾸준함을 길러주는 좋은 활동이 독서라고 생각한다.

끈기의 힘을 기르기 위해 매일 매일 독서하기를 시작하며 아이들과 처음 함께 읽는 책은 아이들의 관심사를 반영하여 무조건 재미있는 책으로 고른다. 우선 교사가 먼저 읽어보고 반 아이들의 독서 수준과 관심도를 파악해서 책을 선정해야 한다. 그렇게 고른 첫 책이 방미진 작가의 『13일의 단톡방』이다. 초등학교 중학년이 읽기에도 부담 없는 길이로 단체 채팅방에서 벌어지는 이야기를 다루고 있어 아이들의 흥미를 끌기에 좋다.

아이들 모두 한 권씩 읽을 수 있게 책이 준비되면 좋다. 학교에 온 작품 읽기용으로 여러 권 구입한 책을 활용하여 함께 읽는다. 책 읽기 시간이라면 아이들은 으레 싫어한다. 활동적인 아이가 많은 반일수록 더하다. 그래서 함께 읽되 소리 내어 읽는다. 선생님 또는 친구가 책을 읽어주면 아이들은 눈으로 책을 따라가며 함께 본다. 훨씬 집중이 잘 된다.

처음에는 선생님이 읽어주지만, 다음부터는 아이들이 돌아가며 읽는다. 돌아가며 읽는 방법은 모둠별 읽기, 한 페이지씩 읽기, 틀리면 이어 읽기, 인물을 정해 읽기, 남녀 번갈아 가며 읽기 등 다양한 방법을 이용한다. 아이들은 함께 읽기를 훨씬 좋아한다. 이 방법은 책만 읽으라고 하면 딴짓하고 딴생각하며 집중을 잘하지 못하는 아이도 책에 몰입하게 한다. 이렇게 여러 시간에 걸쳐 소리 내어 한 권을 읽는다.

이야기가 한참 재밌어지고 다음 내용이 궁금해질 즈음 수업의 끝을 알리는 종이 울리면 아이들은 아쉬워한다. 더 읽고 싶어 한다. 하지만 절대 더 읽지 않는다. 혼자서도 읽지 않게 한다. 궁금하여 읽고 싶은 마음이 들게 하는 것이다. 이런 방법으로 함께 책 한 권을 읽으면 아이들은 한 권을 끝까지 읽었다는 뿌듯함과 책이 재밌다는 생각을 동시에 가지게 된다. 독서록 쓰기 등의 독후 활동은 가급적 하지 않는다. 다만, 책을 읽고 인상 깊은 장면이나 궁금한 질문 등을 이야기로 나누며 책 수다를 떨게 한다. 이렇게 책 읽기의 맛을 알아 갈 즈음 매일 매일 책 읽기를 시작한다.

가정에서 자기만의 속도로 하루에 10분 이상 책 읽기를 한다. 책은 만화책만 아니면 되며 독서 수준에 따라 적당한 두께의 책을 스스로 선정한다. 교사는 아이들에게 추천해줄 만한 책 목록과 읽은 책 제목과 쪽수를 기록할 수 있는 기록지를 준다. 아이들에게 추천할 만한 책을 교실에 비치해두고 빌려 읽을 수 있게 하면 더 좋다. 아이들은 하루 중 가장 편안한 시간을 정해 매일 자신이 정한 시간만큼 책을 읽는다. 다음 달부터는 15분 이상 책 읽기로 시간을 늘린다. 매일 매일 책 읽기를 통해 아이는 책 한 권을 스스로 읽는 성공 경험을 하게 된다.

매일 매일 독서하기

① 읽기에 부담 없는 길이의 재미있는 책을 선정하여 함께 읽기를 한다.
② 매일 매일 10분 이상 일정한 시간을 정해 책 읽기를 가정에서 실천한다.
③ 책 한 권을 끝까지 읽은 성공 경험을 바탕으로 자기만의 속도로 책 읽기를 이어간다.

일 년에 책 한 권 스스로 읽지 않던 윤호는 선생님이 추천해주신 책을 읽었는데 재밌다며 책 읽은 티를 낸다. 학기 초 더듬더듬 책을 읽어 듣는 사람까지 답답하게 했던 민수는 이제 제법 입맛 나게 책을 읽게 되었다. 진환이는 책 읽기를 통해 집중력이 생겨 의자에 앉아 있는 시간이 조금 더 길어졌다. 매일 매일 독서하기를 통해 아이들은 끈기의 힘을 알게 되었다.

책 한 권을 끝까지 꾸준히 읽은 경험은 책 읽기의 즐거움과 꾸준히 하면 할 수 있다는 마음을 갖게 한다. 매일 매일 독서하기를 통해 끈기의 힘을 이제 막 알게 된 아이들은 자신이 좋아하고 잘하고 싶은 일을 찾아 꾸준히 연습할 것이다. 저마다의 속도로 결승점을 향해 끈기 있게 달릴 아이들을 응원한다.

◆ 끈기의 미덕을 빛나게 돕는 그림책

- 『끝까지 제재로』 다비드 칼리(코르넬리우스) 글 ∥ 안나 아파리시오 카탈라 그림 ∥ 엄혜숙 역 ∥ 나무말미
- 『피어나다』 장현정 글·그림 ∥ 길벗어린이
- 『오늘은 오늘의 풀리에부터』 김윤이 글·그림 ∥ 한울림어린이

이상 품기

마음에
꿈을 품어요

   이상은 지적, 도덕적, 미적, 사회적인 영역에서 인간이 추구하는 최고의 완전성이다. 이상을 품으면 세상을 살아가면서 무엇이 의미 있는지 무엇이 올바른 길인지를 생각하게 된다. 다시 말해, 이상 품기는 바르고 의미 있는 길을 찾아가는 과정으로 내가 꿈꾸는 가치가 삶에서 어떤 의미를 갖고 세상에 어떤 기여를 할 수 있는지 생각하며 꿈을 품는 것이다. 단지, 눈앞에 보이는 이익만을 좇는 꿈이 아닌 내가 꿈꾸는 일이 나와 세상을 위해 도움이 되는지 생각해보는 것이다. 각자의 자리에서 나만의 꿈을 꿀 수 있도록 흔들릴 때마다 내 삶의 등불 역할이 되어 줄 이상은 모두에게 꼭 필요하다.

   보통 어른들은 아이들에게 꿈이 무엇인지 묻는다. 하지만 아직 꿈이 정해지지 않은 아이 입장에서 꿈에 관한 질문은 곤혹스럽기 그지없다. 그런 아이들에게 꿈이 무엇이냐는 질문 대신 꿈꾸는 삶이 무엇인지 묻는다. 꿈꾸는 삶은 자신이 추구하는 가치와 연결되어 있다. '사랑'이라는 가치를 꿈꾸는 아이는 무슨 일을 하든 다른 사람을 아끼고 사랑하는 마음을 최우선으로 둘 것이고, '창의성'이라는 가치를 꿈꾸는 아이는 남과 다른 반짝이는 생각을 보여줄 수 있는 일을 선택할 것이다. 꿈꾸는 가치가 명확해야 어떤 일을 하든지 흔들리지 않고 자신이 하는 일을 즐길 수 있다.

꿈꾸는 삶이 그려졌다면 좋아하고 잘하는 일을 생각하며 '어른이 되었을 때 어떤 일을 하고 있다면 행복할까?'에 대한 끊임없는 고민이 필요하다. 하지만 그러한 고민이 없는 사회는 아이들에게 같은 꿈을 꾸게 한다. 자기 삶에 대한 큰 고민 없이 남들이 선호하는 대학에 가기 위해 공부만 하는 아이들이 안타깝다. 모두가 선호하는 대학이나 과에 진학하기 위해 공부하고 그 대학에 진학한다면 꿈을 이룬 것일까? 모두 같은 꿈을 향해 공부하는 이 사회가 과연 건강한 것일까? 자신이 꾸는 꿈이 과연 세상에 어떠한 기여를 하는지 생각해보고 자기가 꿈꾸는 가치가 무엇인지 고민하며 저마다 다른 꿈을 꾸면 좋겠다. 좀 더 나아가 어떤 꿈을 꾸든 자기 꿈이 초라하거나 하찮게 느껴지지 않도록 모든 일의 가치가 존중되는 사회이길 바란다.

✦ "난 바다로 갈 거야" ✦

꿈꾸는 삶에 대해 아이들과 함께 고민해보기 위해 그림책 『꾸고』를 읽는다. 꾸고는 '꿈꾸는 고래'이다. 육지에 사는 꾸고는 남들보다 느리고 잘하는 것도 없다. 하지만 우연히 물에 빠진 친구를 구하며 자신이 수영을 잘한다는 것을 알게 된다. 그때부터 꾸고는 바다에 가고 싶다는 꿈을 꾼다. 바다에 가겠다는 마음을 먹은 후부터는 바다에 가기 위해 끊임없이 노력한다. 처음 친구들은 그런 꾸고를 비웃지만, 나중에는 꾸고가 꿈을 이룰 수 있게 돕고 응원한다. 꾸고는 자신의 꿈을 응원하고 지지해준 친구들과 꾸준한 노력으로 결국 바다에 도착한다. 꾸고의 꿈이 이루어지는 순간이다. 꾸고가 꿈을 찾고 꿈을 이루기 위해 노력하는 모습, 결국 꿈을 이뤄내는 모습을 통해 아이들은 자신을 들여다보게 된다. '내가 꿈꾸는 바다는 어디지?', '나의 바다에 가기 위해 어떤 노력을 해야 하지?'라는 질문과 마주하게 되는 것이다.

아이들은 그림책의 마지막 장면에서 함께 기뻐하며 꾸고가 바다에 가게 된 것을 진심으로 축하한다. 이어 뒤 면지를 보면 기쁨은 더 커진다. 혼자 바다를 찾았던 꾸고에게 가족이 생긴 모습이 감동을 더하기 때문이다. 뒤표지에 적힌 작가의 글을 아이들과 읽는다.

'여러분은 모두 꾸고와 같은 무한한 잠재력이 있습니다. 자신의 바다를 찾으세요. 그것이 쉽지는 않을 거예요. 하지만 끊임없이 찾기를 바랍니다. 그리고 용기 있게 그 바다에 뛰어드세요. 그곳에서 가

장 멋지고 아름다운 존재가 될 것입니다.'

아이들에게 들려주고 싶은 이야기가 모두 담겨 있는 글이다. 아이들은 무슨 일이든 할 수 있는 잠재력을 품은 존재이고 자신의 바다를 찾는 중이다. 그래서 끊임없이 배우고 이것저것 경험하는 것이 아닌가? 하지만 나의 바다를 찾기란 쉽지 않은 법, 그래도 끊임없이 찾으라고 응원하는 작가님의 메시지가 마음으로 다가온다.

나 또한 교직 경력 20여 년이 다 되어 가지만, 나의 바다를 찾기 위해 끊임없이 애쓰고 있다. 교사로 살아가며 조금이라도 더 잘 가르치기 위해 배우기를 게을리하지 않으며, 먼저 알게 된 것을 조금이나마 나누기 위해 노력하고 있다. 언제가 될지 정확히 알 수 없으나 퇴직 후 어떻게 살아갈 것인가를 고민하며 조금씩 준비하고 있기도 하다. 아이들에게 묻는다. '선생님은 선생님의 바다를 찾았을까요?' 이 질문에 아이들은 당연하다는 듯 그렇다고 한다. 선생님은 선생님이 되었으니 꿈을 이루지 않았느냐고 한다. 그런 아이들에게 의외의 답을 들려준다. 아직도 선생님은 여전히 나의 바다를 찾고 있다고 말이다. 꿈꾸는 일은 살아가는 동안 끊임없이 해야 하는 일이며 우리는 죽을 때까지 나의 바다를 찾아가야 한다.

> "우리는 모두 자신만의 바다를 찾기 위해 애쓰고 있습니다. 나의 바다를 찾는 일은 쉽지 않지만, 살아가는 동안 반드시 해야 할 일입니다. 나의 바다를 찾기 위해 꿈꾸는 걸 멈추지 않으면 반드시 바다에 도착하게 될 것입니다. 꾸고처럼 여러분만의

> 바다를 찾으세요. 나의 바다가 무엇인지 끊임없이 고민하고 나의 바다를 찾았다면 그 바다를 마음에 품는 것, 꿈을 품는 것이 이상 품기입니다. 어떤 꿈을 품느냐에 따라 내 삶은 달라질 것입니다."

✦ 꿈꾸는 고래 '꾸고' 그리기 ✦

나의 바다를 찾아 긴 여정을 떠날 나를 응원하는 '꿈꾸는 고래' 그리기를 한다. 고래를 그리기 전 배경을 먼저 그린다. 수채화 기법 중 소금 뿌리기 기법으로 배경인 바다를 표현한다. 먼저 도화지에 물을 흠뻑 바른 뒤, 원하는 바다색을 골라 칠하고 물감이 마르기 전 굵은 소금을 도화지에 뿌린다. 소금 결정이 도화지의 물과 만나 삼투압 작용을 일으키고 소금 결정이 마른자리에 무늬가 생겨 멋진 바다가 완성된다. 배경 도화지가 마르는 사이 다른 도화지에 고래를 스케치하고 물감으로 색칠한다. 고래를 그리는 사이에 마른 배경지의 소금을 털어내고 고래 그림을 오려내어 배경지에 붙인다.

배경을 따로 그리니 더 쉽고, 그림의 완성도도 높아진다. 아이들은 꿈꾸는 고래 '꾸고'를 들여다보며 흐뭇해한다. 누구 하나 못 그린 그림 없이 개성 있는 고래가 완성된다. 자신이 그린 고래를 바라보며 나의 꾸고가 향할 바다에 대해 생각해본다. '내가 좋아하는 일은 뭐지? 나는 어떤 일을 하며 살면 행복할까?'를 고민하며 나의 바다를 찾아본다.

　수학을 좋아하는 다솜이는 수학을 가르치는 일을 하고 싶고, 레고 조립을 좋아하는 영진이는 무언가를 만드는 일을 하고 싶고, 책 읽기를 좋아하는 채영이는 책을 많이 볼 수 있는 일을 하면 좋겠다고 한다. 구체적인 직업이 아니라 그냥 내가 좋아하는 일을 생각하며 꿈꿔보는 시간이다.

　이어 그런 일을 하며 살아가는 나는 어떤 가치를 품어야 하는지도 생각해본다. 내가 하는 일이 나뿐만 아니라 세상에 도움이 되는 일이 되기 위해서이다. 내가 꿈꾸는 일이 이 세상에 어떤 도움을 줄 수 있을지 고민해보며 가치를 담아 꿈을 적는다.

　'관용, 근면, 인내의 덕목을 갖고 우리나라를 빛내는 수영선수', '노력, 친절, 믿음직함의 덕목을 갖고 행복과 재미를 주는 미용사', '호기심, 도전의 덕목을 갖고 아직 발견되지 않은 걸 발견해내는 사람' 등 아이들은 가치를 담아 꿈을 적는다. 꿈은 내일이라도 바뀔 수 있지만, 꿈꾸는 가치는 어떤 일을 하든지 내 꿈을 올바로 지탱해 줄 것이다. 내가 적은 꿈은 내가 꿈꾸는 나의 바다이다. 고래 그림 옆에 가치를 담은 꿈을 적는다. 꿈꾸는 고래 '꾸고'가 나의 바다를 멋지게 헤엄치는 장면이 완성된다.

　다음 국어 시간에는 내가 꿈꾸는 가치를 좀 더 구체화해 시를 한 편씩 쓴다. 아이들이 쓴 시에서 아이들 저마다의 바다가 그려진다.

동메달

박○○

테이크 유어 마크
삑!
출발 소리가 들리고
나는 있는 힘을 다해
팔을 휘젓고 발을 차기 시작한다

음파 음파
터치패드가 보인다
나는 더 힘차게 발을 차 앞으로 나아간다

탁!
하나, 둘, 셋! 3등

오늘도 동메달이지만
오늘도 웃으며 돌아간다

아직 끝이 아니니까

꿈꾸는 고래 그리기

① 수채화로 나만의 꿈꾸는 고래 '꾸고'를 그린다.

② 내가 꿈꾸는 일이 나뿐 아니라 세상에도 도움이 될 수 있도록 꿈꾸는 가치를 담아 꿈을 적는다.

③ 위의 가치를 담아 시로 적어본다.

💎 **이상 품기의 미덕을 빛나게 돕는 그림책**

- 『내 꿈은 기적』 수지 모건스턴 글 ‖ 첸 지앙 홍 그림 ‖ 최윤정 역 ‖ 바람의아이들
- 『천천히 가도 괜찮아』 아우야요 글·그림 ‖ 책고래출판사
- 『대주자』 김준호 글 ‖ 용달 그림 ‖ 책고래출판사

겸손

잘하는 것을
뽐내지 않아요

겸손은 자신의 능력과 성과를 과시하지 않고 다른 사람과 비교하지 않으며 자신의 한계를 인정하는 것이다. 자신을 낮추고 타인을 존중하는 데 오는 겸손은 자신의 성과에 오만하지 않으며 타인이 잘하는 것을 격려하고 축하한다. 아이들은 서로 배우고 가르치는 과정에서 존중하는 법을 알아가며, 자신의 한계를 인정하고 배우려는 자세로 한 단계 더 성장한다.

수업 시간마다 자신이 아는 것을 꼭 말로 표현해야 직성이 풀리는 아이가 있다. 선생님 말이 끝나기도 전에 아는 것을 큰소리로 답한다. 이 때문에 다른 아이들은 선생님의 질문에 대해 생각해볼 기회조차 없다. 아는 것을 모두 표현하는 것은 겸손이 아니다. 아는 것을 적절히 표현하는 법을 배워야 한다. 반대로 수업 시간마다 배움이 느려 따라오기가 힘든 아이도 있다. 모르는 것이 있을 때 친구와 선생님에게 적절히 도움을 요청하면 부족한 점을 채워가는 데 도움이 되지만, 모르는 걸 드러내기란 쉽지 않다.

'벼는 익을수록 고개를 숙인다' 라는 속담처럼 배우고 성장할수록 그 성장은 혼자만의 힘이 아닌 주변의 도움이 있었음을 기억하고 겸손한 자세로 가진 것을 나누어야 한다. 세상은 서로 부족한 부분을 채워가며 함께 성장하는 곳이기 때문이다. 그런 의미로 아이들과 도덕 시간에 재능 기부 활동을 해보기로 한다. 재능 기부란 나눔의 한 방법으로 자기가 가진 재능을 친구, 이웃 등에게 나누는 것이다. 내가 잘하는 것이 무엇인지 생각해보고, 잘하는 것을 친구에게 알려준다. 반대로 자신이 부족한 것은 배우며 누구나 잘하는 일이 있으면 어려워하는 일이 있음을 알고 서로 도움을 주고받는 가운데 세상은 연결되어 있음을 알게 된다. 아는 것을 겸손한 자세로 알려주고 모르는 것은 겸손한 자세로 배운다.

✦ **"괜찮아. 세상은 잘하는 일과 못하는 일로 이어져 있으니까"** ✦

『누구나 잘하는 게 있어』를 읽는다. 제목처럼 우리에게는 모두 잘하는 게 있다. 표지를 보여주며 '내가 잘하는 건 무엇인가요?' 라고 물으니 고개를 숙이는 아이들이 있다. 자신 있게 잘하는 것을 말할 수 있는 아이도 있지만, 그렇지 않은 아이도 있다. 내가 잘하는 걸 보지 못하고 남과 비교하면서 더 작아지고 자신감을 잃는 아이가 많기 때문이다.

이 그림책은 누구나 잘하는 일이 있고, 못 하는 일도 있다고 이야기한다. 공으로 하는 운동을 잘하지만, 다른 사람 앞에 나가서 발표하는 건 서툰 것처럼 모든 걸 잘하기란 어려운 일이며 그런 사람은 드물다. 그림책을 읽으며 곰곰이 생각해보면 종이접기, 정리 정돈, 노래 부르기, 신발 끈 묶기, 아이디어 나누기처럼 잘하는 일을 찾는 것은 생각보다 어렵지 않다. 거창하고 화려한 것이 아니라도 스스로 잘한다고 여기는 거면 충분하다.

잘하는 일이 있으면 반대로 어려워하는 일이 있는 건 당연하다고 말해주는 그림책은 어려워하는 일은 친구의 도움이 있다면 조금 더 자신 있게 할 수 있다는 것도 보여준다. 발표하는 걸 어려워하는 아이도 옆의 친구가 용기 내는 걸 도와주거나 같이 해준다면 조금 더 수월하게 발표할 수 있다. 이처럼 세상은 서로 연결되어 있다는 걸, 도우며 살아가야 한다는 것을 보여주는 그림책이다.

'내가 잘하는 건 뭘까요?' 라고 물으니 고개를 숙였던 아이들인데, 그림책을 읽고 나니 '나도 잘하는 게 있다' 라는 자신감이 조금 보인다. 세로로 반 접은 종이에 잘하는 것을 생각나는 대로 적게 한다. 작고 사소해도 괜찮다며 격려한다. 말을 조리 있게 잘하는 아이, 수학의 쌓기나무 문제는 자신 있는 아이, 줄넘기를 오래 할 수 있는 아이, 급식을 남기지 않고 골고루 먹는 아이, 책상 서랍을 잘 정리하는 아이, 공책 필기를 깔끔하게 하는 아이, 사람을 잘 그리는 아이, 축구 드리블을 잘하는 아이, 피구 공을 잘 던지는 아이, 피구 공을 잘 피하는 아이 등 생각해보면 잘하는 게 넘친다. 아이들은 신이 나서 잘하는 것으로 종이를 채운다.

이어 못하는 것, 다시 말해 평소 자신이 없거나 어려워하는 일을 잘하는 것 옆에 적는다. 누구나 잘하는 게 있으면 못하는 게 있는 건 당연하다는 사실을 그림책을 통해 알게 된 아이들에게 못 하는 것은 더는 부끄러운 게 아니기에 잘하지 못하는 일도 망설임 없이 적는다. 종이를 가득 채우고 나서 아이들과 돌아가며 잘하는 것과 못하는 것을 발표하며 친구에 대해 알아간다. 완벽한 줄만 알았던 친구에게도 어려워하는 일이 있는 법이다.

"우리는 모두 잘하는 일이 있습니다. 반대로 누구에게나 못하는 일, 어려워하는 일도 있습니다. 잘하는 게 있으면 못 하는 게 있는 게 당연합니다. 잘하는 일을 나누고 부족한 일은 서로 배우며 살아가라고 우리는 모두 다른 재능 구슬을 가지고 태어났는지도 모릅니다. 잘하는 것은 뽐내지 말고 가르쳐주며 못하는 것은 부끄러워하지 않고 배우는 것이 겸손입니다."

✦ 겸손의 자세로 가르치고 배우는 재능 기부 ✦

　이야기를 나누고 든 생각을 물으니 자신이 잘하는 걸 많이 발견하게 되어 기쁘다고 한다. 공부도 잘하고 운동도 잘하고 부족한 점이 없어 보이는 친구도 어려워하는 일이 있다는 게 신기하다고 한다. 잘하는 일이 다르기에 서로의 부족한 점을 채우며 살아가는 것이다. 나의 한계를 인식하고 타인을 통해 부족한 것을 배워나가는 것, 내가 조금 더 안다고 해서 우쭐하지 않는 것이 겸손이다. 겸손의 미덕을 실천해보기 위해 『누구나 잘하는 게 있어』에서처럼 잘하는 건 나누고, 부족한 건 배우는 재능 기부 활동을 해본다.

　잘하는 것 중 친구들에게 나눠주고 싶은 일을 한 가지만 고른다. 고른 재능을 어떤 방법으로 나눌지를 생각하며 재능 기부 계획서를 작성한다. 나눌 재능의 내용과 그것을 배우면 얻게 되는 효과 등을 써서 광고 형식으로 만든다. 예를 들어, 신발 끈을 잘 묶는 재능을 나누기 위해 실제 운동화 끈 묶기 실습을 하고, 실습 후에는 학교에서 운동화 끈이 풀려도 걱정 없이 끈을 묶을 수 있어 안전하다는 점을 강조하여 광고를 만드는 것이다. 그 밖에도 머리 묶는 법, 옷을 잘 입는 법, 글씨를 예쁘게 쓰는 법, 캐릭터 그리는 법, 체력을 기르는 법 등 각자 자기만의 재능 기부 계획서가 만들어진다. 아이들이 작성한 계획서를 게시판에 붙인다. 이번 주는 홍보 기간이자 재능을 효과적으로 나누기 위해 준비하는 기간이다.

　다음 주 재능 기부 활동을 위해 아이들을 3개 조로 나눈다. 1조의 아이들이 재능을 기부하면 2, 3조의 아이들이 기부받고 싶은 재능을 선택하여 배운다. 이어 2조의 아이들이 재능을 기부하면 1, 3조의 아이들이 배운다. 이런 방법으로 모두 한 번 재능을 기부하고, 두 번 재능을 기부받게 된다. 재능 기부당 참여 가능한 최대 인원을 정해두면 아이들이 고루 참여할 수 있다. 많은 아이가 몰리는 재능 기부의 경우 어려워하는 일과 배우고 싶은 재능이 일치하는 아이에게 우선권을 주면 좋다.

  재능 기부 날, 한 보따리 준비물을 들고 오기도 한다. 공 피하는 법을 나누기로 한 윤호는 집에 있는 공이란 공은 다 들고 온 모양이다. 예쁜 글씨 쓰는 법을 나누는 도연이는 활동지와 수업 자료까지 직접 만들어오는 열정을 보인다. 20여 분의 시간이 주어지고 아이들의 재능 기부 활동이 시작된다. 잘하는 걸 나눠줄 때는 배우는 친구 입장에서 친절하고 차근차근 가르쳐줘야 한다고 강조한다. 진지하게 가르치고 배우는 모습이 참 예쁘고 다정해 보인다. 머리 묶는 법을 기부받는 아이들은 모두 사과 머리가 되어 귀여움과 웃음을 독차지하기도 한다. 교실에서 큰 소리를 내는 법이 없는 채연이는 숨겨둔 일본어 실력을 뽐낸다. 아이들은 신나서 일본 인사말을 따라 말한다. 마지막 3조는 몸으로 하는 활동적인 재능 기부라 운동장으로 장소를 옮긴다. 철봉에서 팔 힘을 기르는 근력 운동을 하는 조, 블루투스 스피커로 음악을 틀고 아이돌 안무를 연습하는 조, 축구공 차는 연습을 하는 조, 피구 공을 던지고 피하는 조까지 '친구' 선생님의 안내에 따라 다들 열심이다.

재능 기부

① 내가 잘하는 것을 생각나는 대로 많이 쓴다.
② 재능 기부 계획을 세우고 광고 형식으로 만들어 게시한다.
③ 기부받고 싶은 재능을 신청하고, 재능 기부를 나누고 받는다.

　2차시 동안 3개 조가 돌아가며 재능을 기부하고 받는다. 재능을 기부받은 아이는 고마움의 표시로 어떤 점이 도움이 되었는지 칭찬 쪽지를 써서 재능을 나누어준 아이에게 전달한다. 쪽지를 받은 아이들의 표정이 밝아진다. 받은 칭찬 쪽지 내용의 일부를 전체 친구들과 나눈다. 머리 묶는 법을 차근차근 알려줘서 동생 머리를 묶어줄 수 있을 거 같아서 고맙다는 아이, 일본어를 잘 알려준 덕분에 일본어를 배우고 싶어졌다는 아이도 있다. 피구 공이 늘 무서웠던 아이는 피구 공이 덜 무서워졌다고도 한다. 재능 기부를 한 소감도 듣는다. 친구에게 알려주는 일이 생각보다 어렵다는 아이, 친구가 잘 따라와 줘서 고마웠다는 아이도 있다. 친구들이 고마움을 표현해준 칭찬 쪽지 덕분에 재능 기부를 한 보람이 느껴진다고도 한다.
　누구나 잘하는 게 있다. 오늘 활동처럼 평소에도 자신이 잘하는 걸 기꺼이 친구들에게 나누는 아이들이면 좋겠다. 조금 잘한다고 잘난 체하거나 뽐내는 마음 대신 누구에게나 잘하는 게 있으면 부족한 부분도 있다는 걸 알고 겸손한 자세로 내가 가진 재능을 나누는 아이들로 자라길 바란다. 한 번 더 재능 기부 활동을 하고 싶다는 아이들 말에 학년말 한 번 더 재능 기부 활동을 하기로 한다.

아이들의 일기에는 오늘의 감동이 고스란히 남는다. 가르치는 게 체질인 거 같다는 아이, 재능을 주고받으며 친구와 나의 공통점을 발견했다는 아이 등 재능 기부를 통해 자신감이 생기고 그걸 나누는 과정에서 친구와 가까워졌다는 글이 많다. 어린아이에게도 배울 것이 있다는 말처럼 늘 나를 낮추고 배우려는 자세로 서로 부족함을 채워 나간다면 함께여서 더욱 빛나는 세상이 될 것이다.

💎 겸손의 미덕을 빛나게 돕는 그림책

- 『대나무의 비밀』 양승숙 글 ∥ 이지연 그림 ∥ 사물의비밀
- 『옛날에 생쥐 한 마리가 있었는데…』 마샤 브라운 글·그림 ∥ 엄혜숙 역 ∥ 열린어린이
- 『난 겁나지 않아!』 백정애 글 ∥ 도원 그림 ∥ 키큰도토리

일곱 번째 보석 상자

진심 어린 사과에
마음을 풀어요

용서는 누구나 실수하거나 잘못할 수 있다고 생각하고 잘못했을 때 다시 한번 기회를 주는 것이다. 용서는 타인에게도 자신에게도 똑같이 적용된다. 누구나 잘못할 수 있으며 실수로부터 배우며 성장하기에 나와 다른 사람의 잘못을 너그럽게 용서할 수 있어야 한다. 자기 잘못을 인정하고 용서를 구하는 사람은 갈등을 해결하고 관계를 재정립하며 같은 잘못을 반복하지 않게 된다. 용서를 해준 사람은 불편한 감정이 해소되고 평온함을 얻는다. 자신을 용서하는 일은 지나간 일에 얽매여 스스로 책망하기보다 다시 한번 도전할 기회가 된다.

학급에서는 매일 크고 작은 갈등이 일어난다. 친구를 놀리는 일, 친구와 생각이 맞지 않아 다투는 일, 그 과정에서 폭력을 사용하는 일, 의도치 않은 행동이나 실수로 생기는 오해 등 함께 지내다 보면 자연스레 생기는 일들이다. 하지만 이러한 갈등을 원만하게 해결하고 다시 잘 지내기 위해서는 사과와 용서가 필요하며 용서를 받으려면 마음에서 우러나오는 진심 어린 사과가 먼저다.

쉬는 시간 시현이는 놀리는 말투로 친구를 화나게 했다. 선생님 앞에서도 시현이는 친구 탓만 하며 자기 입장만 이야기하기 바쁘다. 두 아이의 이야기를 차례로 듣고 아이의 잘못을 짚어준다. 놀림당한 친구 입장에서 무엇이 속상했는지 알게 한다. 잘못을 인정하면 다음 단계는 사과할 차례이다. 하지만 유독 시현이는 사과를 어려워한다. '미안해'라고 말하지만, 상대방에게는 사과로 느껴지지 않는다. 표정은 화나 있고 말투에도 진심이 느껴지지 않기 때문이다. 수업 시작 종이 울려 하는 수 없이 시현이의 사과는 다음 쉬는 시간에 받기로 하고 수업을 시작한다. 사과하는 방법도 배우고 익혀야 한다.

✦ "널 슬프게 해서 미안해" ✦

이번 시간에 배워야 할 교과 진도를 미루고 『사자가 작아졌어!』 그림책을 펼친다. 점심을 먹고 낮잠을 자던 사자는 갑자기 몸집이 작아진다. 몸집이 작아진 사자는 물에 빠지게 되고 그걸 본 가젤이 사자를 구한다. 그런데 알고 보니 가젤이 구해준 사자는 가젤의 엄마를 잡아먹은 사자였다. 화가 난 가젤은 다시 사자를 물에 빠뜨리려고 하지만, 사자는 가젤의 마음을 풀어주기 위해 용서를 빈다. 하지만 가젤의 마음은 쉽게 풀리지 않는다.

슬퍼하는 가젤을 보며 사자는 그럼 자기를 먹으라고 한다. 하지만 사자를 헤친다고 자신의 슬픔이 해결되지 않는다는 것을 안 가젤은 사자에게 자신의 감정을 솔직하게 털어놓는다. 가젤의 슬픔에 공감한 사자는 가젤에게 '널 슬프게 해서 미안해'라고 진심으로 사과하며 가젤의 눈물을 닦아주고 꼭 안아준다. 결국, 진심 어린 사자의 사과는 가젤의 마음을 풀리게 한다. 진정한 사과가 무엇인지 아름다운 용서란 무엇인지를 잘 보여주는 책이다.

책을 읽고, 진정한 사과란 어떤 것인지에 대해 이야기 나눈다. 교사가 설명하지 않아도 아이들은 사자의 말과 행동에서 사과의 의미를 찾는다. '내가 가젤이라면 사자를 용서할 수 있을까?'라는 질문에 아이들은 한참을 고민한다. 어떤 사과도 가젤의 슬픔을 없애지 못할 거 같다는 의견이 대다수다. 하지만 일부는 사자는 진짜 사과를 했고, 용서하지 않는다고 해도 가젤의 엄마가 다시 살아날 수 있는 것은 아니기에 용서해야 한다고 한다. 정답은 없다. 용서를 결정하는 것은 다른 누구도 아닌 '나'이기 때문이다. 다만, 사과를 하는 사람은 상대방의 마음이 풀릴 때까지 용서를 구해야 한다.

"진심 어린 사과는 어떤 것일까요? 상대방의 입장을 충분히 생각해보고 그 마음을 헤아려 용서를 구하는 것입니다. 사과는 단순히 '미안하다'는 말을 전달하는 것이 아닙니다. 그 상황만을 모면하기 위해 가볍게 던지는 말은 오히려 상대방을 더 화나게 하고 더 큰 상처를 주기도 합니다. 진정한 사과는 눈빛과 몸짓, 마음이 모두 담겨야 합니다. 진심 어린 사과만이 용서를 구하게 합니다."

사과를 어려워했던 시현이는 다음 쉬는 시간 진심 어린 사과를 친구에게 건넸고 사과를 받은 친구 역시 '괜찮아'라고 용서의 말을 건넨다. 아이들은 지혜롭다. 한번 가르쳐주면 가르쳐준 대로 사과를 실천한다. 사과할 때는 상대방의 마음을 읽어주는 것이 먼저이다. 상대방의 속상한 마음, 화난 마음에 충분히 공감하고 자신의 잘못을 분명하게 사과한다. 이어 다시는 그러한 실수를 반복하지 않겠다고 약속하고 자신이 한 잘못에 책임을 진다. '내가 너를 놀려서 속상했지? 네가 싫어하는 별명을 함부로 불러서 미안해. 내가 어떻게 하면 네 마음이 풀릴까?' 처럼 사과에 진심이 담기면 상대방의 마음도 누그러진다. 용서하게 된다.

✦ 나에게 사과하기 ✦

실수나 잘못을 인정하고 사과하는 방법을 배웠으니 이번에는 '나에게 사과하는 시간'을 갖는다. 상대방을 용서하는 일만큼 자신을 용서하는 일도 필요하기 때문이다. 누구나 실수를 할 수 있다고 생각하고 상대방을 이해하고 용서하지만, 유독 자신을 용서하기 어려워하는 아이들이 있다. 여러 이유로 힘들고 외롭고 속상한 자기 마음을 들여다보고 '나에게 사과하기'라는 주제로 용서해보는 연습을 한다. 이처럼 내 마음을 다독여주는 일은 마음을 너그럽게 하여 상대방을 이해하고 받아주는 데도 도움이 된다.

'나에게 사과하기'는 『바람의 사춘기』 박혜선 동시집에 수록된 시 중 하나이다. 시를 읽으며 친구에게 비난받아 속상한 마음, 선생님께 혼나서 속상한 마음, 학교에 혼자 오가며 외로운 자신의 마음에 공감하고, 시 바꿔쓰기 활동으로 나에게 사과하는 시를 쓴다. 쓴 시를 친구 앞에서 발표한다. 친구의 시를 들으며 내 마음이 보이기도 한다. 발표를 듣고, 한목소리로 이야기해준다. '괜찮아, 그럴 수도 있지.' 친구들의 격려에 나의 마음을 안아주고 용서한다.

나에게 사과하기

조○○

어렸을 때 너무나도 소심해서
혼자 다니게 해서 미안해
내 몸이 아파도
솔직하게 말하지 못해서 미안해
항상 누군가가 화나는 것만 해서
정작 제일 중요한 나를 까먹어서 미안해

나의 생각, 나의 감정에 대해
솔직하지 못해서 미안해
나한테 숨긴 게 많아서 미안해

나에게 사과하기
　　　　　　　　정○○

요즘 너무 심란하게 해서 미안해
올해 들어 더 많아진 근심과 걱정으로
나를 힘들고 지치게 해서 미안해
12시 반에 울면서 잠들게 해서 미안해
너무 게으르게 지내서 미안해
주변을 너무 신경 쓰게 해서 미안해
나를 너무 괴롭힌 것 같아서 미안해
그냥 너무 미안해

　시 바꿔쓰기가 시작이었지만, 아이들은 원래 시와는 완전히 다른 자신만의 시를 쓴다. 시를 읽으며 한 명 한 명 아이들의 모습이 눈앞에 그려진다. 자신의 마음을 들여다보며 사과하는 모습에서 건강하게 성장하고 있는 아이들이 보인다. 나에게 사과하는 시 쓰기 활동이 아이들의 마음을 위로하고 그 과정에서 마음이 너그러워지면 좋겠다. 자신을 용서하는 마음으로 주위 사람들의 마음도 들여다보고 용서의 손길을 건네는 아이들로 자라길 바란다.

나에게 사과하기
① '나에게 사과하기' 시를 나의 시로 바꾸어 쓴다.
② 바꿔 쓴 시를 발표하고, 친구를 다독이는 격려의 말을 나눈다.

자기 잘못을 인정하기보다 남의 탓을 하는 아이들이 늘고 있다. 그런 교실에서 선생님은 어른으로서 중심을 잡고 일관성 있는 모습을 보여주어야 한다. 아이들의 실수와 잘못은 '그럴 수도 있어'라는 마음으로 용서하되 그 행동에는 책임질 수 있게 해야 한다. 책임에는 사과와 적절한 배상이 필요하다. 자기 말과 행동을 진심으로 뉘우치고 사과한다면 상대방의 마음도 풀릴 것이다. 용서의 미덕은 삐걱대는 관계를 다시 이어줄 것이다.

💎 **용서의 미덕을 빛나게 돕는 그림책**

- 『사과는 이렇게 하는 거야』 데이비드 라로셀 글 ∥ 마이크 우누트카 그림 ∥ 이다랑 역 ∥ 블루밍제이
- 『아름다운 실수』 코리나 루켄 글·그림 ∥ 김세실 역 ∥ 나는별
- 『내 손을 잡아』 여름꽃 글·그림 ∥ 그린북

하고자 하는 일의
방향을 생각해요

    목적의식은 이루고자 하는 목표에 집중하고 그것을 이루기 위해 하고자 하는 일의 방향을 명확히 하는 것이다. 단지 '공부를 잘하기', '좋은 대학 가기'라는 눈에 보이는 목표에 집중하기에 앞서 자신에게 던지는 끊임없는 질문을 통해 하고자 하는 일의 이유를 생각해보고 내가 꿈꾸는 삶에 다가가는 것이 목적의식이다. '왜 공부를 잘하고 싶은지, 어떤 공부가 하고 싶은지, 공부를 잘하려면 어떻게 해야 하는지' 등의 질문은 삶의 방향을 제시해 이정표가 되어 준다. 요즘 아이들은 누구보다 열심히 배우지만, 왜 배워야 하는지 그 이유는 찾지 않는다. 배움의 목적이 명확해진다면 배움이 좀 더 즐거워질 것이다. 아이들이 목적의식을 갖고 진짜 공부를 하면 좋겠다.

목적의식을 빛내기 위해 필요한 것이 성찰이다. 성찰은 자신의 감정, 생각, 행동을 깊이 있게 들여다보는 것으로 이를 통해 자신의 가치관이나 신념에 대해 생각해볼 수 있으며 더 나은 삶을 살기 위해 어떻게 살아야 할지를 생각해보게 한다. 하지만 아이들은 하루하루 살아가기에도 너무 바쁘다. 주어진 과업을 수행하기 위해 정해진 일과에 따라 바쁘게 움직인다. 쉴 틈 없이 돌아가는 기계처럼 아무런 고민 없이 삶을 사는 게 과연 괜찮을까, 라는 의문이 든다.

아이들에게 '왜 공부를 하나요?' 라고 물으면, 훌륭한 사람이 되기 위해서, 돈을 많이 벌기 위해서, 꿈을 이루기 위해서 등 자신의 미래를 위해서 공부한다고 한다. 그렇다면, 공부를 잘하면 다 되는 것일까? 라는 물음이 따라붙는다. 다 알다시피 그건 아니다. 왜 공부를 해야 할까? 어른들은 아이들에게 왜 공부하라고 이야기할까? 아이들 스스로 그 답을 찾으면 좋겠다. 누가 시켜서 하는 게 아니라 스스로 삶에 대해 고민해보고 하고 싶은 일을 했으면 한다. 끊임없이 자신에게 질문하며, 내가 하는 일에 의문을 가지고 그 이유를 찾아야 한다. 이유를 알면 삶의 방향은 더 명확해질 것이다. 내 삶의 주인이 되어, 하고 싶은 일의 목표와 방향을 정하고 그것에 다가가기 위해 노력하는 목적의식이 빛나는 삶을 살면 좋겠다. 목적의식은 방향을 잃어 방황하는 순간에도 내가 가야 할 길을 안내해줄 것이다. 내가 꿈꾸는 삶에 한 걸음 더 다가가게 해줄 것이다.

✦ "가장 하고 싶은 일은 무엇인가요?" ✦

『첫 번째 질문』은 시 그림책이다. 오사다 히로시 글에 이세 히데코가 그림을 그린 그림책으로 독자에게 질문을 던져주는 책이다. '오늘 하늘을 보았나요?', '구름은 어떤 모양이었나요?', '바람은 어떤 냄새였나요?' 등 찬찬히 자신을 들여다보게 하는 질문이 가득하다. 책의 질문들은 어제의 나는 어땠는지 돌아보게 하고, 오늘의 나를 생각하게 하며, 또 내일의 나는 어때야 하는지 꿈꾸게 한다. 한 장면 한 장면 머물러가며 책을 읽는다.

'오늘 하늘 보았나요? 하늘은 멀었나요, 가까웠나요?' 라는 질문에 아이들은 오늘 등굣길에 본 하늘을 애써 떠올린다. 하늘이 멀다는 의미가 무엇인지 내가 본 하늘은 가까웠는지 그때의 마음도 헤아려본다. 수채화로 그려진 아름다운 그림은 책 속 질문에 충분히 머무를 수 있게 돕는다. 이렇게 질문에 하나씩 답하듯 여유를 가지고 책을 읽는다. 나도 모르게 그림에 매료되어 사색에 잠겨 머무르고 싶은 문장이 생기기도 한다. 그림책을 통해 자신과 만나는 시간이다.

> "여러분 마음에 온 한 문장은 무엇인가요? 선생님은 이 책을 읽을 때마다 매번 머무는 문장이 다른데, 오늘은 여러분과 함께 읽어서인지 '잘 나이 들어갈 수 있을까요?' 라는 문장이 마음에 옵니다. 마음에 온 문장, 그 질문에 가만히 귀 기울여 보세요. 내 안의 소리에 귀 기울이며 질문에 답해보세요. 질문

에 답하며 내 삶의 방향을 찾아가는 것이 바로 목적의식이랍니다. 끊임없이 스스로 묻고 답하다 보면 삶의 방향이 보일 것입니다. 가야 할 방향이 명확해야 길을 잃거나 헤매지 않게 됩니다."

✦ 나에게 하는 질문 ✦

그림책을 읽고 나서 책 속 질문 중 가장 기억에 남는 것을 공책에 옮겨 적는다. 아이들은 꼬리에 꼬리를 무는 질문 활동(꼬꼬무)을 통해 고른 질문에 스스로 답한다. 답을 하고 난 뒤 답에 대해 궁금한 점을 또 질문한다. 질문하고 답하는 방식으로 여러 차례 반복하며 나를 만나는 시간을 갖는다. 질문을 통해 아이들은 조금 더 깊게 나를 만나게 된다.

질문 1   몇 살 때의 자신을 좋아하나요?
답 1   모든 나이의 나를 다 좋아합니다. 그 나이마다 보이는 나만의 좋은 점이 있다고 생각하기 때문입니다.
질문 2   나만의 좋은 점을 꼽아보자면 무엇인가요?
답 2   11살의 용기 있는 나, 버스도 지하철도 혼자 타고 서울도 갈 수 있으며 소외되는 친구에게 먼저 다가갔기 때문입니다.
질문 3   지금 나의 좋은 점 무엇인가요?

답 3   작년에 비해 혼란스러운 일도 많았지만, 그것이 학업에는 영향을 주지 않도록 노력했고, 작년에 비해 공부량을 늘렸습니다.

질문 4   미래에 내 삶을 돌아보았을 때 '13살의 내가 가장 좋았지'라고 느끼기 위해 내가 할 수 있는 일은 무엇일까요?

답 4   해도 후회, 하지 않아도 후회라면 시도라도 해보고 경험을 많이 쌓기 위해 도전하는 것입니다.

아이들이 뽑은 질문은 다양하다. 같은 나이, 같은 학교에 다니고 같은 교과서를 가지고 공부하지만 각기 다른 질문에 머문다. 질문하고 답하기를 반복하는 과정에서 자신을 들여다본다. 오늘을 보낸 나에게, 내일을 살아갈 나에게 끊임없이 질문하며 자신의 감정과 생각, 행동을 들여다보고 거기서 얻는 깨달음이 한 걸음 더 나아가게 도울 것이다.

자신에게 했던 질문을 친구에게 해본다. 내가 고른 질문을 인터뷰하듯 친구에게 하면 질문받은 친구가 답한다. 친구의 답을 듣고 또 궁금한 점을 묻는다. 궁금함이 사라질 때까지 질문하고 답하는 걸 반복한다. 때로는 장난스럽게 질문하기도 하고 답하기를 어색해하기도 하지만, 이것도 잠시 아이들은 친구의 답에 귀 기울이며 또 다른 질문을 만들어낸다. 아이들에게 질문을 나눈 소감을 묻는다. 질문에 답하는 것이 쉬운 거 같으면서도 어렵다고 한다. 친구의 답을 자기 생각과 비교하며 내 생각이 명확해진다고 한다.

『첫 번째 질문』에 나온 질문처럼 자신에게 하고 싶은 질문을 적어본다. 또래 친구에게 하고 싶은 질문이자 나를 포함한 친구들이 답해 보았으면 하는 질문이다. 겹치지 않게 서로 다른 질문을 한 개씩 만들고, 만든 질문에 어울리는 그림을 수채화 기법으로 그린다. 아이들이 그린 그림을 스캔하고 그 위에 아이가 쓴 질문을 적어 넣으면 '우리 반 첫 번째 질문' 그림책이 완성된다.

첫 번째 질문(우리가 만든 질문책)

글·그림 우리 반

아침에 눈을 뜨면 가장 먼저 드는 생각이 무엇인가요?
오늘 나에게 어떤 일이 펼쳐질까요? 기대가 되나요? 걱정이 되나요?
'나' 하면 어떤 단어가 떠오르나요?
좋아하는 계절이 있나요?
감사한 일이 있나요? 감사한 마음을 어떻게 표현하나요?
책을 즐겨 읽나요? 인생 책에 대해 이야기할 수 있나요?
무슨 색을 좋아하나요? 나는 어떤 색인가요?
나에게 해주고 싶은 말이 있나요?
나에게 가장 소중한 사람은 누구인가요?
누군가를 좋아해 본 적이 있나요? 좋아한다는 건 어떤 것일까요?

(중략)

나에게 하는 질문

① 『첫 번째 질문』을 읽고, 마음에 온 문장으로 꼬리에 꼬리를 무는 질문을 하며 여러 번 답해본다.

② 내가 답해본 질문을 친구에게 인터뷰하듯 묻는다.

③ 『첫 번째 질문』의 질문처럼 나를 포함한 또래의 친구에게 하고 싶은 질문을 만든다.

④ 질문에 어울리는 그림을 그려 우리 반 질문 책의 한 장면을 완성하고, 이를 모아 '첫번째 질문' 우리 반 책을 만든다.

인생이란 끊임없이 질문에 답하는 과정이다. 내가 나에게 건네는 질문에 답하는 성찰을 통해 삶의 방향이 제대로 서길 바란다. 그런 과정을 통해 공부를 해야 하는 이유를 찾고, 하고 싶은 공부의 방향이 서면 배우는 일이 더 즐겁지 않을까?

오늘 내 마음에 온 질문은 '잘 나이 들어갈 수 있을까요?'이다. 잘 나이가 든다는 건 뭐지? 누군가에게 도움이 되는 사람이 되는 걸까? 스스로 만족하는 삶을 사는 걸까? 나이 드는 게 후회되지 않을 만큼 잘 나이 들 수 있을까? 비슷한 질문들이 머릿속을 가득 메운다. 요즘 나에게 자주 하는 질문들이다. 잘 나이 들어간다는 것은 아이들과 교실에서 만나는 일이 행복하게 느껴질 만큼 몸과 마음이 건강한 것이 아닐까? 교사인 나는 행복하지만, 아이들이 그렇게 느끼지 않을까 걱정도 된다. 그런 고민이 들 때 존경하는 선배 선생님을 떠올린다. 여전히 아이들과 소통하며 선생님이 가진 것을 선생님만의 방식으로 내어주고 있는 이 세상의 많은 선배 선생님을 말이다. 나이 듦이 스스로 초라해지지 않도록 그렇게 잘 나이 들고 싶다. 교사로서 내가 가고자 하는 길의 목적과 방향을 고민하며 그곳을 향해 뚜벅뚜벅 지치지 말고 걸어가야겠다.

💎 목적의식의 미덕을 빛나게 돕는 그림책

- 『세 가지 질문』 레프 톨스토이 원저 ‖ 존 J. 무스 글·그림 ‖ 김연수 역 ‖ 달리
- 『배운다는 건 뭘까?』 채인선 글 ‖ 윤봉선 그림 ‖ 미세기
- 『진짜 내 소원』 이선미 글·그림 ‖ 글로연

아끼고
귀중하게 여겨요

　사랑은 어떤 사람이나 존재를 몹시 아끼고 귀중히 여기는 것으로 말로 다 하지 않아도 눈빛으로 몸짓으로 마음으로 느껴지는 감정이다. 사랑은 나눌수록 점점 더 커지는 감정으로 마음을 따뜻하고 뜨겁게 만들어주는 감정이기도 하다. '사랑'이라는 말에는 큰 힘이 있다. 사랑하기 때문에 내 것을 아낌없이 내어 줄 수 있으며, 사랑받기 때문에 살아갈 힘을 얻는다. 사랑은 불가능한 많은 일을 가능하게 만들어주는 숭고한 감정이다. 사랑을 받고 자란 아이는 사랑을 나눌 줄 아는 아이로 자란다. 사랑이 가진 힘을 믿고 사랑을 나누어야 한다.

　학기 초 아이들과 래포가 잘 형성되면 아이들은 교사에게 자기 이야기를 곧잘 한다. 자기 이야기에 귀 기울여 달라는 의미이기도 하고, 선생님과 가까워지고 싶다는 친근함의 표현이기도 하다. 방과 후 청소 때문에 남은 두 아이가 묻지도 않은 이야기로 주의를 끈다. 아이들의 가장 큰 관심사이기도 한, 누구와 누구랑 사귄다는 아이들의 연애 소식이다. 더불어 사귀던 ○○이와 헤어졌는데, ○○이가 너무 어색해하고 피해서 불편하다는 이야기다. 흥미롭게 아이들의 이야기를 들어주며 맞장구도 치고 조언도 해준다. 아이들은 늘 사랑에 관심이 많다. 또래 친구와의 사랑이 시작되는 시기인가 보다.

 아이들과 사랑에 관해 진솔하게 이야기하고 싶어 '사랑'이 주제인 책으로 온 작품 읽기를 한다. 초등학생을 주인공으로 한 '사랑'이 주제인 아동 문학책이 최근 들어 많이 출간되고 있다. 아이들의 감정을 있는 그대로 이해해주려는 어른들의 작은 노력일지 모른다. '사랑'을 주제로 아이들과 함께 읽기 좋은 책은 『5번 레인』, 『사랑이 훅』, 『최악의 최애』, 『열한 살의 벚꽃 엔딩』, 『불량한 자전거 여행 3』 등이 있다. 아이들과 읽기로 정한 책은 한 챕터 한 챕터 소리 내어 함께 읽는다. 함께 읽고 나눈 이야기는 고스란히 가슴 속에 기억된다. 온 작품 읽기와 그림책을 연계하면 작품을 더 깊게 이해하게 한다.

✦ **"사랑은 말이야, 그냥 느껴지는 거야"** ✦

『사랑이 뭐예요?』는 사랑이 무엇인지 궁금한 엠마의 이야기이다. 엠마는 엄마, 아빠, 할머니, 할아버지 등 가족에게 사랑이 무엇인지 묻는다. 가족은 각자의 입장에서 사랑이 무엇인지 답한다. 엄마에게 사랑은 꽃처럼 천천히 피어나는 것이고, 아빠에게 사랑은 갑자기 펑 하고 찾아오는 것이다. 이처럼 사랑의 의미는 사람마다 다르다. 저마다의 입장에서 각기 다른 답을 해주는 가족 덕분에 엠마는 사랑이 무엇인지 어렴풋이 짐작해간다. 드디어 엠마는 자신만의 사랑의 정의를 만든다.

'사랑이 뭐예요?' 라는 엠마의 질문을 받는다면 무어라 답할 수 있을까? 사람마다 느끼는 사랑의 느낌은 다르겠지만, 사랑은 서로 귀하게 여기는 마음에서 시작하며 기쁨과 행복을 준다. 사랑 때문에 아프고 상처를 받기도 하지만, 결국 사랑을 통해서 사랑을 배우고 사랑을 나누게 된다. 아이들이 사랑이 무엇인지 자신만의 정의를 내릴 수 있을 만큼 '사랑' 이라는 감정을 잘 알면 좋겠다. 사랑하고 사랑을 나누는 아이들로 자라면 좋겠다.

> "여러분은 사랑이 무엇인지 묻는 엠마의 물음에 답할 수 있나요? 사랑이라는 감정은 모든 사람의 마음속에 있는 아주 뜨겁고 특별한 감정입니다. 사랑의 감정을 느끼는 것은 행복하고 가슴 뛰는 일입니다. 사랑을 주고 사랑을 받으며 사랑의 감정을 소중히 여길 줄 아는 여러분이길 바랍니다. 여러분은 사랑하기에 딱 좋은 나이입니다."

✦ 사랑을 배워요 ✦

'사랑'을 주제로 한 책을 아이들과 읽고 모둠별로 질문 만들기를 한다. 책의 내용을 묻는 사실 질문, 책의 내용을 바탕으로 생각을 나누는 추론 질문, 책의 내용을 내 삶에 적용해보는 적용 질문을 고루 만든다. 만든 질문을 모둠 친구들과 나누고 모둠에서는 대표 질문을 뽑는다. 대표 질문은 많은 친구가 궁금해할 만한, 생각거리가 많은 질문으로 모둠에서 결정한다.

모둠별로 뽑은 대표 질문으로 질문 나누기를 한다. 월드 카페 방식이다. 각 모둠의 호스트를 정하고 호스트는 자기 모둠의 질문을 자기 모둠에 온 친구들에게 소개하고 서로의 생각을 들어보는 방식이다. 모둠을 여러 번 바꾸어 진행하면 여러 친구의 생각을 들으며 다양한 생각을 나누기에 좋다.

대표 질문들이 하나같이 아이들의 관심사를 담고 있어서인지 여기저기서 키득 키득 즐거운 책 수다가 시작된다. '초등학생도 연애해도 될까? 연애한다면 부모님께 말씀드려야 할까? 연애할 때 스킨십은 어디까지 가능할까? 사귀다 헤어질 때 매너는? 좋아하는 것과 사랑하는 것은 어떻게 다를까? 어떤 사람과 연애하고 싶은가?' 등의 대표 질문에 묻고 답하며 자유롭게 이야기를 나눈다. 초등학교 고학년은 이성 친구에 대한 관심이 본격적으로 시작되고 실제 이성 교제까지 이어지는 시기이다. 질문을 통해 자연스레 이성에 관한 생각을 나눈다. 마지막으로 각 모둠의 호스트가 모둠에서 나온 이야기를 정리해서 발표한다.

　'초등학생도 연애해도 될까?' 질문에는 찬성이 압도적이다. '부모님께 연애 사실을 알려야 할까?'에는 부모님이 알게 되면 괜한 걱정을 하시고, 감시받을 수도 있으며, 연애를 하는 건 개인의 자유이기 때문에 굳이 이야기할 필요가 없다는 의견이 대다수다. 하지만 초등학생은 아직 어리기 때문에 부모님께 말하는 게 좋다는 의견도 일부 있다. 연애할 때의 스킨십에 관한 질문에는 손잡기와 가벼운 뽀뽀, 포옹은 가능하다는 의견으로 모아진다. 사귀다 헤어질 때 꼭 지켜야 하는 매너는 헤어진 친구의 뒷담화는 절대 안 되며, 헤어지고 나서는 미련 없이 깔끔해야 하며, 상대방에 대한 예의를 지켜 헤어지는 이유를 말해주어야 한다고 한다. 아이들의 이야기를 듣고 있자니 웃음이 나오기도 하고, 나름 연애의 선과 규칙을 잘 그리고 있다는 생각이 든다. 좋아하는 것과 사랑하는 것의 차이는 사랑하는 것이 좋아하는 것보다는 좀 더 무겁고 깊은 감정이라고 한다. 이어 우리 반 아이들이 공통적으로 선호하는 연애하고 싶은 이상형의 모습까지 그려본다. 겉모습이 아닌 성격이나 성향 등 내면을 중심으로 이야기 나눈다.

　2교시 동안 아이들은 뜨겁게 이야기한다. 남 일이 아닌 내 일이라고 생각하니 할 얘기가 더 많은가 보다. 누군가를 좋아하는 감정은 너무나 자연스러우며 소중한 감정이다. 특히나 사춘기에 이성 친구에게 그러한 감정을 느끼는 건 더욱 그러하다. 그런 감정이 찾아오면 부끄럽게 여기고 숨기기보다 소중하게 여기라고 이야기한다. 그렇다고 상대방의 감정은 고려하지 않은 채 무턱대고 고백만 하는 건 상대방에 대한 예의가 아니며, 마음에 드는 이성 친구가 생겼을 때 나름의 이성 교제 원칙이 서 있어야 상대방에게 휘둘리지 않는 연애를 할 수 있다는 이야기도 해준다.

온 작품 읽기를 통해 나눈 '사랑에 관한 이야기'를 떠올리며 '사랑'에 관한 그림책 읽기를 한다. 사랑에 관한 책을 여러 권 빌려 모둠끼리 돌려 읽는다. 그림책을 읽고, 사랑에 관한 시 쓰기 활동으로 이어간다. 주제는 사랑, 사랑에 관한 어떤 이야기든 괜찮다. 아이들이 그림책을 읽고 떠올린 사랑은 남녀 간의 사랑에서 부모님의 사랑, 친구와의 사랑, 반려동물에 대한 사랑까지 다양하다. 사랑에 관한 생각을 시로 표현해본다. 처음 사랑에 관한 이야기를 시작할 때는 말하기를 주저하는 아이가 꽤 있었다. 하지만 편안한 분위기에서 이야기를 나누고 시를 쓰는 지금, 아이들은 제법 진지하게 자신의 이야기를 시로 쓰고 있다. 아이들이 쓴 시를 시화로 만들어 발표하고 전시한다. 서로의 시를 보며 나만의 사랑의 정의를 만들어가는 아이들 모습이 보인다.

사랑하는 것

김○○

징처럼 온몸을 울리는 것
시한폭탄처럼 언제 터질지 모르는 것

스마트폰처럼 자꾸 보게 되는 것

흑역사처럼 자꾸 떠오르는 것

그게 사랑이다

우리 강아지 소미

윤○○

조금이라도 더 사랑해 줄걸

조금이라도 더 예뻐해 줄걸

산책을 더 오래 해 줄걸

장난감을 한 개라도 더 사줄걸

가기 전에 얼굴이라도 한 번 더 볼걸

가리 전에 털 한 번 더 만져 줄걸

후회하지 않게 더 사랑해 줄걸

사랑을 배워요

① 사랑이 주제인 아동 문학책을 읽고, 모둠별 질문 만들기를 한다.

② 모둠별 대표 질문을 뽑아 월드 카페 형식으로 책 수다를 나눈다.

③ '사랑'을 주제로 한 그림책을 모둠별로 읽는다.

④ '사랑'을 주제로 나만의 사랑의 정의가 담긴 시를 쓴다.

아이들도 사랑이라는 감정을 느낀다. 어리다고 사랑을 느끼지 못하는 게 아닌 것처럼 그 나이가 가지는 사랑의 감정을 느낀다. 그 감정을 존중해주고 그 감정을 잘 표현하게 도와주는 것이 어른이다. 물론, 이성 친구에게 느끼는 감정만이 사랑의 전부는 아니다. 아이들은 '사랑'을 주제로 이야기하고 그림책을 읽으며 다양한 사랑의 감정을 떠올린다. 가슴을 따뜻하게 한 모든 사랑의 감정이 아이들 가슴에 따뜻하게 새겨져 사랑하고 사랑받는 아이들로 자라면 좋겠다.

💎 사랑의 미덕을 빛나게 돕는 그림책

- 『사랑 사랑 사랑』 맥 바넷 글 ∥ 카슨 엘리스 그림 ∥ 김지은 역 ∥ 웅진주니어
- 『여우 요괴』 정진호 글·그림 ∥ 반달(킨더랜드)
- 『네 심장에 행복이 살고 있어』 라인하르트 프리들 글 ∥ 마리아 오버 그림 ∥ 이명아 역 ∥ 여유당

마음속 기쁨을
발견해요

누구나 행복을 꿈꾼다. 행복하기 위해 먹고, 자고, 일하고, 공부하며 삶을 채워 나간다. 행복이란 충분한 만족과 기쁨을 느끼어 흐뭇한 상태로 외부가 아닌 마음속에서 기쁨을 발견해내는 것이다. 자기가 가진 것에 만족하며 자기 안에서 행복을 찾는 태도는 삶에 기쁨과 즐거움을 느끼게 해주며, 가진 것에 감사하며 내 일을 즐기도록 돕는다. 불행하게도 우리나라 국민의 행복 지수는 OECD 국가 중 최하위에 가깝다고 한다. 이는 행복 지수가 반드시 경제적 수준과 비례하지 않는다는 것을 보여준다. 그렇다면, 행복의 조건은 무엇일까?

국어 시간, 소원을 들어주는 방망이가 생긴다면 어떤 소원을 빌지 묻는다. '로또에 당첨되게 해주세요, 돈 많은 백수가 되게 해주세요,

최신 휴대폰을 갖게 해주세요' 등 많은 아이가 물질적 풍요를 원한다. 물론 '가족 모두 건강하게 해주세요, 반려견과 오래 함께 살게 해주세요' 같은 아이다운 소원도 있었지만, 적지 않은 수의 아이들 소원이 물질과 관련 있다는 사실이 놀라웠다. 물질적 풍요로 만족과 행복을 찾는 아이의 답에서 진정한 행복이 무엇인지에 대해 고민하는 일이 필요하다는 생각이 든다.

'여러분은 언제 행복을 느끼나요?'라고 질문을 한다. 아이들은 '부모님이 칭찬해주셨을 때', '친구와 이야기할 때'와 같이 소소한 일상의 행복을 말하기도 하고, '내가 갖고 싶은 물건을 샀을 때', '용돈을 받았을 때'처럼 물질적인 행복에 관해서도 이야기한다. 여기서 다시 한번 아이들에게 질문한다. '행복하기 위해서는 꼭 돈이 필요할까요?' 이 질문에는 의견이 분분하다. 꼭 돈이 없어도 행복하다는 아이도 일부 있지만, 돈이 꼭 필요하다는 의견이 더 많다. 이 질문에 답을 찾아가기 위해 『이 세상 최고의 딸기』 그림책을 읽는다.

✦ "그것은 바로~ 처음 먹은 그 한 알" ✦

『이 세상 최고의 딸기』는 북극곰에게 배달된 작은 딸기 한 알로 이야기가 시작된다. 처음 맛본 딸기 한 알은 이 세상 그 무엇보다도 귀하고 맛있는 딸기였다. 해가 갈수록 배달되는 딸기의 양은 늘어난다. 딸기의 양이 늘어난 만큼 북극곰의 행복은 더 커져야 하지만 그렇지 않다. 많이 갖게 될수록 그것이 주는 것에 감사함을 놓쳐 버리기 때문이다. 이 책은 삶에 진정한 기쁨과 행복을 주는 것이 무엇인지에 대해 생각하게 한다.

표지를 보여주고 이 세상 최고의 딸기는 무엇일지 생각해본다. 마트에서 본 킹 베리 딸기, 직접 기른 딸기, 엄청 달콤한 딸기, 아팠을 때 먹는 딸기 등 다양한 답이 나온다. 그림책을 읽어주고 나서 이 세상 최고의 딸기가 무엇인지 다시 묻는다. 아이들은 답을 안다. 이 세상 최고의 딸기는 '바로 처음 먹은 그 한 알'이라는 걸 말이다.

우리는 물질적 풍요 속에서 자기가 가진 것이 얼마나 큰지 잊고 산다. 그래서 자꾸만 더 큰 것을 쫓으며 살아간다. 아이들도 예외는 아니다. 남보다 더 많이 갖기를 원한다. 많이 갖기 위해 공부한다. 물론, 그게 틀리다는 것은 아니다. 하지만 남과의 비교를 통해 얻는 행복은 득보다는 실이 크다. 내 안에서 찾는 소소하지만 큰 행복의 의미를 알 때 진정한 행복을 찾을 수 있기 때문이다. 다시 한번 아이들에게 묻는다.

"행복하기 위해서는 꼭 돈이 필요할까요? 우리가 살아가는 데 돈은 꼭 필요합니다. 하지만 돈이 채워줄 수 없는 부분도 분명히 있습니다. 우리 모두 백만장자가 될 수 있다면 좋겠지만, 그럴 수 없는 것 또한 현실입니다. 행복하기 위해 돈 이외에 채워야 하는 것에는 무엇이 있을까요? 이 세상 최고의 딸기는 처음 먹은 딸기 한 알인 것처럼 작은 것의 소중함을 발견하고 행복한 여러분이 되면 좋겠습니다. 행복의 미덕은 생각보다 가까이 있습니다."

✦ 소소하지만 커다란 행복 수업 ✦

'행복하기 위해서 꼭 돈이 필요할까?'라는 질문에 관해서는 일주일 후에 다시 이야기를 나누기로 하고 과제를 준다. 과제는 일상에서 행복을 느끼는 순간을 사진으로 기록하는 것이다. 일주일 정도의 시간을 주고 행복한 순간을 찍은 사진을 학급 SNS에 올리도록 안내한다. 일주일 후, 아이들이 찍은 사진을 보며 모둠별로 이야기를 나눈다. 아이들이 올린 사진을 사진 편집 앱으로 한 장으로 모아 A4 종이에 출력해주면 사진을 돌려보며 이야기 나누기에 좋다. 사진이 있어서인지 아이들은 좀 더 편안하게 이야기꽃을 피운다. 지나가다 본 길고양이, 가족과의 식사 모습, 친구들과의 놀이 모습, 길가에 핀 꽃, 내 방에 걸린 아이돌 사진까지 아이들이 행복을 느끼는 순간의 사진과 그 이야기가 교실을 행복으로 가득 채운다.

이어 나태주 시인의 '행복' 시를 낭독한다. 일주일간 찍었던 사진을 보고 이야기 나누며 행복을 느끼는 순간에 집중했다면, 소소한 행복의 순간이 담긴 시를 읽고 느낌을 나누며 시에 담고자 한 작가의 의도를 생각해본다. 이어 나태주 시인의 '행복' 시를 나의 '행복' 시로 바꾸어 쓴다. 일주일간 찍은 사진 속 행복을 시로 바꾸는 것으로 사진을 보고 '~할 때 ~하는 것' 형식으로 표현해본다. 예를 들어, 고양이 사진을 보며 '학교가 끝났을 때 반겨줄 반려동물이 있다는 것' 식으로 행복한 순간을 한 장면씩 시로 써보는 것이다. 아이마다 2연에서 4연으로 된 행복 시가 완성된다.

  개인 시가 완성되면 모둠별로 내가 쓴 시를 발표한다. 전체 발표보다는 자리가 주는 안정감 때문인지 긴장보다는 즐거움이 가득하다. 모둠별로 친구의 시를 돌아가며 듣고, 각자 쓴 시의 한 연씩을 골라 모으면 모둠별 협동 시가 완성된다. 내가 쓴 시 중 가장 마음에 드는 한 연을 고르고 그 부분을 A4 종이 4분의 1 크기의 종이에 네임펜으로 옮겨 쓴다. 모둠이 4명이라면 각자 한 연씩 쓴 시를 모아 전체 4연의 모둠 시가 완성된다. 각자 종이에 한 연씩 쓴 시를 모둠원이 함께 읽어보면서 적당하게 연의 순서를 정해 8절 색 도화지에 붙인다. 그러고는 아이들이 찍은 사진 중 내가 쓴 연에 해당하는 사진을 올려서 함께 꾸미면 그럴싸한 시화가 된다. 모둠별로 완성한 시를 칠판에 쭉 이어 붙이니 우리 반 '행복' 시가 완성된다. 마음 모아 완성한 시를 소리 맞춰 낭독한다.

행복

행복하다는 것은

심심할 때

바라볼 인형이 있다는 것

우울할 때

봄에 보이는 벚꽃이 있다는 것

학교가 끝날 때

반겨줄 반려동물이 있다는 것

행복하다는 것은

수영 연습이 끝났을 때

따뜻한 고구마 라떼를 같이 먹을 친구가 있다는 것

심심할 때

함께 놀 반려동물이 있다는 것

집에 갈 때

볼 수 있는 풍경이 있다는 것

하교할 때

같이 집에 갈 친구가 있다는 것

행복하다는 것은

속상할 때

곁에 있어줄 친구가 있다는 것

경쟁할 때

같이 대결할 사람이 있다는 것

힘들 때

떠올릴 아이비가 있다는 것

우울할 때

꽃처럼 이쁜 내 얼굴을 보고 힘을 얻는 것

(중략)

다음 시간, 아이들에게 피천득의 수필 '내가 사랑하는 생활'을 읽어준다. 작가가 일상에서 느끼는 소소한 즐거움을 사랑으로 표현한 작품으로 행복은 느끼기 나름이라는 것을 잘 보여주는 글이다. 아이들이 이해하기 어려운 낱말이 몇 개 나오기는 하지만, 낱말의 의미까지 찾아가며 함께 읽는다. 그렇다. 행복은 내가 사랑하는 생활을 일상에서 발견하는 것이 아닐까? 이 글을 읽고 아이들은 '나의 사랑하는 생활'을 써본다. 아이들이 써 내려간 '○○이의 사랑하는 생활'을 읽으며 조금은 행복에 가까워진 느낌이 든다.

소소하지만 커다란 행복 수업

① 일주일간 내가 행복한 순간을 사진으로 찍어 학급 SNS에 공유한다.

② 행복한 순간의 사진을 한 장으로 모아 출력하고 모둠별로 사진을 보며 이야기 나눈다.

③ 나태주 시인의 '행복' 시를 읽고 나만의 '행복' 시로 바꾸어 쓴다.

④ 각자가 쓴 시를 한 연씩 골라 모아 우리 반 '행복' 시를 완성한다.

⑤ 피천득의 수필 '내가 사랑하는 생활'을 읽고 '○○이의 사랑하는 생활'을 쓴다.

> ○○이의 사랑하는 생활 _ 6학년 정○○
> 요즘 나는 푸른 하늘을 보는 것이 좋다. 조용한 오전쯤 밖에 나가 놀다 넓은 하늘을 바라보면 눈에 푸른 하늘이 가득 찬다. 그러면서 선선한 바람이 불어오면 가슴이 웅장해지고 행복해진다. 열심히 땀을 흘리며 운동을 한 뒤, 올 때는 추웠던 바람이 시원하고 상쾌하게 느껴질 때를 좋아한다. 뿌듯하며 이 기분을 느끼고 싶어 운동을 할 만큼 좋다. 학원을 갈 때 걸어가는 오직 그 길에서만 나는 달달한 나무 냄새를 사랑한다. 그리고 요즘 치는 기타들의 소리를 사랑한다. 일렉 기타가 가장 높은 음을 낼 때, 가슴이 뻥 뚫리고 계속해서 듣고 싶은 더 없이 매력적인 소리를 사랑한다. 모든 일을 끝마치고 나의 포근한 침대에 누워 우리 집 강아지 캔디를 부른다. 그리고 캔디가 나에게 기대면, 나도 포근하고 따뜻한 캔디의 털에 고개를 푹 박는 그 순간을 사랑한다. 은은한 샴푸 냄새가 나는 캔디를 꼭 계속해서 안고 있고 싶다. 나의 소소하고 작은 행복들을 사랑하고 애틋하고 싶다.

소소한 일상에서 처음 먹은 그 딸기 한 알이 주는 행복처럼 작지만, 소중한 행복의 의미를 알면 좋겠다. 물질이 주는 행복도 귀하고 소중하지만, 그것만을 쫓는 맹목적인 삶에서 벗어나 자신이 하는 일을 기꺼이 즐기고 작은 것에도 감사하는 삶을 살아가길 바란다. 행복은 생각보다 가까이에 있다.

💎 행복의 미덕을 빛나게 돕는 그림책

- 『셀마』 유타 바우어 글·그림 ‖ 엄혜숙 역 ‖ 키위북스
- 『곰과 수레』 앙드레 프리장 글·그림 ‖ 제닌 역 ‖ 목요일
- 『평범한 기적』 남섬 글·그림 ‖ 반달(킨더랜드)

여덟 번째 보석 상자

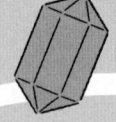

우호적인 관계로
평온해요

폭격 소리로 잠들지 못하는 한 소녀의 외침은 전 세계 사람들에게 평화의 의미를 생각하게 한다. 평화란 좁은 의미로는 전쟁이 없는 상태이지만, 넓게는 분쟁과 다툼이 없는 우호적인 관계에서 오는 평온한 상태를 의미한다. 나라, 민족 간 전쟁이 없는 것, 친구 사이의 갈등이 없는 것, 나아가 잘 자고 잘 먹고 잘 놀고 공부할 수 있는 상태가 모두 평화이다. 평화는 평온함과도 긴밀하게 연결되어 있다. 내면의 평화를 뜻하는 평온함이 지속되어야 갈등이나 다툼이 줄어든다.

아직도 세계 여러 나라에서 크고 작은 분쟁이 계속되고 있다. 우리나라 역시 분쟁이 진행 중인 세계 유일의 분단국가이다. 하지만 아이들에게 분단은 크게 현실로 다가오지 않는다. 70여 년 전 할아버지 시절에 겪은 6·25전쟁은 아이들에게 역사의 한 장면일 뿐이다. 매년 하는 통일 교육, 아이들에게 통일의 필요성을 이야기하지만 통일에 대한 열망은 어떤 이유에서인지 점점 줄어드는 느낌이다. 긴 세월 갈라져 각자의 정치 체제를 이루며 살고 있는 남과 북이 통일되어야 하는 이유가 아이들 입장에서는 선뜻 이해 가지 않을지도 모른다. 꼭 통일이 필요할까? 이 질문에 답하기 위해서는 역사적으로 분단이 이루어진 배경, 분단 이후의 삶 그리고 통일 후 우리나라 모습을 총체적으로 생각해보아야 한다. 아이들 스스로 평화의 의미를 찾으며 통일의 필요성에 대해 스스로 답해보는 시간이 필요하다.

내가 초등학교 시절에는 지금과는 다르게 2인용 책상이었다. 짝꿍과 하나의 책상을 공동으로 사용하던 그 시절 짝꿍과 다투면 가장 먼저 하던 행동이 책상을 반으로 나누는 선을 긋는 거였다. 넘으면 한 대 때리기도 하며 신경전을 벌이던 선은 짝꿍과 나의 평화적인 관계가 깨졌음을 의미한다. 하지만 아이들 싸움이 그렇듯 언제 그랬냐는 듯 화해하면 책상을 나누던 선은 사라진다. 남과 북을 가르는 선도 그렇게 사라질 수 있을까?

✦ **"하지만 이 선이 꼭 필요할까?"** ✦

『이 선이 필요할까?』는 주인공 앞에 기다란 선이 놓이면서 이야기가 시작된다. 즐겁게 놀던 아이들 앞에 나타난 선, 주인공은 이 선이 어디에서 왔는지 따라가 보기로 한다. 선은 어디에서 왔고 끝은 어디인지 주인공을 따라가며 과연 이 선이 우리에게 필요한지 생각하게 하는 그림책이다. 그림책에서 선의 의미는 여러 가지다. 남과 북을 가르는 휴전선처럼 눈에 보이는 선, 친구와 친구 사이의 갈등처럼 눈에 보이지 않는 선도 있다. 우리는 자신도 모르는 사이에 여러 선을 만들고 그 선에 둘러싸여 있다. 선으로 얽혀진 어지러운 세상을 돌던 아이는 선을 그은 사람을 궁금해하며 선을 모은다.

그림책을 읽으며 선의 의미를 생각해본다. 사람들은 종교가 다르다, 민족이 다르다, 생각이나 가치관이 다르다 등 갖가지 이유를 들어 보이지 않은 선을 만들고 있다. 사람과 사람 사이를 가르는 보이지 않는 선은 우리를 갈라놓는다. 남과 북을 가르는 휴전선 역시 이런 이유로 서로를 가른 지 70년이 넘었다. 서로 다른 것을 인정하지 않고 틀렸다고 생각하는 마음이 이 선을 만들었을 것이다. 우리를 가르는 선이 정말 필요한지 생각해보고 엉켜있는 선을 풀어야 한다. 남과 북을 가르고 있는 선, 아직도 전쟁을 멈추지 않는 나라들 사이를 가르는 선이 사라지게 하기 위해 필요한 건 바로 다름의 인정이다.

"나와 친구 사이를 가르는 선, 남과 북을 가르는 선은 결국 같은 마음에서 옵니다. 서로를 가르는 선 앞에 서 있는 우리의 마음은 어떤가요? 서로 미워하고 헐뜯는 마음, 선으로 인한 긴장과 불안 등 선이 존재하는 한 우리에게 진정한 평화는 없습니다. 우리에게 필요한 선은 서로 가르는 선이 아닌 사람과 사람

> 을 잇는 선입니다. 우리가 꿈꾸는 평화로운 세상은 서로 가르
> 는 이 선이 사라진 세상이라는 점을 기억하면 좋겠습니다. 평
> 화의 미덕은 우리를 가르는 선을 사라지게 할 이유와 방법을
> 찾아가는 것입니다."

✦ 통일을 해야 할까? ✦

그림책으로 어렴풋이 느낀 선의 의미를 생각해보기 위해 남북 분단을 체험해본다. 아이들을 앉아 있는 위치를 기준으로 앞쪽 2줄과 뒤쪽 2줄로 나누고 그사이에 긴 선을 매달아 분단을 경험해본다. 우리 반을 남과 북처럼 반으로 가르는 이 선은 휴전선처럼 어떤 일이 있어도 넘을 수 없다. 선을 넘을 수 없을 뿐만 아니라 대화를 비롯한 모든 교류가 중지된다는 분단 선언으로 분단체험을 시작한다.

수업 시간이야 원래 돌아다닐 수 없지만, 쉬는 시간이 되니 당장 불편한 일이 생긴다. 앞자리 친구들은 뒤쪽에 있는 사물함을 이용할 수 없다. 뒤쪽에 앉은 친구들은 앞쪽에 있는 연필깎이를 사용할 수 없는 등 문제가 생기기 시작한다. 가장 큰 문제는 친한 친구가 반대쪽에 있으면 이야기조차 나눌 수 없는 것이다. 몰래 화장실에 가서 이야기를 나누다 들키는 아이들도 있다. 아이들의 불만이 커진다.

이때쯤 한 가지 제안을 한다. 남북 대표를 세워 교류할 수 있게 허락한다. 남과 북 대표가 선출되고 각 대표는 협상을 시작한다. 앞쪽

대표는 사물함에 있는 교과서를 꺼내야 수업에 참여할 수 있다며 사물함을 사용할 수 있게 해달라고 한다. 뒤쪽 대표는 선생님께 확인받아야 할 과제를 제출하게 해달라고 한다. 하지만 이도 쉬는 시간만 할 수 있는 데다가 이동의 자유가 없으니 답답하기는 매한가지다. 처음에는 호기심으로 분단국가 체험을 시작한 아이들은 서로 자기 나라의 유리한 점을 부각하며 서로를 비난하고 날을 세우며 잘못한 점을 이르기도 한다. 점심시간에도 친한 친구와 말 한마디 할 수 없으니 뽀루퉁한 아이들도 보인다.

점심시간이 끝나고 분단국가 체험을 통해 느낀 점을 한마디씩 듣는다. 친한 친구와 놀 수 없다는 점, 화장실을 가기 위해 뒤쪽 친구들은 앞쪽 복도를 이용하지 못해 한 층을 내려가야 했다는 점이 가장 불편했다고 한다. 또한, 친했던 친구들이 한순간에 적이 된 거 같아 속상했다고 울먹이는 아이도 있다. 이를 우리나라 실제 분단 상황과 연결해서 생각해본다. 전쟁으로 어느 날 갑자기 갈라진 우리 국민이 느끼는 불편, 이산가족의 아픔은 실로 엄청났을 것이라는 걸 조금이나마 짐작하게 된다.

아이들은 통일을 원한다. 합의 하에 통일을 결정하고 통일 기념식으로 남과 북을 가르던 줄을 가위로 자르는 커팅식을 한다. 아이들은 환호한다. 통일의 기쁨을 느끼는 아이들과 『엄마에게』를 읽는다. 장기려 박사 가족의 실제 이야기를 담은 책으로 이산가족의 아픔이 잘 그려져 있다. 아직도 많은 이산가족이 가족을 그리워하고 있으며, 이산가족 찾기를 신청한 약 13만 명 가운데 매년 3,000여 명이 헤어진 가족을 만나지 못한 채 생을 마감한다고 한다.

이어 묻는다. 분단된 지 70여 년이 지난 지금 우리는 통일을 꼭 해야 할까요? 사실 10년 전만 하더라도 이 질문에 3분의 2 이상의 아이가 통일을 해야 한다고 답했다. 하지만 최근에는 '통일을 왜 해야 하지?' 라고 생각하는 아이가 더 많아진 것 같다. 분단된 세월만큼 통일에 무뎌지고, 꼭 통일을 해야 하는지에 대한 부정적 의견을 가진 사람이 늘어난 사회 분위기도 아이들에게 적지 않은 영향을 주지 않았을까 짐작해본다.

아이들은 분단국가 체험과 그림책을 읽은 탓인지 통일을 해야 한다는 생각이 조금 더 많다. 그래서 '통일을 해야 한다'의 논제로 토론을 해보기로 한다. 토론을 위해 아이들은 자기 입장에 맞게 근거를 찾는다. 아이들은 찾은 자료를 바탕으로 입안문을 작성한다. 그리고 자유롭게 '통일을 해야 한다'에 대한 자기 생각에 근거를 들어 이야기한다.

통일을 해야 하는 이유는 분명하다. 북한이 가진 지하자원과 인구, 관광 자원 등의 경제적 효과, 그리고 무엇보다도 이산가족의 아픔 해결, 우리는 한민족이라는 통일의 당위성이 주요 근거가 된다. 반대로 통일에 반대하는 이유는 반세기가 넘은 시간 동안 너무도 벌어진 경제력 탓으로 생기는 통일 비용, 달라진 문화가 주요 근거가 된다. 처음에는 통일을 해야 한다고 생각했던 아이들도 통일을 하면 당장 우리나라 경제가 어려워지고 지금보다 훨씬 더 세금을 많이 내야 한다고 하니 생각이 달라지기도 한다. 토론 후에 오히려 '통일을 해야 한다'에 반대하는 아이가 늘었다.

  토론을 마치며 교과서 속 정답처럼 '통일을 꼭 해야 한다'고 말하는 대신 진정한 평화의 의미에 대해 생각해보게 했다. 아이들은 토론을 통해 통일의 장단점에 대해 알았고 그것을 토대로 스스로 판단해 나갈 것이다. 하지만 분명한 것은 우리나라는 여전히 세계 유일의 분단국가이며, 전쟁의 위험 속에서 살아가고 있다는 점이다. 분단을 유지하기 위해 수십조의 돈을 군사력을 강화하는 데 쓰기 전 국민 입장에서 협상과 교류가 우선된다면 남북을 가르는 선이 사라진 진정한 평화가 찾아올 것이다.

통일과 평화를 생각해보기
① 교실 속 분단국가 체험을 해본다.
② '통일은 필요하다'를 논제로 토론을 한다.
③ 통일(평화)에 관한 생각을 정리한다.

  우리는 평화롭게 살아갈 권리가 있다. 수업을 마무리하며 다음 시간에는 남북한 교류의 모습이 그려진 영화를 보기로 한다. 오랜 시간 따로 떨어져 살아 말투도 문화도 조금씩 달라진 남과 북이다. 하지만 우리는 한반도기를 함께 들며 남북 공동 선수단으로 입장하던 2018년 평창동계올림픽을 기억하고 있다. 평화로운 남과 북의 관계를 회복하기 위해 믿음과 신뢰를 바탕으로 조금씩 교류의 범위를 넓혀가며 남과 북 사이에 있는 선을 사라지게 해야 한다. 진정한 평화는 우리를 가르는 선으로 인해 몸과 마음이 아프고 다치는 사람이 없는 것이 아닐까? 남과 북의 평화와 더불어 아직도 지구촌 곳곳에서 일어나고 있는 크고 작은 분쟁을 멈추어야 한다. 우리는 모두 평화롭게 살 권리가 있다.

💎 평화의 미덕을 빛나게 돕는 그림책

- 『기차』 천미진 글 ‖ 설동주 그림 발견(키즈엠)
- 『평화시장』 김지연 글·그림 ‖ 북멘토
- 『평화책』 토드 파 글·그림 ‖ 엄혜숙 역 ‖ 평화를 품은 책

스스로
자기 행동을 선택해요

　자율은 다른 사람의 지배나 구속을 받지 않고 자신이 세운 원칙에 따라 행동하는 것으로 자기 자신을 통제하는 능력이다. 누군가 시켜서 하는 것이 아니라 스스로 행동을 선택하는 것으로 내 삶의 주인이 되기 위한 필수 요소이기도 하다. 미덕으로 일 년을 보낸 아이들은 누군가에게 잘 보이기 위해서가 아니라 스스로 빛나기 위해 마음 보석을 빛낸다. 삶을 돌아보며 자신이 빛낸 미덕을 격려하고 더 많은 미덕을 빛내기 위해 노력한다. 처음에는 선생님에게 칭찬받기 위해 하던 행동이 점점 칭찬이나 보상이 아닌 스스로 선택에 따라 자율적으로 말하고 행동하게 되는 것이다.

　미덕과 가까워지기 위해서는 미덕을 자주 접하고 말해야 한다. 우리 반 아이들은 한 학기 동안은 매일 아침 미덕 카드를 읽고 쓴다. 미덕 카드를 읽으면서 내 마음속 보석을 구체적으로 이해하고 이를 실천하기 위해서 어떻게 말하고 행동해야 하는지 알아간다. 미덕 카드는 시중에 판매되는 것도 있지만, 아이들이 직접 만들어 사용하면 효과가 더 크다. 올해 사용한 미덕 카드는 작년 아이들이 만든 것으로 아이들 눈높이에서 아이들이 이해하기 좋게 글과 그림이 더해진 세상에 하나뿐인 카드다. 그 카드로 미덕을 읽고 쓰며 미덕이 익숙해질 때쯤 우리만의 새로운 미덕 카드를 만든다.

오늘은 아이들과 미덕 카드를 만들기로 한 날이다. 한 해 동안 선배들이 만든 미덕 카드를 읽고 필사도 하고, 내가 빛낸 미덕과 친구가 빛낸 미덕을 찾아주기도 하며 마음속 미덕을 빛내기 위해 애써온 아이들이다. 내가 이미 빛나는 보석인 것처럼 옆의 친구 또한 보석이라는 걸 깨닫고 미덕을 내면화시키기 위해 애써온 시간, 아이들은 자신이 기록한 미덕 공책을 보며 일 년 동안 빛낸 미덕을 살핀다. 매일 나의 하루를 돌아보며 빛낸 미덕을 적고 스스로 격려하며, 친구가 빛낸 미덕을 듣고 축하를 아끼지 않은 아이들이기에 기록한 문장에는 아이의 마음보석이 보인다. '열정 : 체육대회에서 목이 터져라 응원했어요', '인내 : 친구가 같은 걸 여러 번 물어봐도 참고 대답해줬어요' 등 자신이 기록한 빛낸 미덕을 읽으며 다시 한번 일 년을 돌아본다.

✦ "네 삶은 너의 것" ✦

『아마도 너라면』은 우리가 가진 무한한 가능성에 관한 이야기이다. 지금까지 없었고 앞으로도 없을 존재는 다름 아닌 나이다. 그런 특별한 존재인 나를 응원하고 격려하는 책이다. 삶은 나의 것이며, 내 삶의 주인이 되어 할 수 있는 만큼 보고, 듣고, 말하고, 꿈을 펼치라고, 너는 충분히 그럴 수 있는 존재라고 가능성을 이야기해주는 책이다. 우리는 매일 최선을 다해서 자신의 길을 가고 있다. 하지만 아직은 서툴러 실수를 하기도 하며, 가는 길에 확신이 없어 헤매기도 한다. 그런 나에게 아마도 너라면, 충분히 할 수 있는 존재라고 내가 가진 가능성을 믿어준다. 그래서 이 책을 읽으면 내가 진짜 그런 존재가 될 수 있을 거라는 확신이 든다.

이러한 격려와 응원은 스스로 믿게 만든다. 자신을 할 수 있는 존재라고 믿으면 스스로 자신의 행동을 선택할 수 있다. 스스로 선택했기에 그에 걸맞은 노력으로 이어진다. 이것이 내 삶의 주인이 되는 길이다.

> "삶이란 무언가를 찾아가는 여행이라는 책 속 구절처럼 여러분은 그 여행을 막 시작했습니다. 자신의 무한한 가능성을 믿고 자기 삶의 주인이 되어 살아가면 좋겠습니다. 내 삶은 나의 것, 스스로 빛나기 위해 마음보석을 빛내는 일을 선택하고 실천하는 것이 자율입니다. 여러분 안에 빛나고 있는 미덕의 존

> 재를 믿고 미덕을 빛내기 위해 애써 왔던 것처럼 앞으로도 충분히 잘 해낼 것입니다. 여러분이라면 할 수 있습니다."

✦ 미덕 카드 만들기 ✦

　미덕을 빛내기 위해서 애쓰며 좋았던 점, 달라진 점을 돌아가며 한 마디씩 나눈다. '일 년 동안 내가 이렇게 많은 미덕을 빛냈으니 진짜 보석이 된 거 같아요, 친구들의 장점을 더 많이 알게 된 거 같아요, 친구의 좋은 점을 찾다 보니 친구와 더 가까워졌어요, 나의 좋은 점을 알게 되었고 더 많은 보석을 빛내기 위해 애썼어요' 등 미덕과 함께 한 일 년은 생각보다 더 반짝인다.

　미덕 카드를 만들기 전에 미덕 골든벨로 미덕의 의미를 다시 한번 떠올린다. 미덕의 의미를 퀴즈 형식으로 제시하면 의미를 읽고 미덕의 이름을 맞추는 방식이다. 일 년 동안 익히고 빛내기 위해 애쓴 미덕들이라 어렵지 않게 즐거운 마음으로 놀이에 참여한다.

　우리가 빛낸 미덕이 더 오래도록 빛나도록, 누군가에게 자신의 미덕을 발견하는 데 도움이 되도록 미덕 실천을 돕는 '우리 반 미덕 카드'를 만든다. '겸손이란 나도 알고 있지만, 친구가 설명하는 것을 잘 듣는 것'이라는 글처럼 아이들 눈높이에서 미덕을 쉽게 이해하도록, 어떻게 하면 그 미덕을 빛낼 수 있는지를 생각하며 미덕의 정의를 만드는 활동이다.

아이들은 각자 1~2가지씩 미덕을 나누어 정한다. 카드 크기의 도화지 앞장에는 미덕의 의미를 또박또박 예쁜 글씨로 적는다. 뒷면에는 그 미덕을 빛내기 위해 실천할 수 있는 내용이 드러나게 나만의 정의를 적고, 어울리는 그림을 간단하게 그린다. 자신이 맡은 미덕에 나만의 정의를 만들 때는 그동안 내가 빛냈던 미덕 실천 내용을 참고하면 좋다. 이렇게 아이들이 만든 미덕 카드는 다음 해에 우리 교실에서 만날 아이들이 미덕을 익히는 데 사용할 것이다. 이 이야기를 듣자마자 아이들은 잘하고 싶은 마음이 드는 모양이다. 앞장에는 미덕 설명이 뒷장에는 미덕 정의가 적힌 이 세상에 하나뿐인 미덕 카드를 정성을 다해 만든다.

1 존중이란, 나, 너, 그리고 우리 모두를 미덕의 안경을 쓰고 보는 것
2 용기란, 용기 있게 먼저 손들고 발표하는 것
3 이해란, 친구가 내 옷에 떡볶이 국물을 묻혀도 친구의 입장에서 생각하는 것
4 믿음직함이란, 수행평가 점수를 걱정하지 않고 나 자신을 믿고 공부하는 것
5 상냥함이란, 친구에게 화나는 일이 있어도 부드러운 목소리로 말하는 것
6 화합이란, 마음이 맞지 않더라도 마음을 모아 모둠 활동을 하는 것

7 용서란, 친구가 나에게 태클을 걸어도 뉘우칠 기회를 주는 것

8 공감이란, 상대방의 슬픔을 내 일처럼 느끼며 옆에 있는 주는 것

9 예의란, 모르는 사람이라도 먼저 인사를 하는 것

10 효도란, 부모님의 마음을 헤아리고 말하고 행동하는 것

11 감사란, 이 세상 모든 것에 대해 고마워하는 것, 해님에게도, 달님에게도, 작은 새싹에게도

12 긍정이란, '그럴 수도 있지' 라고 너그럽게 생각하는 것

13 우의란, 친구가 싫어하는 말과 행동을 하지 않는 것

14 열정이란, 시험을 볼 때 자신감을 가지고 열심히 공부하는 것

15 정돈이란, 눈에 보이는 곳을 가지런히 정리하는 것

16 절제란, 약속한 스마트폰 사용 시간을 지키는 것

17 배려란, 동생들에게 간식과 장난감을 양보하는 것

18 책임이란, 내가 맡은 1인 1역을 빠짐없이 하는 것

19 인내란, 하기 싫은 글쓰기 숙제라도 즐거운 마음으로 정성껏 하는 것

20 협동이란, 우리 반은 모두 하나라는 생각으로 힘을 모아 반가를 만드는 것

21 결의란, 시험 만점을 맞기 위해서 하루하루 놀지 않고 공부하겠다고 결심하는 것

22 끈기란, 원하는 것을 사기 위해 매일 매일 꾸준히 돈을 모으는 것

23 이상 품기란, 꾸고처럼 나의 바다를 찾아 떠나는 것
24 겸손이란, 전교 1등을 해도 잘난 척하지 않는 것
25 정직이란, 내가 불리할 때도 나 자신을 속이지 않는 것
26 목적의식이란, 내가 하고 싶은 일과 먹고 싶은 음식 등을 분명히 하는 것
27 사랑이란, 어떤 일이든 자신이 하는 일에 애정을 가지는 것
28 행복이란, 작은 일에도 감사하며 기뻐함을 느끼는 것
29 평화란, 마음껏 먹고 마음껏 뛰놀고 마음껏 공부하는 것
30 자율이란, 내 삶의 주인이 되어 마음속 보석을 빛내는 것
31 나눔이란, 친구가 모르는 수학 문제를 알려주는 것
32 정의로움이란, 나보다 어려운 사람의 입장에서 나누어 갖는 것
33 창의성이란, 미술 시간 나의 생각을 나만의 아이디어로 표현하는 것
34 소통이란, 마음으로 듣고 마음으로 말하는 것
35 유연성이란, 우리의 무한한 가능성을 믿는 것
36 성실이란, 오늘 할 숙제를 내일로 미루지 않고 열심히 하는 것

 자율의 미덕은 내 삶의 주인이 되기 위해 애쓸 때 빛난다. 그런 의미로 아이들과 그림책 필사를 한다. 자기 마음에 온 그림책의 문장을 기록하여 내 것으로 만드는 과정이 아이들을 내 삶의 주인으로 서게

할 것이라는 생각에서이다. 아이들은 그림책을 읽으며 미덕 카드를 읽으며 저마다 내 안의 미덕을 빛내기 위해 애쓰는 자율적인 삶을 살아갈 것이다. 우리 아이들이라면 충분히 가능할 것이다.

♦ 자율의 미덕을 빛나게 돕는 그림책

- 『나는 나의 주인』 채인선 글 ǀǀ 안은진 그림 ǀǀ 토토북
- 『슈퍼 거북』 유설화 글·그림 ǀǀ 책읽는곰
- 『소년과 두더지와 여우와 말』 찰리 맥커시 글·그림 ǀǀ 이진경 역 ǀǀ 상상의힘

대가를 바라지 않고
나누어요

　나눔이라 하면 으레 연말연시 불우이웃 돕기, 기부, 봉사 등의 거창한 일을 떠올리거나 가진 것이 많은 사람만이 나눌 수 있다고 생각한다. 하지만 가진 것을 나누는 방법은 생각보다 많다. 물질이 풍족한 사람은 가진 물질 일부를 나누면 되고, 가진 것이 적거나 없는 사람은 내게는 필요 없지만 다른 사람에게 도움이 될 만한 작은 것이라도 나누면 된다. 물질이 부족하다면 재능이나 힘 등을 나누는 방법도 있다. 시간과 노력을 들여 도움의 손길이 필요한 곳곳에서 봉사를 실천하는 것도 이러한 나눔의 한 방법이다. 이처럼 나눔은 내가 처한 상황이나 환경에서 나눌 수 있는 작은 것이라도 대가를 바라지 않고 나누는 것이다.

나눔의 미덕은 누구나 마음만 먹으면 할 수 있다는 것을 알고, 내가 나눌 수 있는 것이 무엇인지 생각해보고 나눔을 실천하게 한다. 학교에서 가장 많이 하는 나눔의 실천이 알뜰 장터이다. 내게는 필요 없지만, 누군가에게는 귀하게 쓰일 물건을 나눔 하거나 판매하여 수익금을 기부하는 방법으로 아이들은 이러한 과정을 통해 나눔의 필요성에 대해 알고 나눔을 실천해보는 소중한 경험을 한다. 시민단체에서 하는 신생아 모자 뜨기 등의 봉사 활동이나 내가 뛴 거리만큼 기부금이 생기는 마라톤 대회까지 마음만 먹으면 나눌 수 있는 것은 생각보다 많다.

도덕 시간, 나눔에 대해 아이들과 이야기해보면 보통 나눔은 일부 선한 사람만이 하는 특별한 행동이라고 여기고 나와는 상관이 없는 일이라 생각한다. 그런 아이들에게 나눔은 나누고자 하는 마음에서 시작한다는 것을 알게 해주고 싶다. 아이들 마음에는 이미 나눌 마음의 보석이 가득하다는 것을 알려주고 싶다. 어릴 때부터 마음보석을 빛내고 나누는 일이 자연스러울 만큼 익숙해진다면 그 아이들이 자라 어른이 되었을 때 자신이 나눌 수 있는 것을 다양한 방법으로 나눌 것이라 믿기 때문이다. 봉사와 기부를 비롯한 다양한 나눔을 실천하는 나눔의 기쁨을 아는 아이들로 자라길 바란다. 교실에서부터 나눔의 기쁨이 얼마나 큰지 알아가면 좋겠다.

✦ "린 할머니네 집 앞 복숭아나무에 꽃이 피었어요!" ✦

『린 할머니의 복숭아나무』는 대만 작가의 그림책이다. 린 할머니는 복숭아나무를 정성껏 가꾼다. 복숭아나무에는 꽃이 피고, 그 꽃이 진 자리에는 복숭아 열매가 열린다. 복숭아가 먹음직스럽게 익어 갈 때쯤 동물 친구들이 하나둘 찾아와 복숭아를 나눠달라고 한다. 할머니는 아무런 조건 없이 찾아오는 누구에게나 복숭아를 나눠준다. 한 개, 두 개, 세 개…, 할머니가 나누는 복숭아의 개수가 늘어날수록 복숭아를 먹은 동물들의 행복도 커진다. 린 할머니가 나눠준 복숭아를 맛있게 먹은 동물들은 복숭아 씨앗이 든 똥을 눈다.

복숭아가 딱 한 개 남았을 때 가장 걸음이 느린 거북 가족이 할머니를 찾는다. 복숭아는 하나뿐인데 거북이 가족은 넷이다. 할머니는 마지막 복숭아 하나마저 따서 거북 가족에게 나누어준다. 복숭아 하나로는 부족할 거북 가족을 위해 복숭아로 파이를 만들어서 말이다. 할머니의 아낌없는 나눔이, 동물마다 복숭아를 먹는 장면이 재미있게 그려져 있어 읽을수록 뒷이야기가 궁금해지는 책이다. 내 것을 모두 나눠준 린 할머니는 과연 어떻게 되었을까?

아이들은 예상하지 못한 마지막 장면에 행복해하며 기뻐한다. 할머니의 아낌없는 나눔의 결말은 생각보다 더 아름답다. 자연에서 얻은 것을 즐거운 마음으로 나눈 린 할머니 덕분에 온 세상이 복숭아나무가 가득한 핑크빛 세상으로 변하기 때문이다. 작고 소박하지만, 기쁜 마음으로 나눌 때 온 세상은 아름답게 물들여간다는 것을 아이들이 이해하기 쉽게 보여준다.

> "여러분에게는 이미 린 할머니의 복숭아나무가 있습니다. 여러분 마음에 있는 마음보석들이 린 할머니의 복숭아나무입니다. 내가 가진 사랑 보석, 배려 보석, 존중 보석 등을 빛내는 것만으로도 여러분은 린 할머니 같은 큰 나눔을 실천할 수 있습니다. 내가 가진 마음보석을 내 옆의 친구와 가족, 가까운 사람들에게 나누어주세요. 작지만 귀한 나눔이 세상을 따뜻하게 해줄 것입니다."

✦ 나눌수록 커지는 마음보석함 ✦

마음보석을 빛내기 위해 노력하는 일은 자신을 사랑하는 일인 동시에 주위 사람들을 행복하게 한다. 예를 들어, 친구가 준비물을 챙겨오지 못했을 때 준비물을 빌려준다면 내가 빛낸 배려의 미덕으로 친구가 편안하게 수업에 참여할 수 있게 된다. 수업 시간 용기 있게 손을 들어 발표했다면 그 또한 선생님과 친구들이 수업에 잘 참여할 수 있도록 본보기가 되는 나눔을 한 것이다. 이렇게 아이들은 마음보석을 빛내기 위해 하루하루 애쓰고 있다. 아이들은 빛낸 미덕은 나뿐만 아니라 주위를 자기도 모르는 사이에 따뜻하게 물들이고 있다는 사실을 이야기해준다.

이처럼 내가 빛낸 미덕 보석은 눈에 보이지는 않지만, 마음속에서 분명 빛나고 있으며 매일 매일 빛낸 미덕들은 자신도 모르는 사이에 어마어마한 나눔이 되기도 한다. 하지만 눈에 보이지 않는 미덕을 꾸준히 빛내는 일이 아이들에게는 쉽지 않을 수 있다. 이런 아이들에게 미덕을 빛낼 때마다 보석을 채우는 '미덕 보석함'을 만들어 빛낸 미덕을 눈으로 확인하게 해준다. 미덕 보석함은 꼬마 주스를 마시고 난 작은 유리병을 재활용하여 만든다. 유리병을 깨끗이 씻어 말리고, 유리병의 뚜껑은 자기가 원하는 색의 아크릴 물감으로 칠한다. 이 작은 유리병이 '나의 미덕 보석함'이 되는 것이다.

마음보석을 빛낼 때마다 미덕 보석함에 눈으로 확인할 수 있는 크리스털 보석을 넣는다. 크리스털 보석은 시중에 파는 모형 보석이나 비즈 구슬 등을 활용한다. 아이들은 마음보석을 빛내면 그것을 공책에 기록한다. 예를 들어, 모둠 활동 시간에 친구의 발표에 경청하고 공감해주었다면 이를 공책에 기록하고 나의 미덕 보석함에 보석 하나를 넣는 것이다. 아이들은 마음보석을 빛내며 보석함에 보석이 채워질수록 행복해하며 마음보석을 빛내고자 더 애쓰게 된다. 아이들이 빛낸 마음보석들이 보석함에서 반짝반짝 빛난다.

여기서 조금 더 나아가 모은 마음보석을 기부해보게 한다. 미덕 보석함을 통해 내가 빛낸 미덕을 확인하고 동기를 부여하는 것도 매우 의미 있는 일이지만, 여기에 한 가지 더해 내가 빛낸 미덕이 우리 반의 공동의 목표를 이루는 데 도움이 된다면 이 또한 굉장히 의미 있는 나눔이 되기 때문이다. 또한, 보석을 기부하는 경험이 훗날 진짜 나눔으로 이어질 수 있다는 생각에서다.

　이러한 목표를 가지고 우리 반 보석함을 만든다. 투명한 원통 모양의 플라스틱 통을 우리 반 보석함이라 하고 보석함에 단계별로 아이들이 원하는 공동의 목표를 적고 함께 채워 나간다. 공동의 목표는 아이들이 함께하고 싶은 활동들로, 1시간 학급 놀이, 1시간 마음대로 시간표 바꾸기, 요리 활동, 영화 감상 등 학급 회의를 통해 결정한다.

　매달 학급 회의의 마지막 순서로 한 달 동안 모은 미덕 보석함의 보석을 확인하고 격려와 응원을 하는 시간을 갖는다. 그리고 모은 보석 중 자신이 기부하고 싶은 만큼 우리 반 보석함에 넣는다. 첫 달 학급 회의 마무리 시간에 아이들은 첫 기부를 한다. 모은 10개의 보석 중 1개만 기부하기도 하고, 통 크게 모은 보석 전부를 기부하기도 하지만 달이 지나면서 나름 자기만의 원칙이 생긴다. 모은 보석의 반을 기부하거나, 다른 친구들보다는 한 개라도 더 기부하기도 한다. 매달 아낌없이 모은 보석 전부를 우리 반 보석함에 넣던 한 아이는 기부할 때의 통쾌함과 뿌듯함에 그런 결정을 한다고 한다.

나눌수록 커지는 마음보석함

① 꼬마 주스 병으로 미덕 보석함을 만들고 마음보석을 빛낼 때마다 보석을 넣는다.

② 모은 보석 중 원하는 만큼 우리 반 보석함에 넣는 기부를 실천한다.

③ 우리 반 보석함을 채울 때마다 하는 단계별 활동을 통해 나눔의 기쁨을 알아간다.

시간이 지나면서 우리 반 보석함은 마지막 단계까지 가득 찬다. 아이들이 마지막에 하고 싶은 활동은 영화 감상과 과자 파티였다. 모두 조금씩 나눈 보석이 한데 모여 공동의 목표를 이루게 되었다. 함께 즐거운 활동을 할 수 있었던 것은 한 사람 한 사람의 나눔이 있었기 때문이다. 마음보석을 나누는 것은 쉬운 일이 아니다. 내 것을 아무 대가 없이 나누는 것은 어른에게도 무척 큰 결심이 필요하다. 아이들은 이렇게 나눔을 실천해보며 나눔의 기쁨이 생각보다 크다는 걸 알아간다. 처음엔 기부를 망설이던 아이도 자신의 나눔으로 행복해하는 친구들을 보며 점점 기부하는 보석의 수가 늘어간다. 나눔을 실천하는 선한 영향력이 온 세상을 핑크빛으로 물들여 함께 더불어 살아가는 아이들이 되길 소망한다.

💎 나눔의 미덕을 빛나게 돕는 그림책

- 『염소 4만원』 옥상달빛 글 ∥ 조원희 그림 ∥ 그린북
- 『원가 특별한 아저씨』 진수경 글·그림 ∥ 천개의바람
- 『무지개 물고기』 마르쿠스 피스터 글·그림 ∥ 공경희 역 ∥ 시공주니어

누구든지
공정하게 대해요

정의롭다는 것은 무엇일까? 정의는 개인이나 사회가 지켜야 하는 올바르고 공정한 도리로 공정한 절차에 따라 누구든 공정하고 공평하게 대우하는 것이다. 정의가 실현되는 사회는 개인의 기본권이 보장되어 사회 구성원 누구나 인간다운 삶을 살 수 있도록 돕는다. 장애, 성별, 인종, 종교 등에 상관없이 누구에게나 공평한 기회를 제공하고 능력을 마음껏 발휘할 수 있도록 하는 것으로 인권이 보장되는 사회이다. 나의 권리만큼 다른 사람의 권리를 보장해주는 정의는 사회 통합을 가능하게 한다.

그렇다면 우리 사회는 정의로운 사회일까? 안타깝게도 그렇지 않다. 가난, 장애, 질병 등으로 최소한의 인간다운 삶을 영위하지 못하는 사람들이 곳곳에 있다. 안전한 삶을 살 수 없거나 교육받을 기회조차 없는 이들에게 정의는 없다. '과연 정의란 무엇인가?'라는 물음에서 출발하여 우리 사회는 정의로운지, 정의로운 세상을 위해서는 어떠한 노력이 필요한지에 대해 생각해보려 한다.

본격적인 수업에 앞서 세계인권선언을 아이들과 읽어본다. 세계인권선언은 2차 세계대전 이후 전쟁 없이 평화롭게 사는 것이 중요하다는 인식에서 발표되었다. 인권 선언의 주요 내용은 어린이, 여성, 소수 민족의 인권도 보장해야 한다는 것으로 총 30조로 구성되어 있다. 아이들 눈높이에서 세계인권선언문을 풀어쓴 『존엄을 외쳐요』 그림책으로 선언문의 내용을 살피며, 우리 사회는 정의로운 사회인지 생각해본다.

✦ "거북이 빵도 한 조각씩…" ✦

『탄 빵』을 읽는다. 그림책에 등장하는 거북은 느려서 토스터에서 빵을 제때 꺼내지 못한다. 그래서 늘 빵을 태운다. 어떻게 하면 거북이가 탄 빵을 먹지 않게 할 수 있을까? 대부분 아이가 생각한 방법은 '거북을 위해 빵이 타기 전에 빵을 꺼내 준다', '이미 타버린 빵 대신 내 빵을 나누어 준다' 이다. 물론, 아이들이 생각한 방법은 틀리지 않다. 아이들은 분명 도움이 필요한 친구를 도우라고 배우며 자랐으니 말이다.

다시 한번, 아이들에게 묻는다. "매번 거북이를 도와주고, 내 것을 나누어주는 것만으로 충분할까요? 매번 친구들의 도움을 받는 거북의 입장은 어떨까요?"라고 물으며 결과의 평등과 기회의 평등을 나타내는 그림을 보여준다. 높은 울타리가 쳐진 경기장에서 경기를 관람하기 위해 모두에게 한 개의 발 받침을 주는 것이 결과의 평등이라면, 키가 큰 어른보다는 아이에게 발 받침 하나를 더 내어주는 것은 기회의 평등이다.

"태어날 때부터 느리게 태어난 거북이 탄 빵을 먹는 건 공정할까요?"라고 묻는다. 결과와 기회의 평등에 대해 생각해본 다음이라 아이들은 공정하지 않다고 답한다. 이어서 거북에게 결과의 평등이 아닌 기회의 평등을 주기 위해 우리가 할 수 있는 일은 무엇일지 함께 고민해본다. 한참을 고민하더니 거북에게 타이머가 달려 있어 저절로 꺼지는 토스터를 사준다는 의견, 자전거 등의 이동 수단을 제공하자는 등의 의견을 낸다. 그림책의 뒤 면지를 마저 보여준다. 늘 느려서 빵을 태우던 거북이가 더는 빵을 태우지 않도록 롤러스케이트를 탄다. 이 장면을 보고 아이들이 자기 일처럼 기뻐한다.

거북이에게도 타지 않은 빵을 똑같이 나눠주는 것은 결과의 평등이다. 타고난 신체적 조건이나 능력이 불평등의 요소가 되지 않게 태어날 때부터 느린 거북이에게 롤러스케이트를 주는 것은 기회의 평등이다. 이처럼 우리 사회는 거북이 탄 빵을 먹지 않도록 불공정한 요소를 제거해주는 노력이 필요하다.

> "태어날 때부터 느린 거북이 탄 빵을 먹지 않도록 타고난 조건이 불평등이 되지 않는 사회가 정의로운 사회입니다. 우리 사회에는 거북이처럼 타고난 조건 때문에 불공정한 대우를 받는 사람들이 아직도 많습니다. 여성, 어린이, 노인, 장애인이라는 이유로 인종, 국가, 종교 등이 다르다는 이유로 차별받는 것이 그 예입니다. 거북 또한 우리 사회의 한 구성원임을 기억하는 정의로운 사회는 우리가 함께 만들어야 합니다. 그들을 기억하는 작은 마음이 모이고 모이면 정의로운 사회를 만들 수 있습니다."

✦ 인권을 보호하기 위한 날 알아보기 ✦

『탄 빵』을 통해 정의로움의 의미를 알아보았다면 정의가 필요한 사회 곳곳의 모습을 탐색해볼 차례이다. 사회적 정의 실현을 통한 인권 보호가 필요한 곳은 생각보다 많다. 그중 인권 관련 기념일을 그림책과 연계하여 아이들과 살펴본다.

아이들에게 인권 관련 기념일 날짜만 제시하고 이날이 어떤 날인지를 검색해 찾아보게 한다. 장애인의 날을 제외한 다른 기념일은 굉장히 낯설기에 알아볼 시간을 주는 것이다. 칠판에 적힌 6개의 기념일을 다 알아냈다면 각 기념일의 공통점을 찾아본다. 국제 여성의 날, 세계 인종차별 철폐의 날 등의 공통점은 무엇일까? 아이들은 어

인권 관련 기념일	관련 그림책
3월 8일 국제 여성의 날	『두 점 이야기』 요안나 올레흐 글 ‖ 에드가르 봉크 그림 ‖ 이지원 역 ‖ 사계절
3월 21일 세계 인종차별 철폐의 날	『사라, 버스를 타다』 윌리엄 밀러 글 ‖ 존 워드 그림 ‖ 박찬석 역 ‖ 사계절
4월 20일 장애인의 날	『우리 집에 놀러 와』 엘리자 헐, 샐리 리핀 글 ‖ 대니얼 그레이 바넷 그림 ‖ 김지은 역 ‖ 위즈덤하우스
5월 1일 근로자의 날	『오, 미자!』 박숲 글·그림 ‖ 노란상상
6월 20일 세계 난민의 날	『손을 내밀었다』 허정윤 글 ‖ 조원희 그림 ‖ 한솔수북
11월 20일 세계 어린이의 날	『거짓말 같은 이야기』 강경수 글·그림 ‖ 시공주니어

렵지 않게 알아낸다. 인권과 관련한 날이라는 것이다. 다시 한번 인권의 의미를 사전 검색을 통해 찾고 소리 내어 읽어본다. 인간이라면 누구나 가지는 권리가 인권이다.

    그렇다면, 왜 인권 관련 날들이 기념일로 지정되어 있는지 생각해 본다. 모두 기억해야 하는 중요한 날이기 때문이다. 더불어 아직도 여러 이유로 소외되거나 차별받는 등 인권을 보호받지 못하는 사람이 많다는 증거이기도 하다. 모둠별로 하나의 인권 관련 기념일을 정해 관련 그림책을 보며 그날에 대해 자세히 알아본다. 먼저 기념일이 만들어진 이유와 무엇을 기념하는 날인지 등을 살핀다.

    인권 관련 기념일에 관해 기본적인 내용을 알았다면 관련 그림책을 모둠끼리 읽는다. 그림책을 읽고, 그림책이 어떤 사람들의 인권에 관해 이야기하는지를 살핀다. 이어 그림책에서 가장 인상 깊은 장면과 이유를 나누고, 모둠이 맡은 인권 기념일과 관련하여 책의 주제를 생각해본다. 아이들은 그림책을 통해 우리 사회에서 보호받지 못하고 있는 다양한 인권의 모습과 마주하게 된다. 이어 인권이 보호받지 못하는 실제 사례도 뉴스 기사 검색을 통해 더 찾아본다. 아동 인권이 보호되지 못하는 카카오 농장의 이야기, 근로자의 인권이 보장되지 못해 죽음에 이르게 된 이야기, 흑인 인종차별로 인한 혐오 범죄 등 어렵지 않게 관련 사건을 찾으며 놀라움을 금치 못한다.

이제 알아본 정보를 모아 정리한다. 모둠별 인권 기념일을 알리는 포스터를 만드는 것이다. 관련 그림책도 소개하고, 인권 보호를 위해 우리가 할 수 있는 일을 찾아 정리한다. 모둠별로 돌아가며 모둠별로 정리한 내용을 발표하면 다른 모둠이 조사한 기념일에 관해서도 자세히 알게 된다. 수업을 하고 난 후 아이들은 인권 보호의 필요성에 크게 공감한다. 그리고 아직도 인권이 보호받지 못하는 현실을 안타까워한다.

마무리로 『넌 정말 소중해!』를 읽는다. 가난, 전쟁, 아동 노동, 질병으로 힘들어하는 아이들에게 넌 정말 소중하다며 희망을 주는 그림책이다. 이 아이들이 자신을 둘러싼 환경으로 인해 좌절하고 포기하지 않도록 전 세계 어른들이 조금 더 지혜를 모아야 할 때가 아닌가 한다. 그리고 마지막 장면의 글을 좀 더 힘주어 읽는다.

'너 또한 소중해! 네가 자라는 환경에 감사할 줄 안다면,
그리고 그 행복을 친구들과 나눌 수 있다면…'

　지금 우리가 할 수 있는 일은 많지 않지만, 이들에 대한 관심을 놓지 않는다면 분명 세상은 달라질 것이다. 정진호 작가 강연에서 '인권의 시작은 내가 누군가와 연결되어 있다라는 생각을 갖는 것'이라는 이야기를 들은 적이 있다. 이 세상은 혼자 살아가는 곳이 아니다. 나뿐 아니라 다른 사람의 권리가 지켜질 때 나, 너, 우리는 하나로 연결될 거라 믿는다.
　우리 아이들이 살아가는 사회는 누구나 마음먹으면 자신의 꿈을 펼칠 수 있는 정의로운 사회이길 바란다. 이미 태어날 때부터 주어진 조건이나 한계를 넘어 마음을 다해 꿈꿀 기회를 주는 사회, 더 나아가 아직도 전쟁, 기아 등으로 꿈꿀 기회조차 없는 아이들의 인권이 보장되는 지구촌이 된다면 모두가 공정하고 공평하게 대우받는 정의로운 세상이 되지 않을까 기대한다.

◆ **정의로움의 미덕을 빛나게 돕는 그림책**

- 『바나나가 더 일찍 오려면』 정진호 글·그림 ‖ 사계절
- 『내가 라면을 먹을 때』 하세가와 요시후미 글·그림 ‖ 장지현 역 ‖ 고래이야기
- 『인도에서 온 마무티 아저씨』 임서경 글 ‖ 송수정 그림 ‖ 단비어린이

아홉 번째
보석 상자

새로움을 발견해요

우리나라 교육에서 미래 세대를 이끌어갈 인재상으로 빠지지 않는 것이 창의적 인재 육성일만큼 창의성은 교육을 통해 기르고자 하는 핵심역량이다. 인공지능(AI)이 발달한 사회에서 인간이 가진 추리, 학습 등은 컴퓨터 시스템으로 얼마든지 구현 가능하지만, 그것을 넘어선 창의성은 기계가 대신할 수 없다. 창의성은 다양한 상황에서 새롭고 적절한 가치를 창출한다. 과연 창의성이란 무엇일까? 창의성은 새로운 것을 상상하고 고안하는 힘으로 기존의 것을 바꾸거나 새로운 것을 발견하는 것이다. 창의성은 용기 있게 도전하고 질문하며 과감하게 새로움을 추구하는 데서 온다.

아이들과 그림책을 읽고 이야기를 나누다 보면 깜짝 놀라는 경우가 많다. 아이들은 어른보다 열린 시선으로 그림책을 보고 상상력을 더하여 다양한 이야기를 만들어내는 경우가 많기 때문이다. 작가의 메시지를 그대로 받아들이기보다 자신만의 해석으로 상상력을 더해 그림책을 읽는다. 그림책을 읽는 동안 아이의 머릿속에는 다양한 세상이 펼쳐진다. 그림책으로 상상의 나래를 펼치는 아이들에게 자신의 이야기를 만들 기회를 주는 것은 창의성의 미덕을 빛내는 좋은 방법이다.

자신만의 이야기를 만드는 데 도움이 되도록 평소에도 아이들의 상상력을 자극할 수 있는 그림책을 자주 읽는다.『붙여 볼까?』,『우다다다, 달려 마을』,『문제가 생겼어요』 등은 아이들의 상상력을 자극하기 좋은 그림책이다. 창의성은 전혀 연관성이 없어 보이는 두 사물에서 발견되기도 하며, 기존에 있던 것을 새로운 시각으로 바라보는 가운데 생기기도 한다. 그림책을 읽으며 아이들은 작가의 상상력에 감탄한다. 작가의 표현 기법을 따라 해보며 저만의 상상력을 펼친다. 그동안 읽었던 그림책을 바탕으로 새로운 것을 고안해보는 그림책 창작 활동은 아이들을 창의성의 미덕으로 이끈다.

✦ "맞아, 씩씩아. 상상력을 발휘해 봐" ✦

『내 이야기는 내가 만들 거야』는 작가와 주인공이 대화를 하며 이야기가 진행되는 독특한 형식의 책이다. 그림책 속 씩씩이는 작가의 연필에서 태어나 자신의 이야기를 만들어간다. 이야기를 만드는 것은 여행과 같아 즐겁기도 하지만, 모험처럼 쉽지만은 않다. 이야기를 만들다 보면 포기하고 싶은 순간도 있다. 하지만 여기서 포기한다면 이야기는 만들어지지 않는다. 포기하지 말고 상상력을 발휘하여 나만의 이야기를 끝까지 써야 한다. 상상력을 발휘해보라고, 용기 내어 도전해보라고, 그러면 분명 나만의 이야기를 쓸 수 있을 거라고 응원해주는 책이다.

　이야기를 쓰는 과정은 우리 인생과 비슷한 점이 많다. 이야기를 쓰는 과정에는 수많은 어려움이 있지만, 포기하지 않는 끈기가 필요한 것처럼 우리의 인생도 그와 같기 때문이다. 나만의 이야기를 만드는 일은 쉽지 않다. 하지만 저마다의 경험이 자기만의 이야기가 담긴 상상력 가득한 그림책을 만들어 줄 것이다.

> "우리는 지난 일 년간 그림책을 읽고, 질문하고 상상하며 생각을 나누었습니다. 그러는 동안 여러분 머릿속에 펼쳐진 수많은 이야기를 그림책으로 만들어보려고 합니다. 씩씩이가 그랬던 것처럼 상상력을 발휘하여 끝까지 써보세요. 여러분의 이야기니까 여러분 마음대로 하면 됩니다. 창의성은 과감하게 도전하고 상상하는 데서 오는 새로움입니다. 여러분의 손끝에서 탄생할 새로운 이야기를 기대합니다. 자, 시작해볼까요?"

✦ 나도 작가, 그림책 창작하기 ✦

그동안 읽었던 그림책 중에서 가장 마음에 드는 그림책을 한 권씩 고른다. 글이나 그림이 마음에 들어도 좋고, 그림책의 구성이 좋아도 좋다. 아이들이 골라 온 그림책을 보면, 그 아이가 좋아하는 그림책의 스타일이 보이고 아이의 모습도 보인다. 『내가 지각을 왜 했냐면요』를 고른 아이는 잠이 많아 평소에 자주 늦는 아이다. 『동그라미』를 고른 아이는 위트 있는 이야기를 좋아하고, 『알사탕』을 고른 아이는 친구 관계로 자주 힘들어하는 아이다. 자신이 고른 그림책을 찬찬히 보며 작가의 표현 방식을 살펴본다.

이제 나만의 이야기를 만들 준비를 한다. 가장 좋은 소재는 경험이다. 겪은 일을 이야기로 엮는 것이다. 쓰고 싶은 이야기의 줄거리를 대략 적어본다. 그 이야기를 통해 전하고자 하는 주제도 생각해본다. 대략적인 아이디어가 떠올랐다면 스토리보드에 장면을 나누어 글을 적는다. 글을 적을 때는 최대한 단순하게 적는다. 그림책은 글과 그림이 함께 이야기를 전달하기에 글이 모든 걸 설명하지 않아도 된다. 그림책은 보통 16장면이라는 형식도 깨버린다. 아이들이 고민하는 소리가 들린다. 어려워하는 아이들에게는 자신이 좋아하는 그림책의 내용 일부를 바꾸어 표현해보게 해도 좋다. 2시간 내내 교실 그림책 책장을 오가며 고민하는 아이도 있고, 금세 구상을 끝낸 아이도 있다.

부담 갖지 말라는 의미에서 작년 선배의 그림책도 몇 권 소개한다.

그림 솜씨가 뛰어난 그림책보다는 스토리가 살아있어서 읽으면 슬며시 웃음이 나는 아이디어가 반짝이는 작품들이다. 그림책이라고 하니 그림 그리기부터 걱정하는 아이들에게 걱정을 덜어주며, 너희도 이 정도는 충분히 할 수 있다며 격려한다. 그림책 창작은 그림 솜씨보다는 자신의 이야기를 저만의 방식으로 창의적으로 쓰는 데 초점을 둔다.

대략적인 이야기가 완성되면, 아이들이 쓴 글에 그림을 그려 넣을 시간이다. 스토리보드에 그림의 대략적인 형태와 위치를 잡아 그린다. 내 이야기를 이끌 캐릭터를 정해서 그려도 좋다. 이때 세세하게 다 그리지 않아도 되는 점을 강조한다. 사물이나 인물의 일부를 영화를 찍듯 클로즈업을 하여 화면을 구성하면 실재감을 주면서도 강조되는 부분이 생긴다. 그림책은 펼친 면이 이어져 하나의 화면을 구성할 수 있다는 점도 이용하라고 이야기해준다. 강약을 조절하듯 그림을 그려 넣으면 스토리보드가 완성된다. 스토리보드로 구성한 면수에 맞게 도화지를 반 접어 스테이플러로 묶는다. 시중에 판매되는 보드북 형태의 스크랩북을 이용해도 좋다. 보통 도화지와 스크랩북 두 가지 재료를 다 가져다 놓고 아이들에게 선택하게 하는 편이다.

스토리보드를 보며 책 형태로 묶인 도화지에 스케치한다. 스케치를 하고 나면 채색에 들어간다. 채색은 미술 시간 경험해본 채색 도구 중 원하는 걸 선택한다. 색연필, 사인펜, 물감, 파스텔, 오일파스텔 등의 도구를 적절하게 사용하여 한 페이지 한 페이지 완성해나간다. 아이들의 집중력은 그리 길지 않기 때문에 활동 시간을 나누어 2시간씩 4~5번 정도면 채색까지 완성된다. 채색이 완성되면 글의 위치를 정해 글을 적는다. 아이들이 여러 시간에 걸쳐 만든 그림책이 완성되는 순간이다. 내가 만든 그림책은 아이들에게는 보물이 된다. 이 세상에 하나뿐인 내 이야기이기 때문이다.

아이들이 만든 그림책을 모아 출판 기념회를 준비한다. 만든 그림책을 친구들과 나누는 시간이다. 친구의 작품은 마음으로 보는 것이라는 말을 덧붙인다. 그림 실력으로 평가하기보다 그림책을 보는 눈으로 이야기가 창의적인지, 글과 그림이 어떻게 이야기를 이끌어 가는지 살피게 한다. 책상에는 만든 그림책과 엽서 한 장을 올려둔다. 아이들은 빈자리를 찾아가며 책상 위에 올려진 친구의 그림책을 감상한다. 그리고 감상평을 엽서에 적는다. 아쉬운 점이 아닌 칭찬거리만 적는다. 아이들은 친구들의 그림책을 보며 자기 작품의 장점과 보완할 점을 스스로 발견해 나가기 때문이다. 마지막 감상평까지 작성하면 자리로 돌아와 친구들이 적어준 감상평을 읽는다. 친구들이 써준 글을 보며 흐뭇해하는 아이들, 입가에 미소가 절로 번진다. 이 과정을 통해 아이들은 자란다.

> **그림책 창작해보기**
> ① 표현하고자 하는 주제를 정해 스토리보드를 작성한다.
> ② 스토리보드를 보고 도화지에 글과 그림을 옮긴 후 채색하여 완성한다.
> ③ 출판 기념회를 통해 서로의 창작 그림책을 공유하고 격려한다.

작가로서 작품에 담고자 한 주제와 친구가 써준 감상평 중 가장 마음에 와닿은 내용을 함께 발표한다. 작품의 의도를 파악하고 숨겨놓은 감상 포인트를 발견해 써준 감상평이 주로 발표된다. 우리의 첫 그림책 창작을 기념하며 기념사진도 찍는다. 학급 상황에 따라 여력이 된다면 초코빵 케이크로 분위기를 내도 좋다. 아이들의 생애 첫 출판 기념회를 마음을 다해 축하해준다. 그림책을 창작하면서 겪은 그간의 어려움과 창작 후의 기쁨도 나누는 자리이다.

이처럼 그림책을 꾸준히 읽은 아이들은 내 이야기를 만들 수 있는 창의성이라는 힘이 생긴다. 작가의 의도를 글과 그림으로 담아내는 그림책은 작가의 세계가 담긴 위대한 창작물이다. 나만의 이야기 쓰기를 게을리하지 않는다면, 아이들은 저마다의 인생 이야기를 앞으로도 쭉 써 갈 것이다.

💎 **창의성의 미덕을 빛나게 돕는 그림책**

- 『병아리 위대한 작가의 탄생』 다비드 칼리(코르넬리우스) 글 ∥ 다비드 메르베이유 그림 ∥ 김영신 역 ∥ 빨간콩
- 『모모모모모』 밤코 글·그림 ∥ 향
- 『지우개』 오세나 글·그림 ∥ 반달(킨더랜드)

자신을
넘어서요

    탁월함은 최선을 다할 때 이룰 수 있는 것으로 노력을 통해 최고의 성과를 이루는 것이다. 하지만 남보다 뛰어난 것만을 탁월하다고 여기는 것은 옳지 않다. 진정한 탁월함은 내 안에서 오는 것으로 이루고자 하는 것을 위해 최선을 다해 노력할 때 맺어지는 값진 열매이다. 이 열매는 어제보다 나은 나를 만든다. 이루고자 하는 목표를 위해 노력하는 과정 또한 탁월함으로 하기 싫은 마음, 놀고 싶은 유혹이나 충동 등도 이겨내야 하며 이 모든 것을 극복하고 자신을 넘어서는 과정이 탁월함이다.

    아이들이 자주 하는 말 중 하나가 '망했어요'이다. 과제를 수행하는 도중 제 성에 차지 않거나 옆의 친구와 비교하며 쉽게 하는 말이다. 학기 초에 이 말이 들리면, 이 말의 힘이 얼마나 센지를 아이들과 꼭 이야기하고 넘어간다. '망했어요'는 열심히 최선을 다하는 자신의 노력을 깎아내리는 말이고, 말에는 힘이 있어 정말 말처럼 되기 때문이다. 조금 서툴고 마음대로 되지 않더라도 쉽게 포기하지 말고 '망했어요' 대신 '잘하고 있어'를 외치면 결과는 달라진다고 얘기하며, '망했어요'를 말한 아이가 생각을 바꾸고 끝까지 최선을 다해 과제를 완성하는 모습을 아이들에게 본보기로 보여준다.

　탁월함의 미덕을 빛내기 위해서는 이루고자 하는 목표를 정하고 그 목표를 이루기 위해 계획을 세워 하나하나 실천해야 한다. 내가 가진 재능이 탁월함이 되려면 재능에 걸맞은 노력이 더해져야 하기 때문이다. 더불어 포기하고 싶고, 그만하고 싶을 때마다 옆에서 응원하고 지지해주는 단 한 사람이 있다면 그 일은 좀 더 수월해질 것이다. 다른 사람이 아닌 어제의 나와 비교해 조금 더 성장한 내가 되기 위해 '괜찮아, 넌 할 수 있어!'라는 말을 자신에게, 내 옆의 친구에게 건네는 아이들이길 바란다.

✦ "나는야, 대단한 참외씨" ✦

　『대단한 참외씨』는 참외를 먹으려던 철이의 입에서 탈출해 달고 단 참외가 되는 게 꿈인 참외씨의 이야기이다. 참외씨는 참외가 되기 위해 두려움을 이기고 세상에 나간다. 참외로 자라기 위해 흙을 찾아

모험을 시작한다. 우여곡절 끝에 흙으로 들어간 참외씨는 거센 바람, 차가운 빗줄기, 뜨거운 볕을 견뎌낸다. 참외씨는 꿈을 이루었을까? 어려움이 생길 때마다 '나는야, 대단한 참외씨'라고 외치며 마침내 노란 꽃을 피우고 열매를 맺는다. 달고 단 참외가 되어 꿈을 이룬다.

왜 '대단한 참외씨'일까? '대단하다'는 출중하게 뛰어나다는 뜻으로 참외씨가 참외가 되겠다는 꿈을 갖는 것이, 어려움을 딛고 꿈을 이루기 위해 최선을 다하며 스스로 격려하는 모습이 대단하게 느껴진다. 이처럼 스스로 격려하며 꿈을 위해 한 발짝씩 나아가는 모습, 작고 여린 참외씨가 꿈을 이뤄낸 과정이 바로 탁월함이다.

대단한 참외씨처럼 탁월함을 발휘했던 경험을 나눈다. 아이들은 어려운 수학 문제를 풀기 위해 노력한 끝에 문제를 푼 일, 줄넘기 연습을 통해 이중 넘기를 할 수 있게 된 일, 평소에는 입에도 대지 않았던 나물 반찬을 먹을 수 있게 된 일 등이 탁월함이라고 얘기한다.

> "여러분은 무언가를 노력 끝에 이룬 경험이 있는 이미 대단한 참외씨입니다. 어려움을 딛고 달고 단 참외가 되어 꿈을 이룬 참외씨처럼 여러분만의 씨앗을 심고 가꾸면 좋겠습니다. 무슨 일이든 최선을 다하면 비로소 달고 단 참외인 탁월함의 열매를 맺게 될 것입니다. 다른 사람보다 뛰어나기 위함이 아닌 내 안의 탁월함을 빛내기 위해 최선을 다하는 여러분이 되길 바랍니다."

✦ 그림책 낭독극 ✦

 아이들과 그림책 낭독극을 준비한다. 내 안에 존재하는 탁월함의 미덕을 꺼내어 스스로 '대단한 참외씨'라고 외치는 연습을 하는 시간이다. 그림책 낭독극을 만들기 위해서는 그림책을 고르는 안목, 그림책을 낭독극 형식으로 바꾸는 일, 낭독극을 구성하는 음악이나 시를 찾는 일, 그림책 주인공이 되어 목소리로 낭독하는 일 등의 다양한 역할이 필요하다. 아이들이 가진 저마다 다른 재능 씨앗을 꺼내 한 편의 낭독극을 계획하고 발표하는 과정을 통해 탁월함의 미덕을 빛내는 경험을 한다. 낭독극으로 만들 그림책을 선정하고, 대본을 쓰고, 여러 시간 동안 연습하고 준비하여 무대에 오르는 경험은 아이들에게 성장을 통한 만족감과 뿌듯함을 선물할 것이다.

 그림책 낭독극은 그림책을 기반으로 하는 목소리 극으로 음성으로 전달하는 방식인 '낭독'과 연극적인 장치를 사용해 희곡을 극으로 입체화시키는 '낭독극(낭독 공연)'의 형태가 있다. 아이들과 교실에서 하는 낭독극은 입체낭독극의 형태로 그림책을 희곡으로 바꾸어 간단한 동작과 음향을 더하는 방법이다. 역할극에 비해 움직임을 최소화하고 대본을 앞에 두고 목소리를 중심으로 표현하기에 아이들이 상대적으로 부담을 덜 느끼는 방법이다.

 낭독극을 하기에는 등장인물의 말과 행동이 비교적 잘 드러나고 서사가 있는 그림책이나 옛이야기 그림책처럼 아이들에게 친숙한 것이 좋다. 아이들이 그동안 읽은 그림책 중에서 선택하게 해도 좋고, 교사가 낭독극 하기에 좋은 그림책을 몇 권 선정해서 고르게 할 수도 있다. 아이들과 낭독극 하기에 좋은 그림책에는 입말이 살아있는 『답답이와 도깨비』, 이야기의 서사가 흥미로운 『할머니의 용궁여행』, 다양한 동물 캐릭터가 등장하는 『밴드 브레멘』 등이 있다.

  모둠별로 낭독극으로 표현할 그림책을 정했다면, 그림책의 글을 희곡으로 바꾸어야 한다. 연극 대본 쓰기라고 설명하면 쉽게 이해한다. 대본에는 해설과 등장인물의 대사가 들어간다. 그림책 글을 인물의 행동과 말로 나누어 인물의 말을 중심으로 대본을 쓴다. 이때 그림책에서 생략된 부분을 상상하여 이야기 흐름에 맞게 추가하거나 삭제한다. 대본이 작성되면 역할을 정해 대본 읽기를 할 차례이다. 모둠이 함께 쓴 대본을 읽어보면서 어색한 부분을 다시 한번 수정한다. 대본 읽기는 목소리 연기를 하듯 최대한 등장인물이 되어 감정을 살려 읽으며 등장인물을 가장 잘 표현하는 사람이 그 역할을 맡는다.

  대본 읽기 연습 후, 낭독극을 좀 더 실감 나게 만들어 줄 요소들을 찾아 넣는다. 이 부분이 '낭독'과는 다른 점으로, 대사를 읽으며 간단한 동작이나 표정 등을 넣어 연기하는 것이다. 예를 들어 '저요' 하는 대사에서 자리에서 벌떡 일어나며 손을 드는 동작을 하는 식이다. 이러한 동작은 낭독극을 조금 더 입체적이고 실감 나게 한다. 이 외에 낭독극의 분위기와 어울리는 음향 효과나 음악, 동시 등을 함께 넣으면 더 좋다. 낭독극의 주제와 어울리는 동시를 찾아 극의 중간에 읽거나 낭독극의 분위기와 어울리는 음악을 넣는다. 마지막으로 그림책 낭독극의 배경을 그림 파일로 만들어 프로젝터나 화면으로 보여주면 더 실감 나는 낭독극이 된다.

그림책 낭독극
① 그림책 낭독극을 위한 그림책을 선정한다.
② 낭독극을 위한 대본을 쓰고, 읽기 연습을 한다.
③ 동작, 음악, 시 등을 추가하여 낭독극을 입체적으로 만든다.

준비를 마치면 모둠별 낭독극을 발표한다. 아이들은 그림책 낭독극을 위해 그림책을 고르는 일부터, 대본 쓰기, 연출, 발표까지 직접 해보며 최선을 다해 내 안의 탁월함을 빛내는 경험을 하게 된다. 중간중간 어려운 순간도 있지만 스스로 '나는야, 대단한 참외씨야'를 외치며 무대에 섰다. 발표를 마치고 소감을 나눈다. 처음 해본 낭독극을 준비하기가 쉽지 않았지만, 서로 도우며 함께 해준 모둠원 친구들에게 고마움이 전해진다. 그냥 역할극을 할 때보다 조금 덜 떨렸다는 아이도 있다. 아이마다 느낌은 다르지만, 우리 힘으로 무언가를 훌륭하게 해냈다는 뿌듯함은 같다. 탁월함이란 최선을 다했을 때 얻어지는 열매로 애쓴 과정과 그 과정을 통해 한 뼘 더 성장한 나의 모습이다.

우리는 모두 빛나고 있다. 각자가 가진 보석을 빛내기 위해 애쓰면 된다. 남과 비교해서 잘난 것이 아니라 나여서 빛나는 것이 탁월함이다. 내 인생이란 무대 위에서 나만의 극을 하게 될 아이들을 응원하며 외쳐준다. '우리는 모두 대단한 참외씨야.'

♦ 탁월함의 미덕을 빛나게 돕는 그림책

- 『괜찮아, 넌 할 수 있어!』 클레르 프리드먼 글 ‖ 가비 한센 그림 ‖ 양은진 역 ‖ 세상모든책
- 『대단한 무엇』 다비드 칼리 글 ‖ 미겔 탕코 그림 ‖ 김경연 역 ‖ 문학동네
- 『진정한 챔피언』 레자 달반드 그림 ‖ 이상희 역 ‖ 모래알(키다리)

개방적인 태도로
더 나은 방향으로 가요

노자는 도덕경에서 '물은 만물을 이롭게 하지 서로 다투지 않는다' 라고 말한다. 물은 형태가 있되 이를 고집하지 않아서 항상 변화한다. 장애물을 만나면 돌아가거나 휘감아 가며, 담는 그릇에 따라 형태를 달리하는 유연한 자세를 가진다. 이처럼 유연성은 개방적인 태도를 뜻하는 것으로 내 생각과 방식만을 고집하는 것이 아니라 다른 사람의 생각과 의견도 존중하는 것이다. 유연성은 좀 더 나은 방향으로 변화하는 데 꼭 필요한 미덕으로 변화의 흐름과 함께 하는 것이기도 하다.

살아가다 보면 여러 문제에 부딪히게 된다. 문제가 생겼을 때 이를 해결하기 위해서는 여러 사람의 생각을 듣고 그것을 토대로 다양한 방법을 고민해보아야 한다. 내 생각만 옳다는 생각은 문제 해결을 어렵게 하기 때문이다. 다시 말해 문제를 해결하기 위해서는 다른 사람의 생각을 들을 준비가 되어 있어야 하며, 다른 사람의 생각이나 방식이 맞다면 그것을 인정하고 자기 생각을 바꾸는 개방적인 태도가 필요하다.

학급 평화 회의는 학급 운영에서 꼭 필요한 활동이다. 일주일간 또는 한 달간, 일 년간의 우리 반을 되돌아보며 의견을 나누고 그 과정에서 잘못된 것은 바로잡고 부족한 것은 채워가며, 잘된 것은 더욱 발전시켜 나가야 원활하게 학급이 운영되기 때문이다. 우리 반은 매달 마지막 주에 학급 자치 활동인 학급 평화 회의를 연다. 써클 형식으로 진행하며, 매달 학급에서 일어난 크고 작은 일에 대한 좋았던 점, 아쉬운 점, 바라는 점을 중심으로 나누고, 아쉬운 점이나 바라는 점은 회의 안건으로 삼아 구체적인 해결 방안을 결정한다.

매달 정기적으로 하는 회의이지만, 필요에 따라서는 긴급하게 열기도 한다. 학년별 스포츠 리그를 준비하는 기간 아이들에게 예상하지 못한 문제가 생겼고 나에게 도움을 요청했다. 팀을 나누고 연습하는데, 원치 않는 포지션을 맞게 된 아이의 불만으로 갈등이 생겼다. 문제가 생겼을 때 서로 의견을 듣고 좀 더 나은 방향으로 나아가고자 하는 결정이 유연성의 미덕이다. 학급 평화 회의의 경험은 아이들에게 학급에서 발생하는 크고 작은 문제를 유연하게 바라보고 해결하는 힘을 준다. 학년을 마무리하는 시점에 학급의 일 년을 되돌아보는 마지막 학급 평화 회의는 일 년을 마무리하고 새로운 시작을 준비하는 데 필요하다. 우리는 실수로부터 배우며 보다 나은 방향으로 변하고자 하는 유연성의 미덕을 품은 존재이기 때문이다.

✦ "얼룩 바위는 땅속으로 들어갈까요? 땅 위로 굴러갈까요?" ✦

『감장바위 깜장바위』는 같은 듯 다른 두 바위의 이야기이다. 감장바위와 깜장바위는 비가 오나 눈이 오나 가만히 기다린다. 그러던 어느 날 두 바위 사이로 번개가 치고 땅이 갈라진다. 감장바위는 변화가 두려워 땅속으로, 깜장바위는 변화가 신기하고 재미있어 땅 위로 가는 각기 다른 선택을 한다. 생김새는 비슷하지만, 전혀 다른 성향을 가진 두 바위는 각자의 선택으로 헤어져 저만의 시간을 보내고 감장돌멩이와 깜장돌멩이가 되어 다시 만난다. 다시 만나 그간의 경험을 나누며 둘은 감장깜장 얼룩바위로 하나가 된다. 그러던 어느 날 다시 번개가 얼룩 바위로 떨어지며 땅이 갈라진다. 얼룩바위는 땅속으로 가게 될지 땅 위로 굴러가게 될지 물음을 던지며 뒷이야기를 상상하게 한다. 서로 다른 두 바위가 각자의 선택에 따라 살아간다. 그리고 만나 다시 하나가 된다. 번개가 쳐 다시 땅이 갈라지면서 바위가 어떤 선택을 하게 될지 무척이나 궁금해지는 책이다.

    감장바위와 깜장바위처럼 우리는 모두 성격도 성향도 다르다. 서로 다르다는 것을 인정하고 각자의 선택을 존중하는 것이 유연성이다. 각자의 길을 떠났던 두 바위가 다시 만나 감장깜장 얼룩바위가 되는 장면은 더 나은 방향으로 변하고자 하는 개방적이고 유연한 태도를 보여준다.

  우리는 소중한 인연으로 만난 일 년이라는 짧지 않은 시간을 교실이라는 한 공간에서 보냈다. 함께 지내면서 서로의 생각이나 방식을 이해하고 존중하고자 하였으며, 잘못된 점이나 어려운 점이 있으면 바꿔나가려고 노력했다. 그러한 유연한 태도는 우리 반을 좀 더 성장하고 변화하게 했다. 학년말 지난 일 년을 돌아보는 일은 앞으로 만나게 될 여러 문제에서 좀 더 나은 방향을 선택하는 데 도움을 줄 것이다.

> "여러분은 감장바위인가요? 깜장바위인가요? 우리는 겉모습만큼이나 성격이나 생각, 성향이 다 다릅니다. 번개가 떨어지고 땅이 갈라지는 변화에서 각자만의 방식을 선택하고 이를 존중하는 것이 유연성입니다. 각자만의 방식으로 긴 시간을 보낸 두 바위가 돌멩이가 되어 다시 만납니다. 서로의 이야기를 듣다 둘은 하나가 되기로 합니다. 하나가 된 얼룩바위는 다시 땅이 갈라지는 변화에서 땅 위로 갈까요? 땅 아래로 갈까요? 어디로 가든 정답은 없습니다. 유연성은 서로의 이야기에 귀 기울이게 하며 더 나은 방향으로 이끌어줍니다."

✦ 한 해를 되돌아보는 써클 ✦

『감장바위 깜장바위』를 읽고, 한 해를 되돌아보는 써클을 한다. 서로 다른 두 바위가 갈라졌다가 다시 만나 얼룩바위로 하나가 된 것처럼 서로 다른 우리가 만나 변화에 적응하며 일 년을 보냈다. 일 년을 마무리하며 새로운 시작을 준비하는 아이들 모습이 땅이 갈라지는 변화에 땅속으로 갈지, 땅 위로 갈지 고민하는 감장깜장 얼룩바위의 상황과 많이 닮았다.

책상을 교실의 가장자리 쪽으로 빼두고 의자만 이용하여 둥글게 앉는다. 3월부터 지금까지의 일들을 떠올려본다. 일 년간의 일을 떠올릴 때는 아이들이 써둔 배움 노트나 일기가 큰 도움이 된다. 일기를 힌트 삼아 매달 무슨 일이 있었는지를 떠올리면 어렵지 않게 우리 반의 일 년을 떠올릴 수 있다. 아이들이 찾은 기억으로 칠판이 가득 채워진다. 3월의 첫 만남에서 시작해서 즐거웠던 현장 체험 학습, 우리를 울고 웃게 했던 학년 스포츠 리그 대회, 우리가 만들어가는 프로젝트 수업까지 우리의 추억이 하나씩 소환된다. 추억을 소환하는 아이들의 표정은 그 어느 때보다 밝다. 우리의 일 년이 그려지고 있기 때문이다.

일 년간의 좋·아·바를 나눈다. '좋'은 좋았던 점, '아'는 아쉬웠던 점, '바'는 바라는 점을 뜻하는 것으로 일 년간 함께 지내며 겪은 일을 중심으로 나눈다. 좋았던 점을 나누니 자연스레 감사를 표현하는 시간이 된다. 낯설기만 한 교실에서 먼저 다가와 친절하게 대해준 친구들에게 고마움을 나누는 아이 덕분에 교실이 훈훈해진다. 이어 아쉬운 점과 바라는 점도 나눈다. 좋았던 점을 나누는 것만큼 꼭 필요한 시간이다. 우리가 더 나은 방향으로 나아가기 위해서는 변화가 필요한 부분에 대해 정확히 알아야 하기 때문이다.

아이들이 이야기한 내용 중 기억에 남는 것이 있다. 모두 함께 친하게 지내려고 노력했지만, 보이지 않은 친구에게 더 다가가지 못했던 점이 미안하다는 내용이다. 미덕의 안경을 쓰고 서로 바라보고 조금 더 힘이 되어 주자고 이야기했지만, 그것이 어려웠던 모양이다. 마음을 먹어도 실천하는 일은 쉽지 않기 때문이다. 이 아이가 꺼낸 이야기는 분명 아이의 삶에 긍정적인 방향으로의 변화를 이끌 거라 기대한다. 새 학년 새 학기 또 다른 보이지 않는 아이를 만났을 때 또 한 번의 변화를 위한 노력을 해나갈 것이다. 우리의 일 년을 좋·아·바로 이야기하다 보니 한 시간이 훌쩍 지난다.

한 해를 되돌아보는 써클
① 일 년 동안의 일을 기억해보고 달별로 칠판에 기록한다.
② 써클 형식으로 일 년 동안의 좋·아·바를 나눈다.
③ 아쉬운 점을 중심으로 더 나은 내가 되기 위해 노력할 점을 찾는다.

일 년을 마무리하며 아이들과 학부모를 대상으로 학급 운영에 관한 설문을 한다. 전반적인 학급 운영에 관한 만족도 및 의견을 듣는 시간이다. 학급 운영의 핵심이었던 학급 밴드의 운영, 그림책으로 한 인성 및 수업 지도, 미덕으로 운영되는 학급 철학, 독서 지도 등에 관해 아이와 부모님 모두에게 만족도를 조사해보면 내년의 학급 운영 및 수업 지도의 방향을 설정하는 데 큰 도움이 된다. 아이들에게는 학습 지도 관련 도움이 되었던 점과 부족했던 점도 물어 피드백을 받는다. 이 설문은 내년에도 아이들 앞에 서야 하는 교사로서의 나를 성장하도록 도울 것이다.

  유연성의 미덕으로 감장깜장 얼룩바위가 된 아이들은 이제 또 다른 시작을 준비한다. 땅속으로 갈지 땅 위로 갈지, 아니면 또 다른 선택을 할지 아직은 알 수 없다. 하지만 아이들은 자신만의 생각을 고집하는 것이 아니라 좀 더 나은 방향으로 가기 위한 유연한 선택을 할 거라 믿는다. 얼룩바위의 선택을 응원하는 마음으로 아이들의 또 다른 시작을 응원한다.

💎 **유연성의 미덕을 빛나게 돕는 그림책**

- 『낡은 타이어의 두 번째 여행』 자웨이 글 ‖ 주청량 그림 ‖ 나진희 역 ‖ 노란상상
- 『이까짓 거!』 박현주 글·그림 ‖ 이야기꽃
- 『그리고 사람들은 집에 머물렀습니다』 키티 오메라, 이경혜 글 ‖ 스테파노 디 크리스토파로, 폴 페레다 그림 ‖ 책속물고기

꾸준히
정성을 쏟아요

　이솝우화 '개미와 베짱이'에서 개미는 부지런하고 성실함을 대표하는 캐릭터이다. 무더운 여름에도 한겨울을 대비해 땀 흘려 일하는 개미처럼 목표를 이루기 위해 꾸준히 정성을 쏟는 것이 성실이다. 이는 성공의 필수 조건이기도 하다. 성공하기 위해서는 능력이나 재능만으로는 한계가 있다. 성실하게 노력하지 않으면 잠재력을 발휘할 수 없고, 성취할 수도 없기 때문이다. 성실한 사람은 끝까지 노력하는 태도를 보여주며 정성스럽고 참된 자세로 자신의 자리에서 최선을 다한다. 성실로 이뤄낸 결과는 자기 자신을 믿고 자신감을 갖는 데 도움이 될 뿐만 아니라, 주변 사람들에게도 긍정적인 영향을 미치게 된다.

교실 창가에서 논이 내려다보인다. 학기 초 3월만 해도 비어 있던 논에 따스한 햇볕이 땅을 녹이기 시작하면 물이 채워지고 푸릇푸릇한 모가 심어진다. 논물에 몸을 담근 초록 싹은 햇볕을 받고 비를 맞으며, 거기에 농부의 정성이 더해져 무럭무럭 자란다. 모내기 철부터 뙤약볕의 무더운 여름에도 농부는 항상 그 자리에 있다. 정성이 길러낸 모는 가을이 되면 누렇게 익어간다. 그리고 추석이 가까워지면 어느새 논은 이발을 하듯 추수를 한다. 남은 짚을 동그랗게 뭉쳐 둔 채 논은 겨울을 맞는다. 계절에 따라 변하는 논의 모습을 아이들과 자주 들여다보고 이야기 나눈다. 농부의 성실을 보고 자란 아이들은 땀 흘리는 일의 소중함과 정성을 조금이나마 이해하지 않을까?

성실은 농부가 땅을 일구는 것과 같다. 겨우내 얼어있던 땅을 고르고 씨앗을 심는다. 적당한 햇빛과 바람, 물, 정성이 있어야 씨앗은 싹을 틔우고 뿌리를 내린다. 농부는 여름 내내 더위와 싸우며 싹을 가꾸고 지켜낸다. 정성을 다해 잡초를 제거해주고 거름도 주고 병충해를 막기 위한 약을 치기도 한다. 그러한 농부의 성실은 수확이라는 결실로 다가온다. 맡은 일에 정성을 다하는 것, 그것이 성실이다. 성실은 인생을 살아가는 자세이자 태도로 성실한 태도는 풍성한 수확으로 결실을 가져다줄 것이다. 하지만 최선을 다했는데도 결과가 만족스럽지 못할 때도 있다. 그렇다고 그 노력이 사라지는 것은 아니다. 그 정성과 태도는 결국 어떠한 형태로든 나에게 돌아온다.

✦ "파울로는 땅을 일구고 있어요" ✦

　마을 모든 사람이 쉬고 있을 때, 묵묵히 땅을 일구고 밭을 고르고 씨를 뿌리는 한 사람이 있다. 바로 농부 파울로 씨다. 파울로 씨는 자신이 맡은 일에 부지런히 최선을 다하지만, 가뭄으로 농작물이 모두 말라 버린다. 파울로 씨가 할 수 있는 일은 비를 기다리며 제 할 일을 게을리하지 않는 것뿐이다. 파울로 씨가 누구보다도 열심히 농작물을 가꾸었다는 것을 아는 동물들이 그를 돕는다. 동물뿐만 아니라 파울로의 친구 '비'도 돕는다. 파울로의 노력을 알아준 비는 온 세상을 적신다.

　『채소밭 농부』는 부지런한 농부 파울로 씨를 통해 꾸준함과 성실함은 결국 결실을 맺는다는 것을 잘 보여주는 책이다. 누가 알아주지 않아도 묵묵하게 일했던 농부 파울로, 남들이 놀 때도 자기 일을 게을리하지 않은 파울로는 당장 성과가 눈에 보이지 않더라도 포기하지 않고 꾸준하고 성실하게 앞으로 나아가는 모습을 보여준다.

　우리 인생도 땅을 일구는 것과 같다. 꾸준히 하다 보면 언젠간 원하는 결실을 맺게 될 것이다. 당장은 원하는 결과가 오지 않더라도 몸에 익힌 성실의 습관은 또 다른 방법으로 결실을 가져다줄 것이다. 아이들이 일 년간 공부하며 기록한 공책들을 보며 성실을 이야기한다.

"이 공책에는 여러분의 일 년이 고스란히 담겨 있습니다. 하기 싫고 그만하고 싶을 때도 많았지만, 그걸 참고 꾸준히 애쓴 결과물입니다. 성실은 매일 매일 배움과 성장을 기록한 공책처럼 하는 일에 꾸준히 정성을 다하는 것입니다. 일 년간 애써왔던 순간들을 기억하며 내 삶에 정성을 다하세요. 농부 파울로 씨가 그랬던 것처럼 꾸준함과 정성은 귀중한 열매가 되어 풍성한 수확을 가져다줄 것입니다."

✦ 보물 공책 만들기 ✦

아이들이 일 년간 학습 활동을 한 결과물이 공책에 담겨 있다. 우리 반은 해마다 세 종류의 공책을 사용한다. 한 권은 배자공(배움이 자라는 공책)으로 매시간 배운 내용을 정리하고, 또 한 권은 생자공(생각이 자라는 공책)으로 하루 수업 중 가장 기억에 남는 수업의 한 장면을 배움과 성장이 나타나게 일기 형식으로 기록한다. 또 한 권은 마보공(내 마음의 보석 공책)으로 미덕 카드를 필사하고, 내가 빛낸 미덕을 기록하며 그림책 속 한 문장을 기록한다. 각기 쓰임이 다르지만, 이 세 권의 공통점은 아이의 일 년을 고스란히 담고 있으며, 꾸준히 정성을 다한 결실이라는 점이다.

아이들은 손으로 쓰는 걸 좋아하지 않는다. 아니 어떻게든 피하려고 하고 하기 싫어 자주 꾀를 내기도 한다. 학기 초 선생님의 제안으로 쓰기 시작했지만, 하기 싫을 때마다 성실함과 근면함의 미덕을 깨우는 선생님의 잔소리를 들어가며 쓴 공책들이다. 처음에는 생각을 글로 세 줄 쓰기도 어려웠던 아이가 일 년이 지나면 공책 한 페이지가 모자랄 정도로 글을 잘 쓰게 된다. 하기 싫은 마음을 참고 성실하게 배움을 글로 자세히 담으려고 노력한 결과이다.

공책은 마지막 장까지 다 쓰면 선생님에게 제출한다. 선생님은 아이가 공책 한 권에 담아낸 배움과 성장을 격려하며 한 번 더 애쓰라고 새 공책을 선물로 준다. 이렇게 일 년이면 아이들이 쓴 공책이 4~5권이 넘는다. 3월 처음 쓴 공책에서 12월에 쓴 마지막 공책까지 살펴보면 배움과 생각이 보인다. 성장이 보인다. 쓸 때는 왜 이렇게 쓸 것이 많냐며, 하루만 안 쓰면 안 되냐고 투덜대기도 했던 아이들이지만, 일 년의 기록을 보니 스스로 뿌듯한 모양이다.

이 소중한 아이들의 공책을 한 권으로 모은다. 일명 나의 보물 공책 만들기이다. 공책의 표지를 모두 떼어내고 배자공, 생자공, 마보공 공책별로 나눈다. 표지가 벗겨진 공책의 속지들은 공책 별로 심이 굵은 스테이플러로 한 권으로 묶어준다. 이때 공책 크기의 색 도화지를 앞뒤에 대고 같이 묶으면 제본을 한 것과 같은 효과를 낼 수 있다. 스테이플러로 묶인 부분과 공책의 등 부분을 제본 테이프로 감싸주면 좀 더 깔끔해진다. 이제 아이들 차례이다. 새롭게 옷을 갈아입은 공책의 표지를 나만의 제목을 정해 꾸며준다.

일 년 동안의 정성과 꾸준함이 담긴 보물 공책이라며, 아이들은 다양한 이름을 붙인다. 매직과 색연필을 이용해 그림도 그리고 정성껏 꾸민다. 집에 가서 부모님께 보여드리며 자랑할 생각에 신이 난 아이들이다. 공책에 담은 성실처럼 내 삶에 정성을 다하는 마음으로 살아 간다면 어느 자리에 있든 분명 좋은 결실을 맺을 것이라는 얘기를 들려준다.

아이들이 완성한 보물 공책을 축하하며 아이들에게 선물을 준다. 선물은 다름 아닌 학급 문집이다. 아이들이 쓴 공책에서 친구들과 공유하고 싶은 글을 모아 한 권의 책으로 만든 학급 책이다. 문집에는 아이들의 글뿐 아니라 미술 수업의 결과물도 함께 담는다. 문집을 보며 아이들은 환호하며 기뻐한다. 신기해하며 좋아한다. 문집을 받아 들고는 눈을 떼지 못한다. 문집에는 나의 글과 그림뿐만 아니라 친구의 글과 그림이 들어있다. 일 년 동안 애쓴 나와 친구의 흔적을 보며 감탄하고 응원하는 마음이 절로 든다.

학급 문집 만들기는 만드는 수고는 크지만, 학급 운영의 꽃이라 할 만큼 완성하고 난 후의 보람은 말로 표현할 수 없을 만큼 크다. 매달 아이들이 쓴 '생자공'에서 달별 2개씩 골라 담고, 수업 중에 쓴 시, 그림 등의 학습 결과물을 모아 두었다가 함께 싣는다. 모은 글을 컴퓨터로 옮기고 편집하기까지 2~3주 정도의 시간이 필요하다. 학년 말 성적 처리와 종업 준비에 바쁜 시기임을 생각하면 내기 쉽지 않은 시간이지만, 아이들의 일 년을 고스란히 담는 일이기에 놓칠 수 없다.

아이들의 성실함이 담긴 학급 문집이 완성된 날, 마음 모아 축하하며 돌아가며 한마디씩 글을 남긴다. 친구의 앞날을 응원하는 말과 감사를 전하는 롤링페이퍼를 작성한다. 먼 훗날 보물 공책과 학급 문집을 보며 다시 한번 힘내 도전할 아이들을 응원하며 교사인 나도 한마디 적는다. 학년을 마무리하며 아이들에게 『작은 당부』를 읽어준다. 내 옆의 소중한 사람들에게 들려주고 싶은 말들이 가득한 그림책이다. 우리 아이들이 '너는 혼자가 아니라는 걸', '사랑해주는 사람이 있다는 걸' 잊지 말고 마음보석을 아끼고 빛낼 수 있게 응원하는 어른으로 기억되고 싶다.

보물 공책 만들기

① 공책 표지를 떼어 종류별로 한데 모은 후 도화지를 앞뒤로 덧대어 스테이플러로 묶는다.
② 나만의 제목을 정해 보물공책 표지를 완성한다.
③ 학급 문집을 나누고, 감사와 응원의 말을 담은 롤링페이퍼를 완성한다.

아이들에게 자주 하는 말 중 하나가 '마음을 다해 부르자' 이다. 마음을 다해 지금 하는 일에 정성을 다하면 분명 그 외침에 응답해주는 메아리가 되돌아올 것이다. 한 해를 정리하며 마음을 다했던 일 년을 돌아본다. 감사하게도 올 한 해 정성껏 일군 밭은 탐스러운 열매를 맺었다. 학급 아이들 모두 몸도 마음도 건강하게 한 해를 보냈으며 아이들의 성장이 눈에 보일 만큼 크기 때문이다. 아이들과 학부모님께서 보내주신 학급 운영 및 수업 전반에 관한 설문 피드백도 긍정적이다.

물론, 학급의 일 년이 항상 올해처럼 풍성한 것은 아니다. 때로는 힘 빠지는 일도 속상한 일도 있지만, 한 해 한 해 쌓아가는 정성과 노력은 결국 나에게 돌아온다는 걸 믿기에 오늘도 밭 일굴 준비를 한다. 땀방울의 가치는 성실의 보석으로 내 몸에 그대로 기억된다.

> 💎 **성실의 미덕을 빛나게 돕는 그림책**
>
> - 『성실한 택배 기사 딩동씨』 유민주 글·그림 ‖ 모든요일그림책
> - 『알레나의 채소밭』 소피 비시에르 글 ‖ 김미정 역 ‖ 단추
> - 『어둠을 치우는 사람들』 박보람 글 ‖ 휘리 그림 ‖ 노란상상

나오며

마음보석이 빛나는 그림책 교실 이야기 어떠셨나요?

아이들 마음에 마음보석이 존재한다고 믿고, 그림책으로 마음보석을 빛내는 일을 돕는 것은 교사인 나를 살리는 일이라는 생각이 듭니다. 아이가 가진 가능성을 믿기에 아이의 성장과 변화가 더디다고 아이를 탓하거나 잘 이끌지 못한 나를 자책하기보다는 다시 한번 사랑과 믿음으로 마음을 다잡고 그림책으로 다가갈 힘과 용기를 냅니다. 미덕은 저에게 아이와 세상을 바라보는 새로운 마음을 선물해주었고, 그림책은 그 마음을 아이들에게 표현하는 걸 도와주었습니다.

미덕과 그림책을 만나면서 화내는 일이 전보다 많이 줄었습니다. 아직도 가끔 아이들에게 큰 소리를 내기도 하지만, 마음 깊은 곳에서 화가 치밀어올라 혼내고 꾸짖는 것이 아니라 아이 스스로 마음보석을 찾고 그것을 빛내길 바라는 마음으로 교사인 내 마음도 아이 마음도 다치지 않게 이야기합니다. 그림책을 읽으며 나눈 이야기가 모여 서로를 이해하는 마음으로 자라기에 아이들과의 관계가 단단해지는 게 느껴집니다.

때로는 흔들리기도 합니다. 아이의 작은 몸짓에, 서늘한 눈빛에 마음이 온통 회색빛 먹구름으로 가득한 날도 있습니다. 그럴 때면 미덕 카드를 한 장 뽑아 가만히 들여다봅니다. 카드의 내용을 읽다 보면 마음이 가라앉고 빛내야 할 미덕이 보이기도 합니다. 교실 책장에서 마음에 가는 그림책을 한 권 뽑아 아이들과 읽습니다. 그림책 수다로 이야기를 나누다 보면 언제 그랬냐는 듯 얼어붙은 마음이 녹아내리기도 합니다.

운이 좋게도 저는 아이들과 만나는 제 일을 너무도 아끼는 사람이 되었습니다. 처음부터 그랬던 건 아닙니다. 하지만 이제는 자신 있게 말합니다. 아이들과 함께 있을 때 가장 행복한 사람이라고 말입니다. 그러한 마음을 선물해준 것은 다름 아닌 미덕 교육과 그림책이었습니다. 교사가 행복해야 아이도 행복합니다. 선생님을 행복하게 하는 선생님만의 방법을 찾는 데 이 책이 조금이나마 도움이 되면 좋겠습니다.

이 책을 읽는 선생님들에게 감히 말씀드립니다. 선생님만의 교육 철학을 잘 녹일 수 있는 그러한 교육 방법을 찾으라고 말입니다. 그러기 위해서는 먼저 선생님이 꿈꾸는 교실의 모습을 머릿속에 그리고, 그러한 교실을 만들기 위해 선생님이 추구하는 가치를 마음에 새기면 좋겠습니다. 그 후에 선생님에게 잘 맞는 옷을 찾듯 선생님이 가장 잘할 수 있는 방법을 찾으면 됩니다. 이 세상에 정답은 없습니다. 저에게 잘 맞는 교육 철학이 미덕 교육이었고, 방법이 그림책이었듯이 말입니다. 선생님만의 방법을 찾는 데 이 책이 조금이나마 도움이 되기를 바랍니다.

작은 기록이 씨앗이 되어 책으로 여러분을 만나게 되었습니다. 이 책이 세상에 나올 수 있었던 것은 나 혼자만의 힘이 아닌 곁에서 본이 되어주고 아낌없이 나눠준 보석처럼 빛나는 소중한 분들 덕분입니다. 미덕으로 아이들을 만날 수 있게 존재 사랑을 선물해주신 『버츄 프로젝트』의 권영애 선생님, 함께 미덕 교실 이야기를 나누며 울고 웃었던 버츄 천사 1기 선생님들 고맙습니다. 그림책을 사랑하는 많은 선생님 곁에서 그림책으로 성장할 수 있게 이끌어준 그림책사랑교사모임 대표 김준호 선생님과 매일매일 다양한 그림책 이야기로 행복을 선물해주는 그림책사랑교사모임 선생님들 정말 고맙습니다. 마지막으로 마음보석이 빛나는 그림책 교실을 세상에 나올 수 있게 도와주신 출판사 대표님, 무엇보다도 '우주 최고 미소 교실'에서 선생님을 믿고 마음을 내어주고 보석을 빛내준 우리 반 아이들에게 고마움을 전합니다.

'마음보석'을 빛나게 하는 그림책

P 21. 『너는 특별하단다』 맥스 루케이도 글 ‖ 세르지오 마르티네즈 그림 ‖ 아기장수의날개 역 ‖ 고슴도치
P 29. 『인사를 나눠드립니다』 이한재 글·그림 ‖ 킨더랜드
P 37. 『나, 꽃으로 태어났어』 엠마 줄리아니 글·그림 ‖ 이세진 역 ‖ 비룡소림책이
P 44. 『늑대의 선거』 다비드 칼리(코르넬리우스) 글 ‖ 마갈리 클라벨레 그림 ‖ 김이슬 역 ‖ 다림
P 55. 『말의 형태』 오나리 유코 글·그림 ‖ 허은 역 ‖ 봄봄출판사
P 63. 『위를 봐요!』 정진호 글·그림 ‖ 현암주니어
P 71. 『빈 화분』 데미 글·그림 ‖ 서애경 역 ‖ 사계절
P 78. 『응시』 김휘훈 글·그림 ‖ 키위북스
P 88. 『뭐라고 말해야 할까요?』 모리스 샌닥 글 ‖ 세실 조슬린 그림 ‖ 이상희 역 ‖ 시공주니어
P 98. 『우리 모두 처음이니까』 김을호 글 ‖ 신진호 그림 ‖ 크레용하우스
P 104. 『선생님을 만나서』 코비 야마다 글 ‖ 나탈리 러셀 그림 ‖ 김여진 역 ‖ 나는별
P 111. 『마음 안경점』 조시온 글 ‖ 이소영 그림 ‖ 씨드북
P 121. 『핑!』 아니 카스티요 글·그림 ‖ 박소연 역 ‖ 달리
P 127. 『논다는 건 뭘까?』 김용택 글 ‖ 김진화 그림 ‖ 미세기
P 136. 『임금님이 돌아오기 100초 전』 가시와바라 가요코 글·그림 ‖ 김언수 역 ‖ 길벗스쿨
P 142. 『눈이 바쁜 아이』 안드레 카힐류 글·그림 ‖ 이현아 역 ‖ 올리
P 153. 『검은 강아지』 박정섭 글·그림 ‖ 웅진주니어
P 161. 『지구의 일』 김용택 글 ‖ 연수 그림 ‖ 바우솔
P 169. 『언제나 하늘』 조미자 글·그림 ‖ 미래아이(미래M&B)
P 176. 『들어와 들어와』 이현정 글 ‖ 조옥경 그림 ‖ 달달북스
P 187. 『마음먹기』 엄지짱꽁냥소 글·그림 ‖ 자현 글 ‖ 차영경 그림 ‖ 달그림
P 193. 『숨이 차오를 때까지』 진보라 글·그림 ‖ 웅진주니어
P 202. 『꾸고』 이범재 글·그림 ‖ 계수나무
P 209. 『누구나 잘하는 게 있어』 아라이 히로유키 글 ‖ 다케 마이코 그림 ‖ 윤수정 역 ‖ 토토북
P 220. 『사자가 작아졌어!』 정성훈 글·그림 ‖ 비룡소
P 228. 『첫 번째 질문』 오사다 히로시 글 ‖ 이세 히데코 그림 ‖ 김소연 역 ‖ 천개의바람
P 235. 『사랑이 뭐예요?』 다비드 칼리 글 ‖ 안나 라우라 칸토네 그림 ‖ 서소영 역 ‖ 키즈엠
P 243. 『이 세상 최고의 딸기』 하야시 기린 글 ‖ 쇼노 나오코 그림 ‖ 고향옥 역 ‖ 길벗스쿨데,
P 254. 『이 선이 필요할까?』 차재혁 글 ‖ 최은영 그림 ‖ 노란상상
P 263. 『아마도 너라면』 코비 야마다 글 ‖ 가브리엘라 버루시 그림 ‖ 이진경 역 ‖ 상상의힘
P 271. 『린 할머니의 복숭아나무』 탕무니우 글·그림 ‖ 조윤진 역 ‖ 보림
P 277. 『탄 빵』 이나래 글·그림 ‖ 반달(킨더랜드)
P 286. 『내 이야기는 내가 만들 거야』 미리 레셈-펠리 글·그림 ‖ 김영선 역 ‖ 국민서관
P 293. 『대단한 참외씨』 임수정 글 ‖ 전미화 그림 ‖ 한울림
P 301. 『감장바위 깜장바위』 윤여림 글 ‖ 무르르 그림 ‖ 북멘토
P 308. 『채소밭 농부』 지모 아바디아 글·그림 ‖ 엄혜숙 역 ‖ 해와나무